韓国とつながる

浅羽祐樹 編
ASABA Yuki

한국과 가까이하기

有斐閣

目　次

はじめに　「他者の視点取得」をとおした現代韓国の合理的理解　1

「史上最悪の日韓関係」から「同志国／パートナー」へ（1）　年齢層・世代ごとの「韓国」観（2）「他者の視点取得」という技法・姿勢（3）「合理的理解」とは何か（4）「現代韓国」というリミット（6）　ソーシャル・ディスタンシングという間合い（7）　いかにつながるか──13の視座（8）

第Ⅰ部　政治・社会・経済

第1章　分極化する韓国政治　14

1　「地域主義」の変容 ……………………………………15
　「与村野都」から「地域主義」へ（15）　決戦は「首都圏」（16）　出生地から居住地へ（17）　階級対立の登場か（18）

2　「世代」「イデオロギー」の重層構造 …………………19
　若年層＝進歩／高齢層＝保守（19）　「安全保障」をめぐる左右対立軸（20）「経済」「社会」をめぐる左右対立軸（22）「世代」か，「年齢」か（23）

3　「イデナム」と「イデニョ」……………………………24
　有権者率×投票率×得票率（24）　保守的な「イデナム」と進歩的な「イデニョ」（25）「経歴断絶」と「学業断絶」（26）　非婚・無子と「私の身体のことは私が決める」（28）

4 深刻化する分極化..29
「富士山」から「ふたこぶらくだ」へ（29） 感情的分極化の「現住所」（30） 読む／視るメディアも「世界」も真っ二つ（31） 代議制民主主義・政党政治の「危機」か（34）

第2章 分極化する韓国社会　37

1 社会的格差の問題..38
韓国社会の分極化とは何か（38） 進学格差（39） 正規職と非正規職，そして自営業（40） 貧困と格差（40）

2 世代間・世代内の分極化................................42
世代間対立（42） ジェンダー対立（43） 世代内の分極化（44） 本質的な問題は何か（45）

3 首都圏と地方..46
首都圏一極集中と「地方消滅」（46） 首都圏と地方間の格差をどう埋めるのか（47） 韓国版「地方創生」（48） 韓国社会の宿痾（49）

4 男性と女性..50
『82年生まれ，キム・ジヨン』（50） 数字でみるジェンダー不平等（51） 韓国政治における女性の不在（52） 分極化を超えて（53）

第3章 変わりゆく韓国家族の姿　57

1 さまざまな家族のかたち................................58
数字でみる家族の変化（58） 血縁観念と戸主制の廃止（59） 個人化する家族（60）

2 ジェンダーでみる家族..................................62
儒教的「家族主義」とジェンダー（62） 結婚しない・できない若者たち（64） シングルマザーと海外養子（66）

3 急速な少子高齢化と家族................................67

急激な少子化とその背景（67）　親子関係の変容と高齢者の貧困（69）　家族と社会保障（70）

4　多様化する家族 …………………………………………… 72
「正常」家族イデオロギーを超えて（71）　グローバル化する家族（73）　国際結婚と多文化家族，そして包摂（76）

第4章　韓国の政治経済と「日韓逆転」　79

1　「日韓逆転」は生じたのか ………………………………… 80
GDPではまだ日本の40%（80）　購買力平価によるドル換算の平均賃金（81）

2　経済成長の裏に潜む貧困と格差 ………………………… 84
経済成長にも国民の体感度は低い（84）　韓国社会で進む分極化（85）　貧困率「15.1%」（86）　公的年金の浅い歴史（87）

3　政治経済と社会保障制度・労働政策 …………………… 88
政治的理念により大きく変わる経済社会政策（88）　経済成長を最優先（89）　進歩政権は社会保障政策を拡充（90）　保守政権はビジネスフレンドリー政策を実施（91）　文在寅政権による所得主導成長（93）　尹錫悦政権による「年金・労働・教育改革」（94）

4　日韓協力で社会問題の解決は可能か …………………… 94
「アベノミクス」で日本経済は復活したのか？（94）　人的資本交流を通じたシナジー効果（97）

第Ⅱ部　外交・安全保障

第5章　韓国の対北朝鮮政策・統一政策　102

1　韓国の対北朝鮮関与政策 ………………………………… 103
関与政策とは何か（103）　連携戦略と並行戦略（104）

２つの相互主義（105）　対北朝鮮政策・統一政策のアプローチ（106）

　２　歴代政権の対北朝鮮政策・統一政策の変遷…………108
　　　「和解協力政策」と「平和繁栄政策」（108）　「非核・開放・3000」と「韓半島信頼プロセス」（109）　「韓半島平和プロセス」から「大胆な構想」へ（110）

　３　対北朝鮮認識と関与政策……………………112
　　　北朝鮮をどう認識するか（112）　北朝鮮認識から導かれる対北朝鮮関与（114）　関与の程度の推移（115）

　４　対北朝鮮関与の展望……………………118
　　　関与の有効性（118）　米韓の政策協調の重要性（119）　朝鮮半島の非核化における関与（121）

第6章　米軍基地がつなぐ日本と韓国
　　　──朝鮮半島有事と「日米韓」安保連携　　　125

　１　朝鮮半島有事と日本の選択……………………126
　　　日本は局外者でありえるか（126）　有事対応のシナリオ（127）　日本が問われること（129）

　２　朝鮮国連軍と日本の関わり……………………131
　　　朝鮮戦争と日本（131）　日本の独立と「吉田・アチソン交換公文」（134）　在日国連軍基地（135）

　３　日米同盟にとっての朝鮮半島有事……………………137
　　　事前協議制度の導入と「朝鮮議事録」（137）　「韓国条項」と密約の効力（139）　「人と人との協力」の模索（141）

第7章　韓国の経済安全保障戦略
　　　──曖昧性から明確化へ　　　146

　１　「ニュー・ノーマル」な国際秩序と韓国……………………147
　　　「ニュー・ノーマル」な国際秩序と米中競争（147）　相互依存の武器化（148）　「曖昧な」外交とその変遷（149）　日本との対照（151）

2 経済安全保障からみた韓国の FTA と TPP……………151
　経済安全保障と FTA（151）　韓国の「経済領土」と米韓 FTA（152）　「同時多発的な FTA」推進と政策転換（153）　TPP・CPTPP への道のり（154）

3 「曖昧な」経済外交からの脱却
　——韓国のインド太平洋戦略……………156
　中国の「一帯一路」——債務の罠？（156）　FOIP 戦略と IPEF の争点（158）　「グローバル中枢国家」——積極的外交への転換点（160）

4 日韓貿易摩擦——輸出規制の影響と背景……………161
　貿易の「武器化」？（161）　歴史問題と日韓関係の悪化（163）　政治的対立と No Japan 運動（165）

第8章　韓国の国防戦略・計画　168

1 韓国の国防戦略……………169
　韓国の国防（169）　歴史からの解放（170）　朝鮮戦争と休戦後の軍事対立（172）　ポスト冷戦期——全方位防衛態勢に向けて（173）

2 韓国の国防計画……………175
　国軍創建と朝鮮戦争（175）　韓国軍を近代化させた栗谷事業（177）　繰り返される「国防改革」（180）

3 韓国軍の現状とゆくえ……………185
　韓国軍の実力（185）　韓国軍の今後——展望と課題（187）

第Ⅲ部　文化・宗教・言語

第9章　映画という韓国社会を読み解くレンズ　192

1 表現の自由を求める闘い……………193
　植民地支配から南北分断へ（193）　独立映画による闘争（194）　南北を描いた映画の変化（196）

2 主流は現代史を描いた映画……197
『シルミド』大ヒットからの傾向（197）　史実と映画の違い（199）　何を描き，描かなかったのか（201）

3 映画と実社会のつながり……202
大統領を描いた映画のヒット（202）　映画が実社会を動かす（203）　『パラサイト』が描いた格差（205）

4 女性映画の変化……206
繰り返し作られた『春香伝』（206）　#MeToo運動と『82年生まれ，キム・ジヨン』（207）　「私」が出発点の女性映画（209）

第10章　宗教文化からみる韓国社会──越境する宗教　213

1 韓国社会の宗教空間の特徴……214
公休日（祝日）からみる宗教文化（214）　死後儀礼からみる宗教文化（215）　韓国宗教史にみる仏教（216）

2 韓国社会はどこまで儒教社会か……218
儒教とは何か──朱子学の家庭儀礼（218）　人間関係のなかに息づく儒教文化（220）　韓国社会の脱儒教とその後遺症（221）

3 キリスト教からみる韓国社会……223
韓国キリスト教の受容史（223）　なぜクリスチャンが多いのか──東アジアの宗教観との融合（225）　韓国社会におけるキリスト教認識（226）

4 民間信仰およびその他のスピリチュアリティ……228
民間信仰と伝統的死生観，風水思想（228）　巫俗（シャーマニズム）の伝統（229）　諸宗教の習合（越境）とエンタメのなかの宗教（231）

第11章　韓国語という鏡──日韓対照言語学の視座　235

1 韓国語とは何か……236

韓国語を使っている地域と人々（236）　言語の名称（237）　ハングルとはどのような文字か（238）

2　韓国語の過去を探る ……………………………… 240
　　歴史・比較言語学の視座（240）　「ウラル・アルタイ語族」説（242）　韓国語の起源（243）

3　現代韓国語の特徴（1）…………………………… 244
　　表記上の特徴（244）　音韻論的特徴（246）　語彙論的特徴（247）

4　現代韓国語の特徴（2）…………………………… 249
　　形態論的特徴（249）　統語論的特徴（250）　語用論的特徴（251）

第12章　〈尹東柱〉という磁場
　　　　——朝鮮語文学への潜り戸として　　　255

1　「詩の国」としての韓国 ……………………………… 256

2　「東アジア」の詩人・尹東柱 ………………………… 257
　　中国朝鮮族と尹東柱（257）　東アジア史を瞰視する（259）

3　磁場としての〈尹東柱〉 …………………………… 260
　　ふたつの謎（260）　翻訳をめぐる問題（263）　〈抵抗詩人〉というドグマ（266）　〈いのちの詩人〉としての尹東柱（269）

4　〈わからなさ〉を引き連れて ……………………… 270

第13章　韓国人にとって日本とはどういう存在なのか　273

1　「日本問題」はほぼ解決した ……………………… 274
　　韓国にとって日本は「重たい」国（274）　日本認識は単純ではない（275）　韓国が日本より上位に立った（とされる）6つの分野（277）　もっとも幸福な韓国人（280）

2　韓国の「日本認識」における問題点 ……………… 281

日本認識の「死角」(281)　韓国側の問題①——本質主義,流出主義(283)　韓国側の問題②——島国への視線(284)　韓国側の問題③——親族制度という文明意識(285)

3　日本側の問題点 …………………………………………286
　　　日本側の問題①——日本特殊論(286)　日本側の問題②——歴史への無知(287)　日本側の問題③——暴力はどちらの側にあったか(289)

4　日韓双方の問題点 ………………………………………290
　　　「日本対韓国」なのか——日本と韓国を区別しすぎる問題(290)　文明・文化の岐路に対する認識(291)　日韓関係は「文化」「文明」を考える重要な枠組み(293)

あとがき　　295
ブックガイド　　299
キーワード索引　　301
韓国の人名・地名索引　　306

コラム

1 「学びほぐし」と「学び直し」　32
2 若者が感じる格差社会の実相　54
3 映画が描くさまざまな日韓の家族　74
4 韓国における家計債務の現状と特徴　96
5 韓国における「北韓」研究　122
6 「インド太平洋」時代の日米韓連携　142
7 ハーバード大学でのサバイバル　164
8 韓国の兵役制度　186
9 厳しい検閲が生み出した『馬鹿宣言』　210
10 「恨」とは韓国人固有の情緒なのか　232
11 社長様はいま，席を外していらっしゃいます　252
12 K-BOOKブーム　268
13 日韓の親族制度の違い　292

はじめに 「他者の視点取得」をとおした現代韓国の合理的理解

浅羽 祐樹

「史上最悪の日韓関係」から「同志国／パートナー」へ

「史上最悪の日韓関係」といわれていましたが，韓国で 2022 年 5 月に政権が交代し，尹錫悦（ユンソンニョル）が大統領に就くと，一転したようにみえます。旧朝鮮半島出身労働者（強制労働被害者）問題（以下，徴用工問題）に関する韓国司法の判決について，日本政府は「国際法違反」と断定し，是正を求めていましたが，尹大統領は 23 年 3 月に韓国政府の責任で解決すると明言しました。これを契機に，日韓シャトル外交が復活し，いまや政府間関係は全面的に正常化しました。

さらに，北朝鮮の核・ミサイルに対する「脅威」認識や「台湾海峡の平和と安定」の重要性なども共有することで，日米韓の安保連携が内実化しつつあります。共同で軍事演習をおこない，ミサイル発射に対するレーダーの情報を即時に共有することで統合抑止力を確保しようとしています。

日本政府は 22 年 12 月に国家安全保障戦略を策定しましたが，そのなかで「日米同盟を基軸としつつ，日米豪印（クアッド）などの取組を通じて，同志国との協力を深化し，FOIP（自由で開かれたインド太平洋）の実現に向けた取組を更に進める」と表明しています。FOIP は日本が掲げた秩序構想（ビジョン）ですが，「インド太平洋」と「北大西洋」（欧州＋北米）の平和と繁栄はつながっているものとし

て理解されます。それだけ，ユーラシアの東西において力によって現状を一方的に変更する試みや勢力が現に存在し，その対処が喫緊の課題になっているというわけです。日韓両国は22年以降，オーストラリアやニュージーランドとともにNATO（北大西洋条約機構）首脳会談に3年連続で参加しています。

日韓は同盟関係にはありませんが，ユーラシアの東側，「西太平洋」で「最前線」に立っています。そうしたなか，互いに「同志国／パートナー」として位置づけつつ，「自由守護」の旗幟を鮮明にしています。韓国も22年12月に「自由・平和・繁栄のインド太平洋戦略」を策定しました。

年齢層・世代ごとの「韓国」観

韓国に対する見方の変化は市民のレベルでも確認できます。

内閣府が毎年実施している「外交に関する世論調査」では，12年に「韓国に親しみを感じない」が「感じる」を上回って以来，感情面でも疎遠な状態が続いていましたが，23年に再び，「感じる」（52.8％）が「感じない」（46.4％）より高くなりました。12年は慰安婦問題，李明博（イミョンバク）大統領の竹島上陸（独島（トクト）訪問），「日本の国力低下」発言，「日王（天皇）謝罪」発言などがあり，日本の韓国に対する見方が一気に悪化した年です。

再逆転が起きたわけですが，この間も，20代で逆転したのは16年・18年・19年のみで，ほかの年齢層とは明らかに異なる傾向がみられました。23年現在，「親しみを感じる」（66.5％）は「感じない」（33.8％）の2倍で，国民全体の平均値と比較しても13.7ポイント高い値です。

この間，男女差も一貫してみられ，女性のほうが「親しみを感じ

る」という回答が高い傾向があります。23年現在，男性は「感じない」（52.0％）が「感じる」（47.1％）より4.9ポイント高い一方で，女性は「感じる」（58.1％）が「感じない」（41.2％）より16.9ポイント高いという結果です。年代別・男女別のデータが開示されていないため確定的なことはいえませんが，20代女性は韓国に対してもっとも親しみを感じている集団(クラスタ)であると思われます。韓国では近年，「イデニョ（20代女性）」と「イデナム（20代男性）」の性向の違いが顕著になっていますが，日本でもイデニョの「韓国」観は独特です。

　何がこうした違いをもたらしているのかは別途検討しなければいけませんが，イデニョからすると，韓国そのものよりも，日本の高齢男性の韓国観のほうが異質に映っているかもしれません。韓国と聞いて，「K-POP」「コスメ」が思い浮かぶか，「徴用工問題」「自衛隊機レーダー照射問題」が気になるかで，親近感が異なるのは当然でしょう。

「他者の視点取得」という技法・姿勢

　私は大学で教えるうえで，少人数演習（ゼミ）では以下の4点を大切にしています。第1に，「私」の興味＝関心(インタレスト)や価値観を知ることです。何をおもしろがり，何を大切にしているのかはそれぞれ異なりますし，新しい学びや出会いを通じて変わっていきますが，まずは「私」自身の偏りに気づくことから始まります。

　第2に，他者の関心や価値観に関心を向けることです。そのためには，じっと耳を傾け，よく観察しないといけないでしょう。たとえ「私」には関心がなくても，隣人がおもしろがっているもの，世の中でヒットしているものがあれば，どこに人々は興味を持ち，

なぜ情熱・時間・金をかけるのかがわからなければ，卒業後，「ビジネス」（金儲けに限らず，他者とのやりとり）に困るからです。ここで意識的にトレーニングしてもらっているのが「他者の視点取得（perspective-taking）」という技法や姿勢です。あの人，その人それぞれの損得計算，絶対に譲れないことは何なのか，彼ら彼女らの目に世界はどのように映っているのかを，そ・の・ま・ま・再現し，受けとめるのです。「竹島上陸（独島訪問）」という表記はそのためです。

第3に，「私」の関心や価値観について，他者に「おもしろい（インタレスティング）」と思ってもらえるように伝えるということです。大学や教室では，講義を聴いてくれる学生やレポートを読んでくれる教員がいますが，消費者にそっぽを向かれた商品はコンビニの棚からすぐ消えます。外交の世界でも，自国民や相手国国民だけでなく，広く世界市民からも「心と精神を勝ちとる」パブリック・ディプロマシーがますます重要になっています。

第4に，そうした自由で対等な「私」たちが集まり，「私たち」としてどのように選択・決定するかということです。ゼミでコンパする場合もそうですし，韓国に対する外交政策も意思決定過程が問われるでしょう。

「合理的理解」とは何か

近年，「合理的配慮」という用語や実践を目にすることはないでしょうか。これは，障害者差別解消法が2021年5月に改正され，まずは行政機関，そして一般事業所においても「合理的配慮の提供」が義務化されたことによるものです。ねらいは，障害があっても，社会的障壁を取り除くことで，差別されることなく「健常者」と等しく社会生活を営めるようにすることです。車椅子ユーザーは

階段しかなければ自分で 2 階に上がれませんが，エレベーターがあれば一人で上がれます。障害（disability）は機能障害（impairment）と社会的障壁（social barriers）の相互作用によって生じるもので，個人と環境の関係性を「解きほぐす」ことで緩和することができるという「捉え直し」が根底にあります。

この「合理的配慮」，原語では rational accommodation といいます。accommodate という動詞には，「必要なものを提供する」「便宜を図る」「収容できる」「調整する」「和解させる」「受け入れる」などの意味がありますが，日本語の「配慮」や「思いやり」のニュアンスはありません。誰しも本来，対等な立場であり，相違や対立がある場合に，それぞれが──特に「健常者」の側が──どのように臨むのかという問いなのです。

似た例として「思いやりの原理（principle of charity）」があります。これは，テキストを解釈する際の指針を示したものですが，より一般的には，相手はそれなりに筋の通った言動をしているはずだということを前提に，こちらはその意図を汲みとりながら向き合おうとする技法・姿勢を指します。ここでも「思いやり」という用語が充てられていますが，本来，そういうウエカラ目線ではありません。

人の間で相違や対立があるのは当然です。韓国政府の言動，日本国民のあいだでのさまざまな受けとめ方，異なる「韓国」観について，「私」はどのように臨もうとするのでしょうか。ここで大切にしたいのが「合理的理解（rational accommodation）」というアプローチです。それぞれの言動にはすべて，それなりの理由があり，その人なりの意味づけや根拠があるということです。ひとまず，そのまま受けとめるのです。評価，対応はそのあとで十分です。

「現代韓国」というリミット

　本書では，主として現代韓国，「2020年代・大韓民国」のさまざまな姿を描いていますが，それに限られているわけではありません。特に第12章では，「韓国の民族詩人」と形容されることが多い尹東柱が東アジア近現代史のなかで捉え直され，「東アジアを移動し，東アジアを生きた詩人」と評されています。こうした「K-something」（「K文学」「K防疫」など）というナショナルな枠組みでは決して捉えられない諸相がほかの章にも刻まれています。

　その尹東柱の詩碑が同志社大学今出川キャンパスにありますが，近くの寺町通を下る（南に行く）と廬山寺があります。紫式部が『源氏物語』を書いた邸宅があった処です。主人公の光源氏の館である六条院は，もちろん作中の設定ですが，現在の五条通・六条通，河原町通・富小路通に囲まれた区域にあったと推定されています。こうした謂れを知っていると，風景や物事の見え方が異なってきます。「いま・ここ」でリアルに街歩きしながら，そこここで「歴史意識の断層」，フィクションと邂逅するのです。いまはカップルが等間隔に座る鴨川も，三条河原や六条河原はその昔，刑場でした。そんな風景も現在に重ね合わせてみえてくるでしょうか。そうした「先に逝った者たち」の声が聴こえてくるでしょうか。私たちはそんな歴史をどのように語り継ぎ，記憶することができるでしょうか。

　ソウルのおしゃれスポット，弘大も同じです。たとえば「京義線ブックストリート」は，「18世紀後半，本を通じて文治統治しようとした朝鮮時代の第22代国王・正祖（1752-1800）の時代の冊架図文化を現代的解釈により甦らせ本を通じた複合文化空間として，旧京義線の廃線跡地に本をテーマにしたとおりとして誕生し[た]」（韓国観光公社ウェブサイト）と案内されていますが，その「旧

京義線」を敷設したのは「大日本帝国」で，京城（現ソウル）と新義州をつなぐのが主眼でした。新義州は現在，朝鮮民主主義人民共和国に位置し，中国とは鴨緑江をはさんで，中朝友誼橋で結ばれています。

ソーシャル・ディスタンシングという間合い

コロナ禍では，物理的距離は保ちつつも，社会的なつながりを強めようという動きがそこここでみられました。医療はもちろん，配達やゴミ集収などを担う人々，ふだん，私たちが直接やりとりすることはなくても，その存在なくしては日常生活が成り立たないエッセンシャルワーカーのありがたさを痛感しました。マスク着用は「自分が感染しない」ためというよりは「他人に感染させない」ためでした。ひとえに，「私たち」が共に生き延びるためでした。

しかし，「ポストコロナ」の日常を生きるなか，私たちはマスクを外しただけでなく，そうした共生の知恵もすっかり忘れてしまったかのようです。そもそも，コロナは終息したわけでは決してなく，ワクチン開発・接種，手洗いやうがいの継続などによって収束しているだけです。マスク着用も「個人の主体的な選択」に委ねられているとはいえ，依然として有効ですし，医療機関受診時や高齢者施設訪問時には効果的とされています。

social distancing は本来，「物理的距離（physical distancing）」（世界保健機関〔WHO〕）とは異なる概念であり，社会的な紐帯・連携はむしろ，切実に求められています。この間に増えた孤立（isolation），失業，自殺は「個人の不運」ではなく，「社会問題」なのです。

現在進行形（-ing）で提示されていることも示唆的です。そのとき，その場，その状況（TPO）に応じて，適度に間合いをとる，そのつ

ど「調整する（accommodate）」のです。

　はたして，韓国に対してどのような間合いをとるのがふさわしいのでしょうか。さらに，「私」とはまるで異なる「韓国」観を持っている人たちにどのように向き合うのが，自由で対等な人同士の関係，人の間でしょうか。

　本書は，13名の著者たちが2023年10月から24年2月にかけて研究会を重ねながら，それぞれのdistancingのありさまを赤裸々に示し合うなかで生まれました。この絶えない対話のなかに「あなた」も加わってみませんか。誰かが新たに加わること，この世界に生まれることは，「新たな始まり」なのです。

いかにつながるか――13の視座

　本章はさまざまな「視座」から現代韓国を立体的に描くために，3つの部，13の章に分かれています。

　第Ⅰ部「政治・社会・経済」では，まず，保守（右派）と進歩（左派）がそれぞれ先鋭化し，両者のあいだではほとんど対話が成り立たないくらい深刻化している「分極化」について，政治（第1章）と社会（第2章）の両面から検討します。そうすることで，社会的な亀裂が必ずしもそのまま政治的な争点になっていないことがわかりますし，政治（国民国家）に等値できない社会はいかに可能かの道筋もわずかながらみえてきます。そのズレが顕著なのが「家族の姿」（第3章）で，かつての「常識」のままでは，規範や秩序の変容，多様な生き方を否認することになってしまいます。いまや，あらかじめ決められたライフコースを歩むのではなく，ライフスタイルは「私」が選択するのです。経済（第4章）も，「日韓逆転」を衝撃／初期値(デフォルト)としてとらえるかによって，向き合い方や対処法が

異なります。もちろん，少子高齢化，格差拡大，働き方改革，AI時代のイノベーションなど，日韓には共通する課題も多くありますので，相互に参照しやすい事例，パートナーのはずです。

　第Ⅱ部「外交・安全保障」では，ますます不透明になる国際環境における模索や戦略を参照します。分断状況にありながら統一を指向しているはずの南北朝鮮関係は近年，「2つのコリア」の様相を呈していますが，第5章は演繹的に理論を構築したうえで事例に適用とするという韓国研究では異色のアプローチを試みています。第6章は「日米韓の安保連携」について，「自衛隊＋在日米軍（日米同盟）」と「韓国軍＋在韓米軍（米韓同盟）」は米インド太平洋軍を通じて統合抑止力と対応力を高めようとしていることだけでなく，朝鮮国連軍（その司令官は在韓米軍司令官であり，有事の際，米韓連合軍の作戦も指揮します）と後方司令部（日本の横田飛行場におかれています）を通じてもつながっていることも説明します。その歴史的経緯を踏まえた現在的意義が切実でしょう。第7章は「経済安全保障」を取り上げ，米中対立の狭間で難しい舵取りが迫られる「開放型小経済（オープン・スモール・エコノミー）」の苦悩と決断を描きます。尹錫悦政権になって，「曖昧さ」や「バランス外交」から脱却し，経済面でも「日米韓」の側に立つと明確にシフトしたというのです。それほど国内の「分極化」は外交・安保，南北朝鮮関係に反映されているのですが，「国防戦略」だけは超党派のコンセンサス（合意）があるというのが第8章の主張です。周辺の列強からたびたび侵略され，国家主権を失ったこともあるなかで，「自主国防」が一貫して図られ，超弩級のバンカーバスター（地下100メートルまで貫通するといわれています）である「玄武（ヒョンム）-5」が「国軍の日」パレード（2024年10月1日）で披露されたばかりです。「米国の核なきジュニアパート

ナー」として，日本も反撃能力の向上に努めています。

　第Ⅲ部「文化・言語・宗教」では，人間の生きざまや生死が問われます。ドラマや文学を通じて韓国史を読み解く試みが増えてきていますが，第9章は「映画」というレンズに映った韓国社会と，映画という表象／フィクションがきっかけになって社会が変わるダイナミズムを明らかにします。挙げられている作品を動画配信サービスなどで同時に視聴するのも，マルチコンテンツ時代における読書の楽しみ方かもしれません。第10章は「宗教」がテーマで，どのように弔い，継承／記憶するのかには，生者と死者のつながり方や共同体のあり方が映し出されます。儒教の伝統が「家族の姿」も含めて社会の規範や秩序を長らく規定していましたが，近代化，合理化のなかで様変わりしています。それでも，いや，だからこそ，「MBTI」などのポップ・スピリチュアリティもそこここでみられます。第11章は「韓国語」を日本語と対照させて，その特徴に迫ります。この2つの言語は似ているとよくいわれますが，何を基準にするかをまず明確にしないと比較することはできませんし，歴史的な変遷をたどらないと分岐もわかりません。「対照」させ，「比較」するには，適切な方法をトレーニングする必要があります。第12章には「韓国」よりも「朝鮮」のほうが出てきます。さらに，「わからない」からこそ，人の間で対話が始まり，続くという局面を分節化しています。難漢字を「翻訳」することはあえてせず，ルビだけを付しています。辞書を引いたり，スマホで画像翻訳をしたりして，リテラシーを確かめてみてください。最後，第13章は「韓国にとって日本とはどういう存在か」を通じて，逆に「日本にとって韓国は何か」も問う試みです。ひとつの確固たる見解が示されていますが，大家だからといって鵜呑みにするのではなく，等し

く批評し合うのが「知的誠実さ (intellectual honesty)」の核心です。

　本書がほかの入門書と決定的に異なるのは，この精神と姿勢で真摯に対話を続けてきたなかで生まれたということです。もちろん，その過程では，13名の著者のあいだで異論や対立もみられました。しかし，それぞれのアプローチを持ち寄り，協働することで，よりよいもの，そうでなければありえないものを読者に届けることができるはずだという信念が支えになりました。

　こんにち，AIも含めて，いかにコラボレーションをおこなうか，「新しい組み合わせ方(イノベーション)」を生み出すかに，「未来（未だ来たらず）」「将来（将に来んとす）」がかかっています。

参考文献

小倉紀蔵『京都思想逍遥』ちくま新書，2019年

川島聡・飯野由里子・西倉実季・星加良司『合理的配慮──対話を開く，対話が拓く』有斐閣，2016年

川村湊『ソウル都市物語──歴史・文学・風景』平凡社，2000年

岸政彦・石岡丈昇・丸山里美『質的社会調査の方法──他者の合理性の理解社会学』有斐閣，2016年

三島憲一『歴史意識の断層──理性批判と批判的理性のあいだ』岩波書店，2014年

森川輝一『〈始まり〉のアーレント──「出生」の思想の誕生』岩波書店，2010年

廉馥圭／橋本妹里訳『ソウルの起源 京城の誕生──1910〜1945植民地統治下の都市計画』明石書店，2020年

千葉大学アカデミック・リンク・センター「批判的に読む」
https://alc.chiba-u.jp/eyr/2020/10/29/03critical.html

第Ⅰ部

政治・社会・経済

第1章 分極化する韓国政治

浅羽 祐樹

⇒ソウル特別市瑞草区(ソチョ)(江南エリアの一角で，大法院〔最高裁判所〕・大検察庁〔最高検察庁〕・サムソン本社などが位置する)で2つの集会が同時におこなわれている。左は進歩派，右は保守派が主導。両者間の物理的な衝突を防ぐため，警察がフェンスを立てて隔離している。
出所：東亜日報

1 「地域主義」の変容

「与村野都」から「地域主義」へ

「近代民主政治は政党なくして考えられない」と，かねてよりいわれてきました。「日本国民は，正当に選挙された国会における代表者を通じて行動」（日本国憲法前文）するとされていますが，代議制民主主義において政党は欠かせません。政党は，有権者の利害や価値観，社会的な亀裂を代表＝反映(リプリゼント)すると同時に，争点を明確にすることでそれぞれまとまり，そのあいだで競争や妥協が繰り広げられます。

政党間の対立軸の形成・変容は，国や時期によって異なり，執政制度や選挙制度などの影響も受けます。大統領制，かつ，議会が一院制で小選挙区制だと，二大政党制になりやすいことが知られています。二大政党制だと構図がシンプルで，責任の所在を明確にしやすい一方で，利害や亀裂が釣り合いよく反映されているわけではないため，政治過程から疎外される層が常に出ます。

韓国では，一時期を除いて，大統領制，かつ，小選挙区制を中心に選出される一院制の議会（国会）という憲法体制であり，二大政党制が続いています。李承晩(イスンマン)・朴正煕(パクチョンヒ)・全斗煥(チョンドゥファン)などの権威主義体制下では，野党＝反対党(オポジション)は「政権交代」「憲法改正」「民主化」を掲げ，都市部で支持を得ました。一方，政権与党は「政治安定」「開発」の名のもと，自らの支配を正当化し，農村部で圧勝しました。こうした対立軸は「与村野都」といいます。

1987年の民主化，憲法改正以降，はじめての大統領選挙（同年12月）と総選挙（翌88年4月）では，地域ごとに各候補者・政党

の得票率に顕著な差がみられる「地域主義」が登場しました。民正党の盧泰愚はTK（大邱・慶尚北道），民主党の金泳三はPK（釜山・慶尚南道），平民党の金大中は湖南（光州・全羅道），新民主共和党の金鍾泌は忠清道をそれぞれ「地盤」としました。これは，大統領を目指す政治家による動員・差別化，「民主化」に代わる有権者との連携戦略の結果でした。まもなくして，平民党以外の3党は合併し，民自党を結成しますが，それ以降，「湖南 vs 嶺南（TK＋PK）」という構図が定まります。

決戦は「首都圏」

民主化当初，国会の議席配分は地方・農村部に偏っていたため，地域主義の影響がより強く出ました。そもそも，小選挙区制のもと，得票率以上に議席率の差は増幅されます。そのうえ有権者数が多く，かつ過大代表されていた嶺南を基盤とする政党に有利なゲームになっていました。

ところが，産業構造の高度化と都市化にともなって，ソウルやその周辺の京畿道や仁川などの「首都圏」へ人口が集中していきます。ソウルのなかでも，漢江の南，江南エリアが開発されると同時に，盆唐・一山・松島などに新都市が次々と建設され，そこに住むこと，特に아파트（マンション）を所有することは，韓国人にとって最大のステータス・シンボルになっています。

法律の違憲審査を専管する憲法裁判所は88年9月に設立されて以来，月平均2.5件，「違憲」「憲法不合致」（ただちに違憲・無効とせず，改正の方向性と期限を示すことで，国会に一定の立法裁量を残す）決定をおこなうくらい司法積極主義に立っています。1票の格差についても，4倍（96年総選挙）から3倍（2004年総選挙），そして

第1章　分極化する韓国政治

2倍（16年総選挙）へと徐々に基準を厳格化してきました。これによって，首都圏に割り当てられる議席数は増え，その比率は1988年総選挙の34.4％から，2024年総選挙では48.0％にまで増えています。それだけ首都圏の意向が全体の趨勢を左右するわけです。

しかも，首都圏は地域主義の影響が薄く，特定の党派色に染まっていません。毎回，揺れ動く分（スイング），二大政党にとっては，地盤を固めつつ挑む決戦の地になります。

「民主主義とは，頭をかち割るかわりに頭数を数える制度である」といわれますが，頭数が多いとそれだけカウント（票換算／重視）されるのは，ある意味で当然のことです。

出生地から居住地へ

民主化してからすでに40年近くが経っています。「86世代」（1980年代に大学に通った60年代生まれ）は50代後半から60代前半になり，その子どもたち（MZ世代）も20代・30代を迎えています。

同じ首都圏居住者であっても，世代によって出生や居住の経験に差があります。86世代は，地方で生まれ，進学・就職に際して上京し，そのまま居住しているのに対して，MZ世代は首都圏で生まれ，「イン・ソウル」（ソウル所在）の大学に進学し，できればソウルに住みたいところ，居住費が高すぎるため「外郭地域」（京畿道や仁川）から片道1時間以上かけてソウルに通勤している人が少なくありません。ソウルの人口は92年をピークに下落し，2003年に京畿道と逆転，さらに20年には1000万人を割り込みました。一方で，京畿道の人口は増え続け，23年には1400万人を突破し，南北2つの道への分割が検討されている状況です。

1 「地域主義」の変容

こうしたなか，首都圏，特にソウルにおけるマンション価格が高騰し，不動産バブルが生じています。所得格差よりも資産（主に不動産でしたが，金融投資も拡がりをみせています）格差が深刻化すると，その多寡（たか）によって政治的立場に差がみられるようになりました。文（ムン）在寅（ジェイン）政権の5年間でソウルのマンション価格は2倍になりましたが，総合不動産税の引き上げ，マンション購入時のローンの上限比率，コロナ禍でのゼロ金利，その後，物価高（インフレ）にともなう金利上昇などすべてが22年大統領選挙で争点になりました。

　江南区（67.0%）・瑞草（ソチョ）区（65.1%）・松坡（ソンパ）区（56.8%）といった「江南ベルト」は高級住宅地や商業地として知られていますが，ソウル市全体の平均（50.6%）より尹錫悦（ユンソンニョル）の得票率が高かったのが特徴的です。とりわけ，タワーマンションが立ち並ぶ江南区狎鷗亭（アックジョン）洞第3投票所における得票率は91.2%と際立っていました。

　同じ地域主義といっても，（親の）出生地や本籍といった縁故から，いまの居住地をめぐる利害や価値観を重視するように変わったというわけです。

階級対立の登場か

　居住地によって，投票だけでなく，さまざまな差が生じています。親がソウルにマンションを所有していると，子どももイン・ソウルの大学に通学し，そのままソウルで高所得の「まともな（decent）」職業に就きやすいというアドバンテージがあります。一方，地方の家庭の子どもは，「地雑大」（地方にある雑多な大学という揶揄）に通うのがせいぜいで，所得だけでなく，資産形成において，生まれながらにしてハンディキャップを負うことになります。

　学歴や所得・資本など親の社会経済的地位（SES）が子どもへと

世代間継承される傾向は近年，世界各国でみられますが，韓国では「スプーン階級論」と呼ばれています。「銀のスプーンを口にくわえて生まれる」という英語の表現，階級社会のイギリスに由来しますが，「金」や「銅」，それに「土」や「ダイヤモンド」のスプーンも言及されます。基準は諸説ありますが，所得よりも資産が重視されているのが特徴で，「土」は資産がほとんどないことを意味しています。

SESが高いもの同士が結婚（パワーカップル）する一方で，SESが低いと非婚・無子の傾向がみられます。韓国では婚外子率が低いため，非婚・無子の層が増えると，当然，少子化が進みます。さらに，結婚している夫婦も子どもを持たないようになると，一層拍車がかかります。それを端的に表しているのが有配偶出生率（結婚している夫婦の子どもの数）で，2000年代では15年の1.50をピークに下落し，20年には1.11まで落ちています。

このように，「どこに住んでいるのか」は，韓国人の生涯においてSESを象徴すると同時に，政治的立場を左右し，さらには韓国社会の再生産や持続可能性をも規定しているのです。

2　「世代」「イデオロギー」の重層構造

若年層＝進歩／高齢層＝保守

日々の仕事や生活に忙しい有権者は争点の一つひとつを全部理解していないものですし，政党も個別の政策を売り込むよりも，自らのカラーや立ち位置を明確にしようとします。その際，手がかりやラベルになるのがイデオロギー／理念です。左派は「革新」「平等」「理性」を強調する一方，右派は「保守」「自由」「伝統」を重視し

ます。この左右対立軸がどのように形成・変容するのかは国や時代,そして制度的環境によって異なります。

分断国家である韓国では,長年,「反共」が国是であり,いまも軍事境界線で北朝鮮と対峙しているため,共産党の設立は許されていません。民主化以後も,盧泰愚・金泳三の2名の大統領は全斗煥(チョンドゥファン)がつくった民正党の流れを組む政党から誕生しましたし,地域主義によって,与野党の対立がかたちづくられていました。

しかし,はじめての政党間の政権交代によって,湖南を地盤にする金大中(キムデジュン)が1998年に大統領になり,太陽政策(対北朝鮮宥和政策)を進めると,その是非をめぐる対立が表面化しました。それにより金鍾泌との連立政権が瓦解したくらいです。

2002年大統領選挙では,若年層ほど盧武鉉(ノムヒョン),高齢層ほど李会昌(イフェチャン)を支持しました。さらに,若年層ほど「進歩」,高齢層ほど「保守」と自己規定する傾向がみられました。韓国で左派は,「革新」や「リベラル」ではなく,「進歩」なのです。

盧武鉉は選挙キャンペーン中に「反米で何が悪い」と発言したことがあります。米国は韓国にとって唯一の同盟国で,その拡大核抑止の確約(コミットメント)が安全保障の根幹を成しています。同時に,米軍に基地を提供するなかで,さまざまなコストが生じています。この発言も,在韓米軍の装甲車に轢(ひ)き殺された女子中学生2名を追悼し,米韓地位協定の見直しを求めるなかでおこなわれたものです。

04年総選挙では86世代が一気に政界に進出しました。

「安全保障」をめぐる左右対立軸

保守/進歩を分かつ対立軸としてまず浮上したのが,安全保障をめぐる立場の違いです。韓国にとって最大の脅威である北朝鮮に対

する政策，国家安全保障の根幹である米国との関係，そして「反共」の法的基盤である国家保安法に対する評価，この３つが焦点です。

　保守は，北朝鮮に対して強硬で，米韓同盟を重視，国家保安法も堅持するという立場です。一方，進歩は「南北（朝鮮の）和解・協力」を推進し，米韓関係において自立性（同盟の破棄までは主張しておらず，韓米連合軍・在韓米軍・朝鮮国連軍司令官が有している戦時作戦統制権の返還の要求など）を模索，国家保安法は改正・廃止するという立場です。

　安全保障をめぐって左右対立軸が形成されているのは日本も同じです。冷戦期，憲法９条や日米安保をめぐって保守／革新が分かれていました。

　保守は，憲法９条の改正に賛成し，日米安保を堅持するという立場です。一方，革新は，憲法９条の改正に反対し，日米安保の破棄を掲げました。ポスト冷戦期においても，こうした左右対立軸は維持されています。

　日韓両国が位置する東アジアでは，グローバルな冷戦は終結しても，朝鮮半島の分断や台湾海峡をはさんだ中台関係はそのまま続いています。米国との同盟も，日米・米韓とそれぞれ二国間のもので，多国間の枠組みはありません。その分，安全保障には死活的な利害がかかっているため，多様な考えや異論があるのは，むしろ当然なのです。

　一方，ヨーロッパでは，ドイツ統一，ソ連崩壊，中東欧諸国のEU（ヨーロッパ連合）やNATO（北大西洋条約機構）への加盟などが相次ぎ，ロシアによるクリミア侵攻（14年）・ウクライナ全面侵攻（22年）までは，域内安全保障共同体が実現したかのようでありま

2 「世代」「イデオロギー」の重層構造

した。こうしたなか，安全保障は左右を分かつ対立軸にならなかったのです。

「経済」「社会」をめぐる左右対立軸

2010年代になると，保守／進歩の対立軸は経済や社会のあり方をめぐっても明確になりました。「資本 vs. 労働」という経済軸は，ヨーロッパではかねてより社会的な亀裂のひとつであり，それぞれを代表する政党が競い合ってきたものです。

韓国でも，アジア通貨危機（1997年）・世界金融危機（2008年）を経て，「富益富，貧益貧」（富めるものはますます富み，貧しいものはますます貧しくなる）という経済格差が拡大するにつれ，経済領域においても，保守と進歩が分かれるようになりました。保守は規制緩和・財政規律・ビジネスフレンドリーを主張する一方で，進歩は公的規制・財政拡大・労働者保護を強調しています。たとえば，Eマート，ロッテマート，ホームプラスといった大型スーパーは第2・第4日曜日が休みですが，そのように定めた流通産業発展法は，営業の自由を侵害しているのか，それとも在来市場（街ごとにある昔ながらの市場）を保護しているのか，見方が真っ二つに割れるのです。

さらに，社会領域です。全世界的に，「物質主義 vs. 脱物質主義」という価値観やライフスタイルに関する違いがみられ，気候変動問題の加速化・深刻化を契機に，現役世代は将来世代にツケ（二酸化炭素だけでなく，赤字国債や年金問題など）を残しすぎなのではないかという「世代間正義」の問題が先鋭化しています。

韓国でも，保守は共同体，法と秩序，規律を強調する一方で，進歩は個人，多様性と寛容，公正性を重視しています。民族，会社や

学校，家族という「大義」のために，「私」が犠牲になることはあってはならないというのが，MZ 世代にとっての初期値(デフォルト)になっています。

「世代」か，「年齢」か

04 年総選挙で政界に進出した 86 世代も，いまや 50 代後半から 60 代前半になっています。同じ進歩でも，世代によって指向性が異なることが明らかになっています。

たとえば，18 年平昌(ピョンチャン)冬季オリンピックには，北朝鮮の金正恩(キムジョンウン)国務委員長の妹が出席し，南北宥和が強調されるなかで，アイスホッケー女子で合同チームが結成されました。文在寅政権の中枢を占めた 86 世代は「民族融合の象徴」として賞賛した一方で，MZ 世代は「公正性の毀損(きそん)である」として批判しました。大学入試，就職，昇進，結婚など人生のどのステージにおいても，競争は不可避で，ますます熾烈になっていくなか，ズル(不正)がオンライン・オフラインのどちらでも槍玉に挙げられるのはやむをえないことなのでしょう。特に，「私(ネ)がするとロマンスで，他人(ナム)がすると不倫(ブル)」(この「ネロナムブル」はそのままオックスフォード英語辞典にも登録)というダブルスタンダードは，86 世代の進歩の欺瞞(ぎまん)として糾弾され，保守の尹錫悦への政権交代につながりました。

86 世代は大学卒業後，就職，昇進，結婚などのライフイベントを次々にクリアしやすい経済的な条件（高い成長率や好景気など）に恵まれました。それがいまや，「既得権の権化」「オワコン（꼰대／라떼족）」と化し，「オレたちが若かった頃はだな……」と偉そうに説教を垂れるので，MZ 世代からすると，つき合いたくない上司や親に映ります。

そもそも，1980年代の大学進学率は10％台で，ごく一部のエリートにすぎないにもかかわらず，同年代全体を代表しているというのは，もともと無理があるのかもしれません。「世　代（ジェネレーション）」は青年期に共通の経験，社会化過程を経ることでかたちづくられるといわれますが，民主化運動を主導した学生とそうでなかった人たちのあいだで，一体，何を共有していたのでしょうか。

　MZ世代についても同じです。ミレニアム（M）世代とZ世代では，生まれた時代も育った環境も異なります。それに，世代効果だと加齢しても続きますが，年齢（エイジ）効果だと消えます。コロナ禍は全世界・全年齢・全世代が同時に受けた時代（ピリオド）効果です。今後も追跡を続けなければ判別がつきません。

3　「イデナム」と「イデニョ」

有権者率×投票率×得票率

　1987年の民主化当時，韓国人の平均年齢は28.3歳でしたが，2023年には44.5歳まで上がっています。この間，韓国は2000年に高齢化社会（65歳以上の高齢者が全人口に占める比率が7％以上），18年に高齢社会（14％以上）となり，24年には超高齢社会（21％以上）に突入する見込みです。少子高齢化が急激に進んでいるわけですが，特に少子化は世界でもっとも深刻で，23年の出生率は0.72，労働力，社会保障（賦課方式の年金や医療費），兵力など韓国社会の持続可能性が心配されています。

　こうした人口学的変化は政治のゆくえにも重大な含意を有しています。

　各年齢層・世代別の「有権者率×投票率×（政党／候補ごとの得

票率)」に差があり，今後，ますます拡がっていきます。若年層はそもそも絶対数が少なく，投票率も低い一方で，高齢層は絶対数が多いうえに，投票率も高く，しかも保守支持で固まっています。こうしたなか，高齢者向きの政策（シルバー・デモクラシー）に帰結するのは，合理的なのかもしれません。ただ，この傾向が強まると，世代間対立が先鋭化するでしょう。

事実，22年大統領選挙において，20代（71.0％）と30代（70.7％）の投票率は，有権者全体の平均（77.1％）をそれぞれ6.1ポイント，6.4ポイントずつ下回っている一方で，60代（87.6％）は平均より10.5ポイント上回っています。さらに，出口調査によると，60代以上では，尹錫悦（67.1％）の得票率は李在明（イジェミョン）（30.8％）のダブルスコアで，圧倒的に保守に偏っています。

一方，若年層は従来，進歩支持の傾向がみられましたが，22年大統領選挙では，20代の投票先は尹錫悦（45.5％）と李在明（47.8％）と二分されました。はたして，20代，あるいはＺ世代は保守化したのでしょうか。

保守的な「イデナム」と進歩的な「イデニョ」

近年，世界的に，20代は男女のあいだで政治志向が異なってきているといわれています。20代は長年，全般的に左派支持の傾向がみられましたが，2000年代以降，相対的に，男性は右傾化する一方で，女性は左傾化しています。特に韓国では，20年代に入り，男性が絶対的にも右傾化すると同時に，女性も絶対的に左傾化し，その差が決定的に拡がっています。

22年大統領選挙で，20代全体の平均値では，尹錫悦と李在明の間に得票率の差はみられませんでしたが，男女別に分けてみると，

真逆の結果です。「イデナム（20代男性）」は李（36.3％）よりも尹（58.7％）に対する投票が22.4ポイント上回る一方で，「イデニョ（20代女性）」は李（58.0％）が尹（33.8％）より24.2ポイント高いという結果でした。

　投票だけではなく，保守／進歩の立ち位置に対する主観的な認識でも，両者の違いは明瞭です。中央日報と韓国政党学会が22年大統領選挙に先だって21年12月に共同で実施した世論調査によると，11点尺度（10がもっとも保守的，0がもっとも進歩的，5が中間〔中道〕）において，イデナムの立ち位置は5.87で，全年齢層のなかでもっとも保守的であることが明らかになりました。一方，イデニョ（4.60）は40代男性（4.40），50代男性（4.54），40代女性（4.58）に次いで進歩的であるというのです。男女の差は1.27で，次いで30代（0.52）ですが，40代（0.18）・50代（0.19）・60代以上（0.27）とは明らかに異なる傾向がみられます。

　「MZ世代」と括ってみることはできませんし，Z世代も，男女でここまで違いがあると，「イデナム」と「イデニョ」は分けないとわかりません。

「経歴断絶」と「学業断絶」

　それでは，こうした差，世代内対立が生じているのは，一体，なぜなのでしょうか。

　それは，男女で，まさに20代で経験／展望する「いま，ここ」がまるで異なるからです。ソウルの繁華街である江南で16年5月17日に起きたミソジニー（女性嫌悪）殺人事件は，女性であるというただそれだけの理由で「わが身」に生じるさまざまなことを想起させました。#MeToo運動が一気に拡がり，政界から芸能界まで

（エリート）男性の暴力や偽善が，保守／進歩を問わず，明らかにされました。

　髪をショートにするか，ロングにするかは本来，どこまでも個人の自己決定権に属するはずです。にもかかわらず，ショートだと「フェミ」に違いないと攻撃されるのです。フェミニズムとバックラッシュが同時に社会のそこここで起きています。

　小説『82年生まれ，キム・ジヨン』（原著は2016年刊行）では，大学卒業後，働いていたが，結婚・出産にともなって仕事をやめ，育児と家事に追われ，苦しんでいる女性の姿が描かれています。ジヨンがベビーカーに子どもを乗せて公園でコーヒーを飲んでいると，「俺も旦那の稼ぎでコーヒー飲んでぶらぶらしたいよなあ……ママ虫もいいご身分だよな……」（チョ 2023: 183-184, 傍点は引用者）という男性の声が聴こえてきます。「経断女」（経歴断絶女性，いわゆるM字カーブ）に「ママ虫」というスティグマ（負の烙印）化です。

　無償のケアワーク（家事・育児・介護など）に費やされる時間は夫婦のあいだで著しい差があります。男女間で賃金格差があると，ケアワークに女性が従事するほうが経済的には「合理的」になります。

　一方，男性も，就職難の時代に「スペック」（留学・インターンシップ・TOEICスコアなど）を身につけるべきゴールデンタイムに「学業断絶」して徴兵されるのは，男性ということだけを理由にした差別だというのです。男性のみを徴兵することの是非をめぐって憲法訴訟もおこされていますが，憲法裁判所は23年10月に4回目の合憲決定を下しました。

　もっとも，こうした話はどちらとも「大学進学」を前提にしています。そもそも「高卒」で「学歴断絶」する層が30％ほどいます。大学進学率における男女間の差は，ジヨンが進学した2000年頃

3　「イデナム」と「イデニョ」

にはなくなりましたが、同年齢における大学進学組と高卒組のあいだには、その後の（生涯）賃金やライフチャンスに圧倒的な違いがあります。

非婚・無子と「私の身体のことは私が決める」

　類例なき少子化は非婚化・無子化の必然的な結果ですが、経歴断絶より非婚・無子を選ぶ女性が増えているということです。生涯未婚率（50歳時未婚率）や有配偶出生率でその傾向は確認できますが、「未婚」（未だ結婚していない）という用語自体が「結婚すること」を「正常」とする「家族イデオロギー」の産物です。結婚するもしないも、子どもを持つも持たないも、本来、個人の自由ですが、韓国では同性婚が認められていませんし、同性カップルが養子縁組することもできません。

　ケアワークが長年、「家庭内のこと（まさに家事）／私的なこと」とされ、事実上、女性に依存／強制されている一方で、男性は外に出て「稼ぐ」ことが当然とされました。しかし、こういう性役割分担意識こそが、政治権力の作用の結果であり、構造的・歴史的な差別であるという捉え直しがおこなわれているのです。

　経済学者のハーシュマンは、企業・組織・国家における衰退への反応として、「忠誠」「発言」「離脱」の3つがあると指摘しています。

　韓国の女性たちは、公／私をめぐる秩序のあり方に対して声を上げ始めました。非婚化・無子化・セックス拒絶も、「私の身体のことは私が決めるのだ（My body, my choice）」という抗議として理解すべきでしょう。自治体の公共サービスが悪いと別の自治体に移動することを「足による投票」といいますが、それに倣うと、「身体

による投票」といえるかもしれません。

　さらに，少子化によって「地方消滅」だけでなく「韓国消滅」すら心配されているということは，「離脱」でもあるわけです。人口学的変化はもっとも確実な未来予想図のひとつであり，かつ，甚大な影響を社会のそこここに長く残します。いや，韓国社会そのものの生存が試されています。

4　深刻化する分極化

「富士山」から「ふたこぶらくだ」へ

　韓国における保守／進歩の対立軸は，安全保障・経済・社会の少なくとも３つの領域で成り立っていて，同じ進歩でも世代によって力点が異なることについて第２節で概観しました。そうした左右の対立軸は国や時代によって成り立ちが異なりますが，近年，全世界的に分極化が進んでいるといわれます（たとえば，V-Dem の指標）。「イデオロギー的分極化（polarization）」とはその名のとおり，右はより右へ，左はより左へと，一直線上で両極へ向かってそれぞれ移動することで，両者のあいだの距離が拡がっている現象のことです。その結果，「富士山」のような正規分布から，「ふたこぶらくだ」のように頂点が２つあって，裾野がほとんど重ならない姿へと変貌を遂げつつあります。

　韓国でも，分極化が深刻化しています。

　国会における各法案に対する各議員の投票行動をもとにした分析によると，第 21 代国会（2020-24 年）は第 20 代（16-20 年）・第 19 代国会（12-16 年）と比べると分極化が進みました。前半の２年間は進歩の文在寅政権でしたが，与党「共に民主党」が過半数議

席を占める「与大野小」国会において「改革立法」／「立法独走」や財政拡大が次々とおこなわれました。一方，後半は保守の尹錫悦政権にあたりますが，与党「国民の力」が過半数割れの「与小野大」国会において対立が激化しました。野党が単独で可決した法案に対して大統領が何度も拒否権を発動したり，大統領が指名した大法院長（最高裁判所長官）候補人事を国会が承認しなかったりするなど，どちらも一歩も引かないチキンゲームの様相です。

有権者のあいだでも分極化が進み，互いに拒絶し，敵対し合っているというしかないありさまです。同時に，保守／進歩のどちらにも嫌気がさした「中道」「無党派」も増えています。この層は二大政党のどちらにも代表されていないと思っていることでしょう。

感情的分極化の「現住所」

さらに，分極化は職場や学校，家庭など社会生活のそこここに拡がり，政治の本質が「友／敵」の区分・対立であることを否応なく想起させられます。保守／進歩どちらであれ，党派的アイデンティティを有していると，自らと同じ「内集団（イングループ）」に対しては好意的である一方で，異なる「外集団（アウトグループ）」に対しては敵対的になる「感情的（アフェクティブ）分極化」が進んでいます。

ある研究によると，内集団と外集団とでは，自分や子どもの結婚相手として考えられるかが有意に異なることが示されています。党派的アイデンティティを有する韓国の有権者の50％以上が外集団との結婚は「絶対に考えられない」と回答しています。この結果は，保守化するイデナムと進歩化するイデニョ，非婚化・少子化と考え合わせると，示唆的です。

さらに，内集団は「愛国的で」「賢く」「正直である」一方，外集

団は「利己的で」「偏屈で」「偽善的である」と道徳的な善悪で彼我を裁断する傾向がみられます。こういう状況では，異論・多様性・寛容性は許されず，対話が生じません。「間違っている」相手は「正さなくてはならない」と互いの目に映っているのです。

コロナ禍におけるワクチン接種，福島第一原発の処理水／汚染水の海洋放出，日本産水産物の消費などをめぐって，こうした感情的分極化が噴出し，激化していきました。

韓国語に「現住所（현주소）」という表現があります。空間的な場所というよりは，時間軸における軌跡・到達点・限界・課題を意味しています。また英語のaddressは，「問題に真摯に取り組む（address global issues）」や「～に宛てて語りかける（address the fellow citizens）」という動詞でもあります。この多義的な意味において，分極化，特に感情的分極化の深化という「現住所」は，「2024年・韓国」の「いま・ここ」を示していると同時に，誰に宛てて，どのように取り組むのかがまさに問われてるといえるでしょう。

読む／視るメディアも「世界」も真っ二つ

その際，私たちがどのように「現住所」を知るのか，知ることができるのかが重要です。私たちは事象をありのままに知ることはできませんので，何らかのメディア（媒介）やレンズ（認識の枠組み）に頼ることになります。

新聞も保守／進歩に二分されています。朝鮮日報・中央日報・東亜日報は保守，ハンギョレや京郷新聞は進歩で，両者は何をニュースとして取り上げるのかというアジェンダ設定や，どのような枠組みで伝えるのかというフレーミングがまったく異なります。

> **コラム１　「学びほぐし」と「学び直し」**　私にとって2024年度は大学で教え始めてから18年目になります。65歳で定年を迎えるとすると，教員・研究者人生の残り時間は丸16年で，折り返し地点を過ぎました。2024年度は学位留学から帰国後19年ぶりに韓国・ソウルに長期滞在し，研究に専念できるという機会にはじめて恵まれました。
>
> 「地域研究は現地に行かない（住まない）とわからない」とはまったく思っていません。ひとりの人間が見聞きできるものには自ずと限界がありますし，社会経済的に自分と似た人との接触が多くなるなか，むしろバイアスが強くなるとさえいえます。
>
> これまで以上に，世論調査のデータ，新聞の社説やコラムなどの言説，つまり，誰でもどこにいてもアクセスできる公開情報をつぶさに渉猟すること（Open Source Intelligence: OSINT）も，欠かせません。毎日，散歩すると，昨日まであって今日もあるもの，昨日までなかったが今日はあるもの，昨日まであったが今日はないものに気づきやすくなります。もちろん，せっかく現地にいるのですから，ブラ

　テレビはもっと露骨で，公共放送のKBS（韓国放送）とMBC（文化放送）は，政府・与党が放送通信委員長を通じて理事会の構成を事実上左右し，社長人事にも影響力を行使できるようになっています。その結果，ニュースのアンカーやドキュメンタリー番組の内容が変わるため，逆に，放送通信委員長の任命をめぐって国会で与野党が激突します。

　もっとも，新聞やテレビといった旧い（レガシー）メディアを読んだり視たりする人は急減しています。その分，YouTuberなどがインフルエンサーになっています。XやInstagramなどSNSでは同種の考え方を持った人同士でフォローし，リポストや「いいね！」し合うこと

> ブラ街歩きを楽しんでいます。
>
> 　「わかった」と言うと関係が途絶えてしまいがちになるというのは興味深い現象です。「わからない」からこそ「知ろう」として対話が始まります。そのためには、「傷つけ、傷つけられる（vulnerability）」ことにオープンな姿勢で臨みたいところです。これまでの理解の仕方、あるいは無知のままでは通用しないと気づき、自ずと「傷つけられる」と同時に、その過程で図らずも誰かを「傷つけ」ていたかもしれないと反省させられます。
>
> 　韓国とのつながり方はそれぞれ異なるでしょうが、「いま・ここ」で別様に星々をつなぐ（つなぎ直す）と、「星座」が別様に描かれます。今夜、夜空を見上げてみませんか。
>
> 　馴染んできたものを手放すのは怖いものですが、「学びほぐす（unlearn）」ことで「学び直し（learn）」の扉が開かれます。私自身も、この機会に、新しい「アプリ」をダウンロードし活用していくためにも、「OS」を見直したいと思っています。

で強化学習がなされ、滝のように流れる情報（サイバーカスケード）に翻弄されるなかで、確証バイアスが強まることが知られています。「そうだそうだ」の連呼のなかでは、「違うかも？」「ほかの見方は？」という疑問が出てこないのです。

　履歴に基づいておすすめが示され、アルゴリズムによって検索結果が個別にカスタマイズされるなかで、自ら与り知らぬところでそれぞれクラスタ化されていくわけです。保守も進歩も、内集団、自陣営のフェイクニュースはそのまま信じ、反証例をあえて探したりしない状況下で、「認知領域における情報戦」（22年12月に策定された日本の国家安全保障戦略）や「陣地戦」（A. グラムシ）が熾烈に

なっています。

代議制民主主義・政党政治の「危機」か

　民主主義の「後退」が世界各地で起きています（たとえば，Freedom House の指標）。ポピュリスト政治家の登場，執政長官（大統領や首相）と議会の両方の権力乱用を牽制する制度（司法やメディアなど）そのものへの攻撃，分極化の深化などがその要因として注目されています。

　韓国では「帝王的大統領制」といわれるくらい大統領の憲法上の権限が強いのは事実です。尹錫悦大統領は青瓦台（チョンワデ）から龍山（ヨンサン）に大統領室を移転させましたが，憲法に明記されている「国務会議」（内閣）ではなく，大統領室という「政権中枢」（コア・エグゼクティブ）を中心にした意思決定の傾向が強まっています。そもそも，大法院や憲法裁判所，放送通信委員長の人事を通じて，司法や公共放送に党派色が及ぶようになっています。それにともない，誰が裁判官になるのかをめぐって争われる「司法の政治化」と，国会で審議・妥協を経て決着すべき事柄が裁判所に持ち込まれる「政治の司法化」が同時に進んでいます。

　さらに，朴槿恵（パククネ）大統領の弾劾・罷免は，国会における訴追と憲法裁判所による審判という憲法が予定していた手続きに沿っておこなわれましたが，決定的だったのは「ろうそく集会」です。「我ら大韓国民」（憲法前文）が自ら現れ，直接決定するという「憲法政治」の局面が韓国憲政史ではしばしばみられます。

　そうなると，「通常政治」を織りなす代議制民主主義や政党政治（パーティー）は，その存在意義を根底から問われることになります。政党は，はたして，誰の利害や価値観，どのような社会的な亀裂を代表してい

るのでしょうか。一部分(パート)しか代表しえないのに、「民心(民意)」全体を体現していると僭称(せんしょう)するのはポピュリストの典型です。

　いずれにせよ、「大韓民国は民主共和国である」（憲法第1条第1項）以上、「我ら大韓国民」が針路を決めてきたのが韓国憲政史のダイナミズムです。

参 考 文 献

アッカマン，ブルース／川岸令和・木下智史・阪口正二郎・谷澤正嗣監訳『アメリカ憲法理論史――その基底にあるもの』北大路書房，2020年

池畑修平『韓国　内なる分断――葛藤する政治，疲弊する国民』平凡社，2019年

岡野八代『ケアの倫理――フェミニズムの政治思想』岩波新書，2024年

岡山裕『アメリカの政党政治――建国から250年の軌跡』中公新書，2020年

久保文明・中山俊宏・山岸敬和・梅川健編『アメリカ政治の地殻変動――分極化の行方』東京大学出版会，2021年

斎藤真理子『隣の国の人々と出会う――韓国語と日本語のあいだ』創元社，2024年

シュミット，カール／権左武志訳『政治的なものの概念』岩波文庫，2022年

チョ，ナムジュ／斎藤真理子訳『82年生まれ，キム・ジヨン』ちくま文庫，2023年

鄭喜鎭編／申琪榮監修『#MeTooの政治学――コリア・フェミニズムの最前線』大月書店，2021年

筒井淳也『未婚と少子化――この国で子どもを産みにくい理由』PHP新書，2023年

ハーシュマン，A. O.／矢野修一訳『離脱・発言・忠誠――企業・組織・国家における衰退への反応』ミネルヴァ書房，2005年

秦正樹『陰謀論――民主主義を揺るがすメカニズム』中公新書，2022年

プシェヴォスキ，アダム／吉田徹・伊﨑直志訳『民主主義の危機――比較分析が示す変容』白水社，2023年

Freedom House

https://freedomhouse.org/
V-Dem (Variety of Democracy)
https://v-dem.net/

第2章　分極化する韓国社会

春木　育美

⇒反政府デモの様子（2023年9月）。40〜50代の人々の姿が目立つ。
出所：筆者撮影

1　社会的格差の問題

韓国社会の分極化とは何か

　韓国社会の「分極化（polarization）」と聞いて，みなさんはどんなことを思い浮かべるでしょうか。

　表 2-1 は，集団間の葛藤（対立）に関する調査で「葛藤が大きい」とした回答項目を多い順に並べたものです。韓国の人々がいま，どのような問題意識を持っているのかを知る手がかりになると思います。

　まず，「保守と進歩」のあいだの葛藤が大きいとの回答は 9 割近くに上っており，多くの人が政治的分極化の激しさを実感していることがわかります。「中高年世代と若い世代」の葛藤は，いろいろな側面から読み解くことが可能です。この点について本章では，投票行動など政治分野において世代間でどのような違いが顕著なのかをみていくことにします。2 〜 4 番目に多いのは，まさに格差の問題です。そのほかにも「首都圏と地方」や「男性と女性」のあいだの葛藤が大きいとの回答が過半数となっています。

表 2-1　「葛藤が大きい」と回答した分野（％）

1	保守と進歩	89.5
2	正規職と非正規職	78.8
3	富裕層と庶民	76.6
4	大企業と中小企業	75.0
4	中高年世代と若い世代	75.0
6	首都圏と地方	57.4
7	男性と女性	50.4

出所：韓国・文化体育観光部「韓国人の意識・価値観調査」2022 年

こうした問題をいくつかに分けて，さらに深掘りしていくために，本章では，第1に社会的格差の問題，第2に投票行動などに表れる世代間・世代内の分極化，第3に首都圏と地方の格差や首都圏一極集中と地方の均衡発展をめぐる葛藤，第4に男性と女性について考察していきます。

進学格差

格差の問題について，ここからは2019年にカンヌ映画祭や米アカデミー賞で最優秀作品を受賞した韓国映画『パラサイト 半地下の家族』を例として考えてみます。この作品はフィクションですが韓国社会の現実をリアルに描いています。主人公は，大雨が降ると冠水するような半地下の住宅で暮らす夫婦と，ともに20代の息子と娘の4人家族です。ひょんなことから高台の豪邸に住む裕福な家庭で，父親は運転手，母親は家政婦，息子と娘はいずれも家庭教師として雇われるようになり，ストーリーが始まります。

半地下の家族は中産層から没落した人々です。息子と娘は大学進学を目指して浪人中です。高卒で働くこともできるのに浪人生活を許している点に，中産層でありたい両親の意地がうかがえます。

韓国は高学歴者の多い社会です。「OECD教育指標2022」によると，25～34歳の高等教育履修率（大卒者の比率）は69.3％と，OECD（経済協力開発機構）平均の46.9％を上回ります。22年時点の大学進学率は73.8％でした。大学進学率が全国で最下位なのは首都ソウルで65.6％です。その理由は，よりよい大学を目指して浪人させる経済的余裕のある家庭が多いためです。韓国職業能力研究院の調査（2022年）によれば，4年制大学の進学率は，世帯所得上位25％の家庭では68％ですが，下位25％の家庭は41％に

1 社会的格差の問題

とどまり，生まれた家庭による進学格差がみられます。

正規職と非正規職，そして自営業

父親のギテクは自営業者で開業しては廃業を繰り返す，韓国社会の縮図といえる人物です。韓国は全就業者に占める自営業者の比率が25％と高い社会です。自営業者の競争は激しく，経営の厳しさから廃業があとを絶ちません。ギテクもまさにその一人です。

表2-1の調査では，「正規職と非正規職」の葛藤が大きいとの回答が78.8％に上りました。データをみると一目瞭然です。統計庁の調査（23年）によると，賃金労働者に占める非正規労働者の割合は37％を占め，正規職と非正規職の月平均賃金の格差は86.2万ウォンになります。非正規労働者の19.4％は29歳以下の若年層です。就職浪人をしたり非正規職を転々としたりして，大企業の正規職の地位を得ようと求職活動を続ける人が少なくありません。

大企業と中小企業の賃金格差は拡大しています。22年時点の大企業の賃金を100としたとき，中小企業の賃金は57.7でした。日本の値は73.7であり，韓国の賃金格差がより大きいことがわかります。02年時に韓国中小企業の賃金は70.4でしたので，20年前と比較すると賃金格差は拡大しています。

富裕層と低所得層の葛藤は，韓国ドラマや映画の定番といえます。財閥ファミリーが登場する頻度の高さとその暮らしぶりの豪華さをみると，富裕層と低所得層の格差がいかに大きいか，想像がつくかもしれません。

貧困と格差

母親のチュンスクは，若くはありませんが健康でまだ十分に働け

ます。ただ，老後の生活は厳しさを増すでしょう。韓国は66歳以上の高齢者人口の相対的貧困率が39.7％（2022年）と，OECD加盟国のなかでもっとも高い水準です。相対的貧困率とは，可処分所得が中央値の半分に相当する基準に届かない人の割合を指します。

　高齢者の貧困率が高い一因は，国民年金制度の導入が1988年と遅かったことにあります。当初，国民年金の加入は従業員10人以上の事業所のみが対象でした。99年に都市自営業者らまで加入対象が拡がり，ようやく国民皆年金制度が達成されました。

　公務員年金や軍人年金，私学教職員年金は1960年代から70年代に導入されたため充実している一方，国民年金制度は歴史が浅いことから高齢者間で年金受給額に大きな格差があります。世代内格差の象徴が，年金受給なのです。

　映画は夫婦ともに失業中でほぼ収入がないという設定ですから，チュンスクは国民年金に加入していないか，保険料の支払いに空白期間があるかでしょう。国民年金を受給するには，最低でも120カ月以上の保険料の納付が必要です。国民年金の加入率は2018年時点で男性75.2％に対し女性は66.1％と差があります。配偶者に扶養され社会保険料を納めなくてもすむ日本の「第3号被保険制度」は韓国にはありません。国民年金制度の歴史が短いため満額受給者が増えるのはこれからで，受給額が少ない高齢者が多いことから貧困率が高いのです。

　男性より長生きすることの多い女性の貧困リスクは特に大きく，社会保障制度の拡充が求められます。こうした厳しい現実を肌身に感じている韓国の人々にしてみれば，半地下に住む家族のストーリーは決して他人事ではないのです。

1　社会的格差の問題

2 世代間・世代内の分極化

世代間対立

　表2-1の調査では，9割近くが「保守と進歩」のあいだの葛藤が大きいと回答していました。韓国ギャラップ社の世論調査をみると，与党支持者と野党支持者のあいだでの大統領支持率の差異が年々拡大していることがわかります。政権ごとの支持割合の差異（任期中の最大値）をみると，進歩系の金大中(キムデジュン)政権（1998～2003年）は48ポイント，同じく進歩系の盧武鉉(ノムヒョン)政権（2003～08年）は62ポイント，保守系の朴槿恵(パククネ)政権（2013～17年）は75ポイント，進歩系の文在寅(ムンジェイン)政権（17～2022年）では85ポイントに跳ね上がっています。進歩系の政党を揺るがず支持するのが「コンクリート層」と評される40代～50代前半です。各種の調査では，1970年代に生まれた人ほど保守系の尹錫悦(ユンソンニョル)政権（2022年～）を支持しない傾向が強くみられます。一方，年齢が若いほど，無党派や中道層が多い傾向がみられます。

　1987年の「民主化宣言」を引き出した民主化運動の過程で大きな役割を果たした1960年代生まれの世代（86世代）は，いまや高齢期を迎えつつあります。政治学者のキム・ギドンらの研究によれば，進歩的とみられてきた60年代生まれの投票行動は，現在では同じ世代内でも保守と進歩政党の支持が分かれており，一方で70年代以降生まれの世代は進歩的かつ反保守的な傾向が強くみられました。

　政治学者のチェ・スルギらの調査では，70年代生まれが政治的イデオロギーと投票行動の点ではもっとも進歩的であるとの結果を

示しています。20代や30代のときから一貫して進歩政党を支持し,いまや40代から50代前半となった70年代生まれは進歩政党に対する揺るぎない支持で際立っています。注目されるのはその世代が今後,50代後半から60代になったとき,年齢効果として保守化するのか否かです。

ジェンダー対立

このように,近年の韓国の選挙では,世代ごとに異なる投票行動が強くみられます。2012年と17年にそれぞれ実施された大統領選の出口調査では,20代から40代は進歩系の政党候補に,60代以上は保守系の政党候補へと票が分かれるなど,年齢層ごとに支持する候補に顕著な差異が出ました。一方,投票行動に明確なジェンダー差,つまり性別によって投票行動が大きく異なることはありませんでした。

ところが,22年の大統領選挙では,20代の投票行動に顕著なジェンダー差がみられました。20代女性は進歩系の「共に民主党」や正義党といった政党候補者に投票した比率が高かったのとは対照的に,20代男性は保守系「国民の力」の尹錫悦候補に票を投じました。

一連の政治行動から「20代の男女間でジェンダー対立が先鋭化」と喧伝されるようになりました。SNS上でアンチフェミニズムや感情的な応酬があったのは事実です。ただ,それに便乗して対立を煽り,政治的利益を得ようする政治勢力の存在がありました。

たとえば,若手保守の旗手として注目を集め,22年大統領選挙を前に36歳の若さで国民の力の代表に就任した李俊錫(イジュンソク)は反フェミニズムを前面に押し出し,ミソジニー(女性嫌悪)を煽るような

2 世代間・世代内の分極化

発言を繰り返し台頭した政治家です。候補者だった尹錫悦もまた，大統領選で若い男性から票を集めようとして唐突に「女性家族部廃止」を公約に掲げて世論を刺激しました。ジェンダー対立を煽動することで得票につなげようとしたのです。

世代内の分極化

投票行動のジェンダー差を「20代男女のあいだのジェンダー対立」という単純化したフレーズでとらえることは，ともすれば問題の矮小化につながりかねません。本質は構造的なジェンダー不平等にあり，それは20代だけでなく世代を超える問題であるのに論点をすり替え隠蔽してしまうからです。

20代女性は進歩的で20代男性は保守化が進んでいるといった見方にも注意が必要です。浮動層の多い20代から30代は，進歩か保守かという理念よりも実利重視の現実的な判断で票を投じる傾向が強くみられます。ただ同時に，現状への不満や変化への欲求をすくいとれない政党への失望感も大きいのです。若い世代に投票理由を尋ねると「保守政党を勝たせたくなかったから」「どちらも最悪だが，まだましなほうを選んだだけ」という冷めた回答が多く返ってきます。

ほかの先進国でも，若い女性のほうが同世代の男性よりも進歩的傾向がみられます。それだけドラスティクな社会変革を求めていることの証左でしょう。フェミニズムが浸透したことも背景に挙げられます。韓国でももちろんフェミニズムの影響は大きいのですが，進歩系政党がジェンダー格差を是正するための政策に積極的に取り組んでいるかというと，現状では疑問符がつきます。問われるべきは，ジェンダー対立を生み出す要因ともなっている若い男性の保守

化よりも中高年世代の男性中心主義や権力構造ではないでしょうか。

　また，当然ながら同じ世代に属していても，学歴や階層の違いによる世代内格差は多様です。20代から30代の男女を対象にした調査では，男性は社会経済的地位が高いほど保守的で，女性は社会経済的地位が高いほど進歩的傾向が強くみられました。韓国で近年，中間所得層が減少し分極化が進んだ要因として，賃金所得よりも不動産など資産の影響が大きいことがわかっています。親の資産を受け継げる階層の子どもとそうでない子ども，つまり持つ者と持たざる者の格差は若年層のあいだでも拡がっています。

本質的な問題は何か

　このように，支持する政党をめぐり世代間でも世代内でも分裂と対立が高まっています。自らの正義を絶対視し，他者への不寛容さが際立つという意味での断絶ともいえます。本質的な問題は，政治的立場や理念の違いが表出していることではなく，陣営論理に基づく感情的な対立が高まっている点です。主張が対立しても対話の場を作り続けようとする意思や態度があればよいのですが，相手への攻撃ばかりが目立ちます。相手の話に耳を傾け議論を交わすこと自体が困難になれば，好悪感情でしか物事を判断できなくなります。

　24年4月の総選挙では，与党国民の力が擁立した全候補者のうち88％が男性で，もっとも多いのは60代でした。一方，最大野党の共に民主党の候補者の中心は50代男性でした。与党は60代男性，野党は50代男性がそれぞれ主流の対決構図となりました。小選挙区の候補者の平均年齢は08年の総選挙には49.2歳でしたが，24年の総選挙では57.8歳に上昇しています。

　ジェンダーバランスも問題です。選挙の結果，254ある地域区

（小選挙区）で，男性当選者は218名（86%）であるのに対し，女性当選者は36名（14%）にすぎませんでした。

対話を通じて社会を改革し国の未来を決めなければならない国政の場は中高年・シニア男性中心で，40代以下の世代や女性が圧倒的に少ない状況にあります。ジェンダーの偏りや特定の年齢層に権力が集中していることによる「多様性の欠如」が，分極化の是正をさらに困難にしているといえるのではないでしょうか。

3 首都圏と地方

首都圏一極集中と「地方消滅」

日本と韓国の共通点は，少子高齢化が急速に進行し劇的な人口変動期を迎えることです。韓国は，戦争でも災害でもなく人口減少で消滅する国になる（『東亜日報』社説，2023年2月29日付）と懸念されており，韓国政府は人口減少対策を最重要課題と位置づけています。

人口減少の進み方には地域差があります。韓国政府が人口減少という新しいリスクに危機感を抱き，本格的に取り組み始める契機となったのは，「地方消滅」が現実味を帯びるようになったからでした。韓国雇用情報院は2023年，全国228の市郡区のうち，全体の52%に当たる118の自治体が消滅の危機にあるとの分析を公表しました。少子高齢化の急進にともなう労働力不足で地域経済は衰退し，その行く末は「韓国消滅」であるいう警鐘は，社会に大きな衝撃を与えました。

韓国は，人口減少の速度と首都圏一極集中度が日本と比べても格段に深刻です。24年現在ソウル市に隣接する京畿道（キョンギ）と仁川市（インチョン）を

含む「ソウル首都圏（ソウル市・京畿道・仁川市）」に全人口の50.8％に当たる2605万人が居住します。

　23年には，首都圏と非首都圏の人口格差が，過去最大の70万人になりました。地方の若年層が進学や就職，高い生活の質を求めて首都圏へ集まるのはいまに始まったことではありません。現在は19〜34歳の54％がソウル首都圏に居住し，なおも増え続けています。地方に生まれ育った若者をソウル首都圏はブラックホールのように吸い上げているのです。大企業1000社の87％，スタートアップ企業の約6割が首都圏に集中しています。よりよい仕事を求めて地方から首都圏へ移動する人の流れを止めることは，容易なことではありません。

　首都圏集中は人口密度を高め，教育競争の激化や不動産の価格上昇を引き起こし，少子化の一因とも目されています。国土面積の11.8％にすぎない首都圏への集住は，不動産などの資産格差を拡大させる要因となっています。首都圏と非首都圏では世帯の平均純資産の差額が，2016年から22年のあいだに1.5億ウォン拡大しています。

首都圏と地方間の格差をどう埋めるのか

　これまでも韓国政府は「地域均衡発展」というスローガンのもと，さまざまな政策を推進してきました。ソウル一極集中問題を是正するために，ソウルに隣接する京畿道に新都市開発を進め人口の分散を図りました。過度な人口の偏りは地方を衰退させるとして，12年には忠清道から世宗特別自治市を分離して発足させ，中央省庁や政府傘下の公的機関などを移転する政策を進めました。政策推進の端緒には，02年の大統領選挙で盧武鉉候補が，地域経済の発

展のために忠清道圏に行政首都を建設し大統領府と中央省庁を移転すると公約したことがありました。

首都移転に関しては，憲法裁判所が「ソウルが首都というのは慣習憲法であり，首都移転は憲法改正によりおこなうべきだ」との判断を下し，実現しませんでした。新たに行政中心複合都市として誕生した世宗市には，23年時点で23の政府機関が移転しました。

23年には，さらに江原道(カンウォン)が特別自治道となりました。特別自治道には高度な自治権が付与され，投資や開発のための規制緩和といった特例が設けられます。江原道は18年の平昌(ピョンチャン)冬季オリンピックの開催地で，北朝鮮との軍事境界線を有するため開発が規制され，発展が遅れた地域でした。

このように韓国政府は，国土の均衡発展を図るべく地方分権を進めています。国家的な発展ビジョンに基づく計画ではありますが，選挙を意識した政治的な判断も大きく影響しています。世宗特別自治市が忠清道から分離して発足されたのも，忠清道が長らく大統領選をはじめとする各種選挙の勝敗を決めるキャスティングボードを握る地域であったことと関係があります。江原道も同様に，与野党ともに強い地盤を持つとはいえずどちらに転ぶかわからない，つまり選挙ごとに結果が変わる地域です。

韓国版「地方創生」

韓国では，日本の地方創生政策への関心が極めて高く，韓国版ふるさと納税である「ふるさと愛寄付制」や，若者の地方での就業や起業を支援し定住につなげようとする「青年村事業」など日本を参考に進めた施策もみられます。

韓国政府は22年に人口減少地域への対応策として，年1兆ウォ

ン規模の地方消滅対応基金を創設しました。人口減少対策を盛り込んだビジョンと地方消滅危機を克服するための戦略プランの作成を自治体に求め，必要な交付金を支給するものです。中央政府によるトップダウンでなく，人口減少を肌で感じている地方の自治体が独自の計画と戦略を描き，実行していくことが期待されています。

　尹錫悦大統領は，どの地域であっても暮らしやすい「地方の時代」を切り拓くと表明しました。そのひとつが地方主導の教育改革の推進です。全国に「教育発展特区」「教育自由特区」を設け，最大100億ウォンの特別交付金を支給する計画です。特区の目的は，教育で独自色を出し，地方の若者が地元で進学・就職する機運を高め，首都圏への流出を食い止めることにあります。具体的には，①IT・デジタル技術を活用し地域の公立教育の質を高める，②医学部や理数工学系といった先端分野の学部を持つ地方国立大学の定員を大幅に増やす，③入試選抜の地元出身者枠を拡大し，首都圏への進学を抑制するといったものです。

　また，医療改革という異なる文脈からの政策ですが，地方大学の医学部の定員を大幅に増やし，地方高校の学生だけが受験できる地方選抜枠の拡大計画も進めています。

韓国社会の宿痾

　地方に付加価値の高い雇用を創出できなければ，よりよい就職先を求めて若者は流出します。最先端企業の誘致や造成，起業支援，税制支援を通じて地方への企業移転を促すなど，地域経済のテコ入れが必要になることはいうまでもありません。

　ただ，若者の首都圏への流出を抑えようと地元大学への進学を促すことは別次元の問題です。韓国社会では近年，地方大学を見下す

傾向が強まっています。「地雑大」（地方の雑多な大学という意味）と揶揄する表現が飛び交い，地方大学卒は就職で不利になることも少なくありません。首都圏と地方の大学間の序列意識は，若者の首都圏流出の大きな要因になっています。つまり，全国の若者がソウルの名門大学を目指すのは，地方とソウルの大学間に明確な序列があり，また，学閥意識が強烈だからです。

韓国には職業的威信の序列や職種差別が明確にあり，成功モデルに多様性を欠いています。他者目線の地位獲得競争が続く限り，より評価される学歴や職業を求めて首都圏を目指す流れは止まりません。地方の若者に地元に残ってほしいと望むのならば，ソウルでの大学進学や大企業への就職を頂点とするピラミッド競争から脱却していく必要があります。それには子どもを競争へと駆り立てる親世代の価値観の変革も求められます。

多様な価値観やライフコースを認め，序列意識の呪縛から解放することが若者を生かすことになり，長い目でみて地方消滅の危機を緩和することにつながるのではないでしょうか。

また，若い女性の流出が顕著な地域は，そのような状況を生み出しているジェンダー格差などの社会的要因にも目を向けるべきだと思います。

4 男性と女性

『82年生まれ，キム・ジヨン』

韓国で男性と女性のあいだの葛藤とは何でしょうか。男女がわかり合えない理由のヒントが，韓国現地で100万部を超える大ベストセラーとなった小説『82年生まれ，キム・ジヨン』（原作刊行は

2016年）にあります。この小説は，韓国のひとりの女性がライフステージごとに直面する性差別やジェンダー格差をリアルに描いています。簡単にストーリーを紹介すると，主人公のジヨンは次女で，男の子を期待した家族からは生まれた瞬間に「女か」とがっかりされます。父親は息子である弟を溺愛し，家庭内ですべてにおいて弟は優先されます。扱いの違いに疑問を持ちながらジヨンは成長し大学に進学しますが，待ち受けていたのは就職差別や男性優位の社会でのジェンダー不平等でした。なんとか就職し結婚すると，妊娠を契機に出産退職を余儀なくされます。社会との接点と収入を失い，家事と育児に忙殺されるなか，孤立感を募らせていったジヨンはついに精神的に壊れます。

　「これはまさに私の話だ」と，韓国だけでなく日本でも多くの女性が共感を示しました。しかし，韓国の若い男性にはことのほか不評でした。韓国でのブックレビューには「いつの時代の話か」「男性が抱える負担にも目を向けろ」「女性も兵役の義務を果たせ」といった書き込みがみられました。同書は，相手のおかれた立場や困難に対する人々の想像力の欠如や共感の難しさを示した一冊ともいえます。

数字でみるジェンダー不平等

　ジェンダー不平等を表す指数として指摘されることが多いのは，男女の賃金格差です。OECD加盟38カ国対象の調査では，韓国は男女の賃金格差でワースト記録を更新し続けています。賃金格差の要因は，賃金差別と昇進格差，管理職の女性比率の低さ，出産・育児による離職で勤続年数が短いこと，再就職後も短時間の勤務や非正規職に就くことが多いことが挙げられます。男女の賃金格差は，

社会全体の構造問題です。

労働力率の「M字カーブ」(女性の労働力率が出産・育児期にあたる年代で低下すること)は,かなり緩和されました。その要因として,非婚者の増加や既婚者による出生率の低下にみるように,子どもがいない女性が増えたことが挙げられます。

韓国政府は,両親ともに有給の育休を取得しやすくなるよう育児支援策に力を入れており,キャリア断絶が緩和された可能性もあります。前述したジヨンのように,出産・育児を理由として労働市場から退出する女性の割合は,実際に低下しています。ただ,これには出産数そのものが減っていることに加え,共稼ぎでなければ生活も育児も困難な家庭が増加しているという現実もあるでしょう。

韓国政治における女性の不在

韓国で女性の進出がもっとも遅れているのが政治分野です。世界経済フォーラムが2023年に公表した「世界ジェンダー・ギャップ報告書」は,男女格差の現状を各国のデータに基づいて評価しており,ジェンダー・ギャップ指数が1に近くなるほど平等度が高いことを示します。韓国は政治的エンパワーメント分野の指数が0.212と著しく低くなっています。

06年の公職選挙法改正により,国会議員および地方議員選挙の比例代表候補者の50％以上を女性に割り振る「クオータ制」が義務化されました。比例名簿の1番から奇数順位に女性を割り当てます。努力義務ではありますが,小選挙区でも候補者の30％を女性に割り当てることを求めています。比例配分議席数が少ないので効果は限定的であるものの,クオータ制によって女性国会議員数は増加しました。それでも,24年総選挙時点で60人いる女性国会

議員の比率は全体の20％で，OECD平均の33.8％を下回っています。226ある基礎自治体の女性首長は7人いますが全体の4％にすぎません。特別市や広域市，道といった広域自治体の女性首長はゼロです。政界進出におけるジェンダーギャップは，男性優位社会の象徴といえます。

若い男女のあいだに対立があるといっても，そもそも女性の利益を代弁する政治家が非常に少なく，政策決定に女性の声が反映されないという現実があります。もちろん女性政治家が増えれば，ジェンダー政策が進むというわけではありません。韓国初の女性大統領となった朴槿恵は，女性の権利向上にほとんど関心を示しませんでした。ただ，一般的傾向として，政治家が関心を持ったり支持したりする政策分野には，ジェンダー差がみられます。民意が等しく反映されるためにも，ジェンダーバランスの是正は重要です。

選挙のたびに女性運動団体は「性平等が民主主義の完成だ」と訴えてきました。2000年代から若い女性が「出産スト」と叫び，これほど出生率が低下したにもかかわらずジェンダー平等は進んでいません。まさに「女性のいない民主主義」状態にあるといえます。

分極化を超えて

2010年代に女性への性暴力の問題が日常の至るところに潜んでいることを意識させられる事件が続いたことで，若い世代を中心にフェミニズムへの関心が高まりました。セクハラや性的暴行をめぐり「私も被害者である」と発信した「#MeToo運動」が大きなうねりとなり，「#WithYou」にみるように連帯も進みました。フェミニズム関連書籍が小説やエッセイとして次々に刊行され「フェミニズム・リブート」と称されました。

> **コラム2　若者が感じる格差社会の実相**　「韓国は世襲社会90.1％」。ニュース週刊誌『時事ジャーナル』2019年10月1日号の表紙に大きく書かれた見出しです。独自の世論調査による結果を示すもので，祖父が息子に，息子である父親はその息子に王冠を被せるという，富の世襲を意味するイラストが描かれています。現在の韓国の若者はどの世代よりも高学歴になりましたが，親世代よりも階層上昇が難しくなり，どの親元に生まれるかで学歴も到達階層も決まるという諦念がみられます。韓国銀行の調査（23年）では20代から30代の83.5％が「親の社会経済的地位は教育を通じて子どもに受け継がれる」と回答しました。
> 　経済界では，男女関係なく財閥3世らが財閥グループの経営権を継承しています。財閥家の娘や息子が韓国ドラマに登場することが多いのは，韓国の現実を反映しています。親が娘を重役に就かせるため，管理職よりも役員クラスのほうが女性の比率が高い大企業もあります。
> 　少し前まで就活の履歴書には，家族の学歴や出身地，職業などを記入する欄がありました。この点は文在寅政権下でかなり改善され，コネ入社には厳しい目が向けられるようになりました。
> 　その一方，大企業のなかには，労使が締結した団体協約に「労働組

　1990年代の韓国では，女性学や女性運動が高揚しフェミニズムに勢いがありました。性差別を訴え，性暴力防止法やDV法を実現してきた女性運動の歴史があるからこそ，2010年代の動きが「リブート（再浮上）」と形容されたのです。

　フェミニズムに反発する若い男性からは「性差別的な社会を作り上げたのは上の世代なのに，なぜ自分が責められるのか。自分こそ被害者である」という憤りが聞かれます。被害者意識の基底には兵役問題があり，兵役は「時間資源」をめぐる不公平さの象徴でもあ

合員の直系家族を優先的に採用する」との項目が残っているところがあります。労組に支えられていた進歩系の文在寅政権は、この点にメスを入れることができませんでした。尹錫悦大統領は大統領選時の公約に、世襲を打破するとして「労組の子弟採用優遇禁止法」制定を掲げました。

誰かの子どもであることで優遇されることを、韓国語で「アッパ（父親）チャンス」といいます。「オンマ（母親）チャンス」よりアッパチャンスといわれることが多いのは、キャリアや人脈、権力を持つ女性が限られているからでしょう。

生まれた家庭によって学歴達成や就職先までも左右されているのではないかという憤怒が、韓国の若い世代が「公平、公正、平等な社会の実現」を強く求める原動力となっています。

『時事ジャーナル』2019年10月1日号の表紙

ります。不公平感が募るのは、苛烈で際限のない競争社会を生き抜けるかという不安ゆえです。親世代が理想とする成功モデルの呪縛に息苦しさを感じているのは、男性も女性も同じです。ですから、憤怒の矛先は同世代の異性でなく現在の韓国社会を形成した上の世代に向けるべきであり、そうでなければ旧来の価値観や抑圧的な社会を変えることはできません。

韓国社会はさまざまな問題や政策課題に直面しています。どういう社会にしたいのかという力強いビジョンの不在が分極化を招いて

いるといえます。時代は変わります。若い世代やマイノリティといった多様な声に耳を傾け，現代にアップデートしたビジョンを打ち出すことが最大の課題です。

　この章の冒頭で引用した意識調査では，75.0％もの人が「中高年世代と若い世代」のあいだに葛藤があると回答しており，その意味で人々に問題意識は共有されています。その含意に分極化を克服するためのヒントがあるように思われます。

参考文献

春木育美『韓国社会の現在——超少子化，貧困・孤立化，デジタル化』中公新書，2020年

春木育美「人口減少対策には「多様性」が欠かせない」『Voice』5月号，2024年

前田健太郎『女性のいない民主主義』岩波新書，2019年

World Inequality Lab, 2022, *World Inequality Report 2022*

＊韓国語文献

イ・ジヨン，コ・ヨンソン「大学序列と生涯賃金格差」韓国経済学会『経済学研究』(71)2, 2023年

韓国経営者総協会「日韓の賃金現況推移の国際比較と示唆点」，2024年

韓国統計庁「人口住宅総調査」，2020年

韓国職業能力研究院「父母の所得水準が子どもの学力水準に及ぼす影響」，2022年

韓国保健社会研究院「最近の分配現況と政策的示唆点」，2021年

チェ・スルギ／イ・ユンソク／キム・ソクホ「世代別に投票する政党や候補は異なるのか？」韓国社会研究所『韓国社会』20(2)，2019年

キム・ギドン／イ・ジェモク「世代の亀裂の裏面——世代内の不均一性に関する研究」『韓国政治学学報』54(4)，2020年

チョ・ナムジュ『82年生まれ，キム・ジヨン』民音社，2016年

第3章　変わりゆく韓国家族の姿

金　香男

⇒「家庭の月」記念式典ポスター（2019年）。韓国では5月が「家庭の月」と指定され，国をあげてさまざまなイベントが開催される。子どもの日（5日），父母の日（8日），ひとり親家族の日（10日），家庭の日（15日），夫婦の日（21日）などがある。
出所：韓国・女性家族部

1 さまざまな家族のかたち

数字でみる家族の変化

本章では，変わりゆく現代韓国について家族と人々の暮らしに焦点を当ててみます。社会の基礎的な集団単位であり，多くの人にとって身近な存在である家族は，社会の変化と密接な関係にあります。韓国は，1960年代以降「圧縮された近代」といわれ急速な社会変化を経験するなかで，家族は直系家族から核家族に変化しました。

家族形態でもっとも多いのは，「核家族」世帯です。夫婦と未婚の子からなる核家族は主流ではありますが，70年の71.5%から2020年には43.9%に減少しています。また，家の継承者である長男夫婦が親と同居して扶養・介護するという父系血縁中心の直系家族も，同期間に18.8%から3.9%へと減少しています。高齢者が子どもと同居するという規範は，もはや当たり前ではなくなりました。

家族の規模をみると，平均世帯人数が1960年の5.6人から20年は2.3人にまで減少し，60年間で半分以下に減少しています。一方，注目すべきことは「単独世帯（一人暮らし）」の増加です。同期間に0.6%から30%に増加し，全世帯の約3分の1を占めて，あらゆる年齢層に拡がっています。晩婚化や婚姻率の低下が反映された結果ですが，高齢化の進行とともに一人暮らしの高齢者も増加しています。

近年，共働きで子どもを持たない夫婦「DINKs（Double Income No Kids）」や非婚シングル，ひとり親家族，多文化家族なども増え

ており，ライフスタイルが多様化しているなか，家族の姿もそれぞれの生き方に応じて多様化しています。

　また，韓国では「ペット家族」がブームで，ペットが家族同様に扱われるため「伴侶動物」と呼ばれています。ペットを家族とみなす人は20代や未婚者に顕著で，子どもを育てるよりペットを飼うほうが責任感やハードルが低いという意見が多いため，今後も増えると思われます。

血縁観念と戸主制の廃止

　朝鮮半島は，家族および親族において父系血縁原理が貫徹されていたといわれていますが，高麗時代までは双系的（父系・母系）で，朝鮮時代の中期以降，儒教（朱子学）隆盛のもと父系規範が厳格化されていきました。

　韓国人にとって「姓」は，一生涯変更せず，父系出自の帰属やアイデンティティを表象するものです。父から子へ継承される姓は，結婚によって変わることはないため，現在に至るまで「夫婦別姓」（姓不変の原則）です。民法では，同じ父系親族集団に属するもの同士の結婚は禁止（同姓同本不婚）されていましたが，05年に廃止されました。しかし，長年の歴史のなかで形成された韓国人の意識は簡単に変えられず，いまだ同姓同本の結婚に反対する人がいます。なお，「近親婚」は現在でも法律上禁止されており，日本では3親等以内では結婚できませんが，韓国ではそれよりもっと広い8親等まで結婚できません。

　また「異姓不養」と称し，血のつながりのない，非血縁者に家を継がせることができず，父系血縁へのこだわりは根強く残っています。現在においても，男児選好や「孝」（ヒョ）の意識，結婚や出産の重圧

1　さまざまな家族のかたち

が消え去ったわけではありません。日本は血縁より家の連続性を重んじ，婿養子を含めて血のつながりのない人にも「家」を継がせることがありますが，韓国はそれができません。家の連続性を重視する日本，血縁の連続性を重視する韓国，このように日韓では血縁をめぐる意識は，正反対といえます。

韓国の戸主制は，父系血縁の継承者である家長が家族の構成員を監護し，その地位を長男に引き継がせる制度です。法律によって家族制度の根幹に位置づけられたことから，近年まで強制力をもって韓国の家族を拘束し続けてきました。その影響は，家族のレベルだけにとどまらず，社会全般にわたって男女のあり方まで規定してきました。

伝統的な儒教思想を強化しようとする儒林(ユリム)団体と，男女平等に基づく民主的家族を志向する女性団体が長年にわたり対立してきました。05年に戸主制の廃止と姓不変の原則の緩和が実現し，戸籍に代わって08年から個人を単位とする家族関係登録簿が導入されました。

家族にまつわる差別を生み出す制度的な温床になっていた戸主制の廃止は，韓国の家族制度において一大変革をもたらしました。過去と現在を強く結びつけてきた家族制度のくさびが断ち切られることにより，女性が家族や社会における「男性支配」から解放されたことを意味します。

個人化する家族

家族は社会状況や歴史の流れに影響を受け，変化しながら存在します。2000年代に入ると，家族形態の変化とともに個人化が進み，韓国社会は新たな局面に突入しました。個人化の進行は，家族に多

大な変化をもたらしました。その社会状況の変化の理由として, 1997年のアジア通貨危機と新自由主義の進行, 戸主制の廃止が挙げられます。

　社会の構成単位の中心が, 家族といった集団ではなく個人になることを「個人化」といいます。社会の基礎単位を「個人」と捉える価値観は, 家族の領域にも影響します。家族を形成することは伝統的な家族規範に縛られない自由意思に基づく選択的行為としての性格を強めました。家族や子どもを持つことは, もはや当然ではなく個人の選択に委ねられることになります。家族のあり方が自由に選択できるようになり, 個々人のライフスタイルの選択を拡大させました。

　個人化した社会では, 個人の決定が重視されますが, それゆえ人々はそれぞれの人生を自ら決めなければなりません。自分の好きな相手と結婚する自由, 自分が嫌になった配偶者と離婚する自由が得られます。その反面, グローバル化が進み経済格差が拡がると家族形成のリスクは顕在化します。結婚は「愛情以上に義務や責任」の意味が強くなり, 家族関係は「社会資源」から「リスク」へと変貌しました。

　内閣府の「我が国と諸外国の若者の意識に関する調査」(2018年)によると,「人生で何が重要か」に対して, 韓国の若者は「家族」より「仕事と社会, 自分自身」を選ぶ傾向がほかの国に比べて高いです。その背景には, 熾烈な競争社会の韓国で人生のさまざまな選択を強いられる現実があります。就職, 結婚, 出産など, 誰もが希望どおりに実現できるとは限らない状況下で, 希望どおりにいかないリスクを自己責任として引き受けるしかない過酷な現実があります。

経済的に報酬が多く得られることに価値をおき，経済力がある者の発言力が高まる新自由主義の社会で，多くの人がリスクを回避するため家族から逃避しています。これはリスク回避的個人化と呼ばれていますが，欧米のような積極的な個人主義が文化として確立されていないという意味で，「個人主義なき個人化」「個人主義的家族主義」と捉える研究者もいます。

　韓国人はこれまで家族中心的な生活を送ってきたからこそ，家族の制度的衰退は重荷となり，家族の負担を避けるため，一部で「脱家族化」（非婚化，無子，出生率の低下，離婚率の増加など）が起きています。第2次世界大戦後，人々が激動の時代を生きるなか，唯一頼りになった社会資源は家族でした。しかし，いまは自分が家族や親族から助けてもらうというプラス面より，彼らがこの競争のなかで落伍者となった場合，自分が彼らを助けなければならないというマイナス面のほうが強く意識されています。その責任や負担ゆえに，家族に関係するリスクを最小限にしようとします。

　個人化の進行は家族をどのようなかたちにするのでしょうか。家族間の調整の必要性が増しており，望みどおりの家族を形成できるとは限らない事態を生み出しています。個人化と脱家族化，伝統的な家族主義をめぐるせめぎ合いは，ジェンダー規範とも大きく関わっています。

2　ジェンダーでみる家族

儒教的「家族主義」とジェンダー

　韓国の家族の特徴は，儒教的・家父長制的「家族主義」といわれています。それは儒教の影響により男性の家長の権限が強い「家父

長制」家族であるからです。「儒教的」特徴は，男系の継承を基盤とし，男尊女卑の思想を含みます。父系血縁が重要になるため，女性の貞操が重視され離婚・再婚は忌避されました。「男は外／女は内」のジェンダー規範は，「男女有別」として強調されてきました。

このような伝統的家族主義は，「男は仕事／女は家庭」の「近代家族」を受容しやすく，強固な家族主義イデオロギーと男女有別の伝統という価値観を強化しました。儒教は「伝統」として，家父長制を強化するうえで利用できる資産となり，歴代の政権は経済成長を掲げ，家族を社会保障の中心的な「柱」として活用しました。

2000年以降，新自由主義政策に基づく大量のリストラと失業率の上昇および非正規職雇用の拡大にともない，格差が拡がるなか，家族のあり方や個人の生き方も変容を迫られました。少子化や晩婚化が進み，離婚率が上昇すると，家族の価値と家庭内の母親の役割があらためて注目されるようになりました。「男性は生計扶養者，女性は家事・養育担当者」の性別役割分業をベースにした韓国型家族主義は，女性を補助的な労働に位置づけ，子どもの養育の責任は家族に転嫁されました。「養育の再家族化」といいます。

高学歴化が進み，男女平等意識や女性の自立意識は高まっています。しかし，高学歴・大卒女性の就業は厳しく，出産を機に仕事を辞めて子育てが一段落してから復帰する「M字カーブ」はいまも維持されています。こうした状況のもと，「母親役割の強調」は教育における競争を激化させています。格差問題が深刻化していくなか，苛烈な受験戦争と就職難に対応するため，母親たちは子どもの教育を通じた家族の階層再生産を担うべく「教育する母」の役割に没頭しています。

家族主義におけるジェンダー規範は，母親以外に「嫁」の役割も

強調しています。核家族化が進み，夫婦間の不平等は以前より改善されましたが，親子関係，特に義理の親世代と嫁世代との葛藤は顕在化しています。中間層の高学歴専業主婦は，家庭内の男性支配や「嫁」の役割を回避する手段として「教育する母」を選択しました。嫁（妻）としての仕事上のキャリアより，子ども（義理の親にとっての孫）の教育における貢献のほうがよりが重視されるため，子どもをよい大学に行かせ・よい職につかせることで「教育する母」としての地位を確立しようとするのです。

最後に，呼称について触れておきます。家族主義は，家族内の呼称が家族外の社会においても使用されることと関係します。韓国では個人の呼称としてそれぞれの固有名が用いられることは少なく，自分との関係を示す呼び方がされます。性別や年齢などの身分関係を強調する傾向が際立っています。

「お父さん」「お母さん」「お姉さん」などの呼び方ですが，自分の家族や親族はもちろん学校や会社でも使われます。家族主義の再強化とともに，呼称の範囲も拡大しました。近年，筆者が韓国に一時帰国するたびに，お店や銀行の窓口などで「お客様（손님）」「顧客様（고객님）」より，「お母さん（어머니）」「母方の伯母や叔母（이모）」と呼ばれることに違和感を覚えましたが，韓国でも公共の場における呼称の使い方が議論になっています。

結婚しない・できない若者たち

「韓国は未婚大国」と書かれた新聞記事に目が止まりました。20代・30代の女性が結婚しなくなったという内容でした。韓国では非婚率の上昇や晩婚・非婚化が急速に進んでいます。背景には就職難や非正規雇用など，若者をとりまく厳しい現実があります。

就職ができないので「恋愛・結婚・出産」を放棄した世代という意味の「3放世代」ということばが登場し，ついにはすべてを諦めるという意味の「N放世代」が現れたとまでいわれています。すなわち，職を得て，恋愛と結婚をし，子どもを持つことが標準的なライフコースとされていましたが，前の世代に比べて安定的な収入を得ることが困難になった若者は，より多くのことを放棄せざるをえなくなりました。

　結婚の意味は社会によって異なりますが，かつて韓国は「皆婚社会」で結婚は当たり前とされました。しかし，現在，その状況は大きく変わりました。2000年以降「結婚は選択」という意識が広がり，結婚件数は大幅に減少しました。平均初婚年齢は上昇し続け，23年には男性34.0歳，女性31.5歳となっています。

　若者の結婚しない，できない理由は，男女ともに結婚資金不足がもっとも多いです。男性は経済的な問題が主で，女性は経済的な問題以外にも「理想の相手がいない」「仕事と家庭の両立が困難」など多様です。男性は経済的問題さえ解消されれば結婚を希望している反面，女性は経済的自立が確保できれば結婚しないという声が多いです。

　女性の大学進学率は2005年から男性を上回り，女性の大学進学率は7割を超えています。女性の上昇婚志向が強い韓国では，収入が低く経済的に不安定な男性との結婚はリスクを意味しますので，そのような相手とは結婚しない選択をする傾向があります。性別役割分業が維持されている現状では，経済的に不安定な男性は結婚できない可能性が高いです。就職難が続くなか，結婚後に課せられる経済的な負担や養育責任，仕事と家庭の両立の難しさを考えれば，以前ほど結婚に魅力を感じない若者が増えるのは理解できます。

2　ジェンダーでみる家族

近年，親密な関係における不平等や異性愛規範に疑問を持つ人が増えています。異性間の恋愛や結婚を「普通」とする韓国社会でも，個人として尊重されることや親密な関係の多様性を主張する声も高まっています。20代・30代の女性を中心に「4非」（非恋愛・非セックス・非婚・非出産）運動へと発展し，結婚離れが深刻化しています。

シングルマザーと海外養子
　ここでは，法的な婚姻関係のない状態で出産して母となった女性，いわゆるシングルマザー，「未婚母（미혼모）」を中心にみていきます。
　韓国政府の発表によると，1958年から2022年までの65年間，海外に引き取られた養子の数は約17万人，そのほとんどは「未婚母の子」で，受入先はアメリカがもっとも多いです。22年の養子縁組件数は，国内182人（56.2%），国外142人（43.8%）になっています。
　海外養子縁組をめぐる韓国特有の事情として，1つ目に朝鮮戦争（1950-53年）があります。戦争後，大量に発生した戦争孤児を救済する目的で海外への養子縁組が始まりました。経済発展しても韓国から海外への養子縁組の数は減らず「孤児輸出大国」といわれていましたが，1980年代後半の民主化以降減少に転じ，今日までその傾向は続いています。
　2つ目は，シングルマザーや婚外子（非嫡出子）に対する差別や偏見が根強く残っていることです。父系中心の家族主義の社会で父親の認知がない場合，子どもの立場は不利になります。韓国人が血縁関係のわからない子を引き取ることを拒んだ結果，海外に頼らざ

るをえなくなったわけです。2005年に戸主制が廃止されて以降，韓国でも意識の転換があり，有名人が率先して養子を引き取るなど国内の養子縁組が少しずつ増えています。

3つ目は，「結婚」「性」「出産」の三位一体の規範が強いため，女性がひとりで子どもを育てることに対する人々のまなざしが厳しく，また女性にのみ貞操や純潔が求められるという性的抑圧もありました。韓国に駐屯しているアメリカ兵と韓国女性とのあいだに生まれた「混血児」に対する差別は強く，それが原因で手放された子どもたちは海外に養子として出されました。

このように海外養子縁組が韓国で長く続いたのは，家父長制やジェンダー規範といった韓国の家族制度と密接な関係にあります。予期せぬ妊娠で孤立し相談や頼ることができず追い込まれる女性たち，子どもを育てたいのに経済状況や周囲の偏見などでそうできないシングルマザーのための支援が急がれます。

3 急速な少子高齢化と家族

急激な少子化とその背景

韓国の出生率は過去最低水準を更新し続け，2023年の合計特殊出生率（一人の女性が生涯に産む子どもの数）は0.72まで低下しました。出生率の低下は，先進国に共通する現象ですが，韓国の経験している少子化は急速かつ世界で類をみないことから，韓国政府は進歩・保守を問わず多額の予算を少子化対策に投じてきました。この深刻な少子化に対して，尹錫悦（ユンソンニョル）大統領は「もう時間がない，非常事態」と危機感を募らせています。

少子化の要因は晩婚化と非婚化ですが，その背景には若者の就職

難と雇用の不安定化による将来への不安，住宅価格の高騰，私教育費の負担などがあります。婚外子が少ない韓国で，夫婦の数が増えなければ子どもの数は増えないため，少子化対策として出産・子育て支援に加えて結婚支援もおこなわざるをえません。

近年，DINKsのような「子どもを持たない」ライフスタイルを選択する家族が増えています。一方，韓国では結婚（法律婚）と出産が結びついているので，結婚した夫婦に子どもの出産を期待する意識は根強いです。子の結婚とともに孫を期待する親・祖父母世代と，子どもを持つことを「負担」に感じる子世代では，大きなギャップが生じています。

若者を中心に，新たな家族を形成する必要性は薄れています。高度経済成長期とは異なり，低成長期になると先行きがわからず将来に希望が持てないので，子どもを持つことを忌避する志向が強まります。仕事と家庭の両立が難しく経済格差も拡大しているなか，多くの人が子どもを持つリスクを個人的に回避するため合理的な選択をした結果，超少子化社会となっているのです。

入試や就職で激しい競争を経験した若い世代ほど自身の仕事を重視する傾向にありますが，特に女性を中心に「家父長制（男性支配）に対するボイコット」が起きています。なぜならば，出産を女性の「義務」のように扱う政策提言や言説が10年代に顕著にみられたからです。結婚・出産の圧力に抵抗すると同時に，女性の地位向上と経済的自立を求める声，女性を差別・搾取する家父長制社会への批判が高まっています。

儒教の男尊女卑の価値観と性役割の意識が根強い韓国で，出産による自己犠牲を強いられる生き方は，もはや若い女性に選択されなくなりました。子育てや教育責任者としての母親役割より，自分の

仕事上のキャリアや成長を優先する女性が増えています。韓国政府が少子化対策に多額の予算を投入しても，ジェンダー不平等が改善されない限り出生率の回復は難しいでしょう。

親子関係の変容と高齢者の貧困

急激な少子化によって高齢化にともなう問題が深刻になっています。韓国の高齢化は非常にスピードが速く，23年の高齢化率（65歳以上人口が総人口に占める割合）は19％になりました。高齢化率が世界一高い日本の30％に比べると低い水準ですが，2045年には日本を追い抜いて世界一になると予測されています。

高齢化の主な要因は，出生率の低下と平均寿命の伸長です。平均寿命の伸びは高齢期を延長させ，親子関係が長期化しました。韓国は経済成長を成し遂げて先進国になりましたが，高齢者は過酷な環境におかれています。かつては家の継承者である長男夫婦と同居し扶養・介護されていましたが，核家族化の進行により子との同居は減少しています。現在，高齢者の7割が子と別居し，一人または夫婦だけで生活しています。

韓国の親子関係の特徴は，儒教の「孝」規範といわれていますが，1997年に発生したアジア通貨危機は韓国の家族と子より親を重視してきた親子関係に大きな影響を与えました。親の扶養や介護に対する子の側の責任意識は減少した反面，厳しい競争社会を生き残るため，親が「わが子」により良い教育を受けさせようとする「子ども中心」の家族が増えています。

老年期の延長と扶養意識が衰退するなか，国民年金制度の導入が遅れたことで高齢者の貧困は社会問題になっています。高齢者の相対貧困率は2022年に39.7％で，OECD加盟国のなかでもっとも

高い水準です。子どもから経済的支援は期待できず，小遣い程度の年金では老後の生活が成り立たないので多くの高齢者は働いていますが，貧困から抜け出すのは難しいです。

　経済的困窮はモノを買えないだけでなく人とのつながりを困難にするため，貧困層に対しては積極的な公的支援が必要です。韓国における高齢者の貧困問題は，国民年金制度が経済政策の一環として導入されたこと，そして高齢者が経済的配分から排除されたことにその原因があります。

　少子高齢化が進むなかで，保育政策においては普遍的な無償保育制度が作られるともに国家の役割が急速に拡大した一方で，国民年金においては，依然として政府の役割は最小限に抑制され，老後の所得保障としての機能を失っています。尹錫悦政権は国民年金制度の改革を進めていますが，現役世代に負担を強いる改革案に若者たちは強く反発しています。

家族と社会保障

　急速な少子高齢化による人口学的変化は，韓国政府の予想を上回るペースで進んでおり，人口減少に対する懸念が強まっています。「先成長・後福祉」を掲げて福祉の充実より経済成長を優先してきたため，社会保障制度がまだ成熟していません。家族の変化と少子高齢化が相まって個人と家族の負担は大きく，年金や医療，子育て，介護など社会保障や福祉サービスの充実を求める声が高まっています。

　朝鮮戦争後，韓国では国家の代わりに，家族が福祉の担い手として社会保障の役割を担ってきました。アジア通貨危機をきっかけに「後発福祉国家」を構築したものの，社会保障制度の財源の安定

化＝持続性を優先する「低負担・低給付」が維持され，福祉責任の多くをいまだに家族に負わせています。

　家父長制によるジェンダー規範は依然として強固で，基幹労働者としての男性雇用を守り，女性や高齢者など周辺労働者の雇用保障は弱いままです。男性の有償労働と女性による家庭内の無償労働に二分化されているため，働く親の就労と育児を両立させる制度は未完備です。

　こうした家族が前提となる，すなわち一家の稼ぎ手（生計扶養者）としての夫と，ケアワーク（家事・育児・介護）を担う妻のあいだで性別役割分業を強調するレジーム，これは「家族主義的福祉レジーム」と呼ばれています。日本同様，韓国もこのレジームに該当しますが，その成立過程と現状は国や時代によって異なります。高度成長時代と高齢化の時代が重なった先進諸国とは違って，経済のグローバル競争が激化するなか社会保障の整備が追いつかないまま，少子高齢化と低成長時代を迎えた韓国は，社会保障の拡充による財政的な負担を減らすため，ますます家族イデオロギーが強化されざるをえないのです。

　私たちは人生を歩むうえで，病気や失業などさまざまなリスクに遭遇します。家族形態や人々の意識は変化しているのにもかかわらず，家族のあり方や個人の生き方を大きく規定する労働市場や社会保障など社会制度はすぐには変わりません。「男性稼ぎ主＋女性によるケアワーク」というセットによって成り立っている「家族」と「社会保障」は，大きな転換を迫られています。私たちが人生で危機に陥ったとき，セーフティネットは家族ではなく社会や国が担うべきです。そして「家族が責任を持つ」から「家族を支援する」政策への転換が必要です。

社会保障制度は国民国家を前提に，一国単位で成り立っています。そのため，韓国も日本も自国民同士の異性愛に基づく「法律婚家族」を前提としています。しかし，実際にはこうした前提を超える多様な家族が存在します。多様化する家族や多様な親密関係を持つ人々を，社会のなかに包摂することが求められています。

4 多様化する家族

「正常」家族イデオロギーを超えて

韓国で恋愛の欲望を正当化するロマンティック・ラブ・イデオロギーが普及し，見合い結婚より恋愛結婚が多くなったのは1980年代でした。90年代以降は，高学歴化の進行と女性団体の活発化によって，家父長制的な家族イデオロギー，親密な関係における不平等やジェンダー規範が議論されることになりました。

2001年に政府省庁として女性部（現・女性家族部）が設置され，女性政策は飛躍的な発展を成し遂げます。05年には家族の多様性を認め実質的なジェンダー平等を追求するため戸主制は廃止されました。前後して04年に健康家庭基本法が制定されました。そこでは，異性愛の中間層核家族モデルを「正常」とし，女性を「健康家族（理想的家族）」を維持させるための中心的な対象と設定しました。この相反する政策と家族イデオロギーの強化は，進歩と保守，女性と男性のあいだの対立を深めています。

ここでいう「正常」家族とは，性別役割分業を前提とした，異性愛（ヘテロセクシュアル）婚姻カップルと血縁関係にある子どもからなる家族を意味します（日本の「近代家族・標準家族」に該当）。すなわち，異性愛・法律婚の夫婦とその子どもで構成された核家族を，

典型的かつ正常な家族とみなしています。

　2000年以降，少子化・高齢化，非婚化・晩婚化は，私たちの予想を上回る勢いで進行しました。韓国はいまだ伝統的な家族主義が根強く残っており，事実婚や同性婚などが認められない社会ですが，新しい家族のかたちや血縁を超えた家族やさまざまな同居の形態も現れつつあり，家族のあり方は大きく揺れ動いています。

　今日，「正常」家族に生まれ，自身が新たな家族を形成し，その家族に見守られ生涯を終えるというライフコースは当たり前ではなくなりました。誰もが「正常」家族に暮らしているという前提を捨て，多様な家族をどのように支えていくのかが重要です。

　従来の家族制度に入れない・入らない人々が取り残されています。どのような家族を形成するかによって著しい不平等が生じるのは，フェアなシステムとはとうてい認められません。家族関係によって影響を受けない「ライフスタイル中立的」な社会制度を作るべきです。

グローバル化する家族

　グローバル化によって国境を越える人の移動が自由になると，家族は同居するものという前提は意味を持たなくなります。2000年以降，韓国がグローバルな競争力が要求される社会へと急変すると，英語圏への留学や移民が急増しました。国際競争を勝ち抜くため「グローバル人材」の育成が国家的課題となり，英語の必要性が高まったからです。

　学歴社会で英語が重視されると，中間層の家族は子どもが「グローバルな文化資本（学歴と人脈）」を得られるように，家族戦略として「早期留学」を選択しました。英語ができると大学入試や就職

> **コラム3　映画が描くさまざまな日韓の家族**　家族を専門とする筆者にとって，印象に残る映画2作をとおして家族について考えてみます。両作品とも，カンヌ国際映画祭で最高賞のパルム・ドールを受賞した日本と韓国を代表する映画です。
>
> 　是枝裕和監督の『万引き家族（어느 가족〔ある家族〕）』は，同賞を2018年に受賞しました。血のつながりのない者たちが，生きていくために，万引きせざるをえない貧しい生活を送っています。万引きを重ねることで家族を形成していく過程を描いています。そして，ある事件をきっかけに，家族を失ってバラバラになったあと，あの「血のつながりのない家族」も「ほんとうの家族」たりうると気づきます。
>
> 　一方，ポン・ジュノ監督の『기생충（パラサイト 半地下の家族）』は，翌19年に同賞を受賞しました。「血縁関係にある家族」を前提に，ソウルの半地下の部屋に住む一家全員が失業中で日々の暮らしに困窮している貧しい家族と，IT企業の社長一家の裕福家族という，相反する2つの家族の出会いから，事態は思わぬ方向に展開してい

に有利と考えられ，子どもの英語教育のために母子だけが海外へ移住する「教育移民」が加速化しました。

　早期留学には高い費用がかかり，家族が別居するという点で決して容易な選択ではありません。しかし，母子は英語圏へ移住し，働き手の父は韓国に残って海外にいる母子へ送金するという，性別役割分業を保つことで教育移民は成り立っています。

　教育移民は，初期には富裕層に限られていましたが，次第に中間層や庶民層にまで拡大し，年齢も中高校生から小学生の低学年に拡がりました。移住先もアメリカやカナダから，費用が安い東南アジアへ拡大しました。インターネットや海外居住のために必要なイン

> きます。
>
> 　両方とも「(貧困)家族」の物語ですが，その主眼は異なります。『万引き家族』は家族に焦点を当てている反面，『半地下の家族』は家族より格差に重点がおかれています。
>
> 　日韓どちらの社会においても『万引き家族』は，血縁関係にないだけでなく，法や制度的にも家族とはみなされず，逸脱した家族メンバーは社会の外におかれている存在です。だからこそ「普通の（正常）家族」のイデオロギーを超えて，共同体としての家族のあり方や「血のつながりだけが家族ではない」というメッセージとともに，家族とは何かを問いかけている作品です。
>
> 　『万引き家族』は韓国で作品自体は高く評価されたものの，興行的には成功しませんでした。それは日韓の家族に対する価値観の違いが影響しています。個人の生き方や家族の多様化が進んでも父系の「血のつながり」を何より重んじるのが韓国であり，それゆえ「血のつながりのない疑似家族」には共感が得られなかったのだと思います。

フラの整備が進んだことで，「国境を越えた家族の維持」はより低コストで可能になっています。

　インターネットの普及による通信コストの低減で，家族間のコミュニケーション維持が容易となったものの，教育移民は成功物語ばかりではありません。韓国では経済的負担だけでなく，家族のいない寂しさや家族関係を維持していく困難のなか，子どものために自らの人生を犠牲にする父親（キロギアッパ）も少なくありません。教育移民が原因で父親の孤独死や自殺が社会問題となっています。ここには，グローバル化時代を生きる子どもの未来をよりよいものにするため，模索し続ける家族の姿があります。

国際結婚と多文化家族，そして包摂

　韓国では経済発展にともない地方から都市への人口流出が続き，農村で「嫁不足」が深刻化しました。1992年の中韓国交正常化がきっかけで，韓国人男性と中国朝鮮族女性との国際結婚が増加し，2000年代になると東南アジア女性との国際結婚が急増しました。国際結婚が結婚全体に占める割合は1990年の1.2％から2023年には10％まで増加し，その8割を占めるのは「韓国人夫・外国人妻」です。23年現在，外国人妻の出身国はベトナムがもっとも多く，次に中国，タイの順です。

　国際結婚の急増とともに，人身売買まがいの結婚仲介業者の問題，外国人に対する差別，家庭内暴力，子どもの親権や言語・教育問題が顕在化し，その対策のため08年に多文化家族支援法が制定され，全国に多文化家族支援センターが設置されました。センターでは，韓国社会への適応を支援するため，韓国語や韓国の習慣のレクチャー，生活相談窓口の設置，就業支援，子どもの教育支援などがおこなわれています。

　一方，センターのプログラムや支援対象をめぐる批判があります。結婚移民女性に対して家父長的な「妻・母・嫁」の役割を強調していることについては，韓国籍の夫を含めた家族にジェンダー平等教育と理解が必要です。支援の対象を「多文化家族」（韓国籍の者と外国人の配偶者がいる国際結婚家庭）に限定していることについても，改善が求められます。

　多文化家族支援法は，外国人の定住化を前提とした統合政策ですが，韓国籍を持つ「国民」を優先し，将来，韓国社会の一員となる人を中心に国益優先で支援がおこなわれています。国家にとって望ましいとされる家族像をもとに支援の対象が選別されているといえ

ます。

　その理由として，南北分断による国防の問題が関係しています。少子化で男性の入隊者が不足しているため，国家の安全保障が何より重要だというのが政府の見解です。2009年の兵役法改正によって，韓国籍であれば人種と肌色を問わず兵役が義務となりました。また兵役に就く韓国籍者を確保するため，二重国籍者も対象としています。韓国籍を持ちながら兵役に就こうとしない二重国籍の若者を取り込もうとする政府の思惑がうかがえます。

　少子化が深刻な韓国で，多文化家族の子どもたちは「兵役の担い手」としても期待されていますが，単一民族意識が強い韓国は，異なる民族的背景を持つ人々との共生が容易ではありません。外国人が韓国語や韓国文化を習得するだけではなく，逆に「迎え入れる韓国」が偏見や差別意識を克服しなければならず，多文化共生に関する教育も必要です。

　近代社会が前提にしてきた「国民」と「外国人」の厳格な区分，「男」と「女」の性別二分法に基づく家族主義がまさに，いま問われています。自由で平等な市民による契約によって成立したはずの近代国家において，「家族」はジェンダー不平等を正当化する単位として機能してきました。

　韓国は民主化と経済成長を成し遂げる一方で，「正常」家族イデオロギーを維持してきました。異性愛・法律婚・性役割分業の家族が前提となっていますが，実際にはこうした前提を超えるさまざまな家族が存在します。多様化する家族と多様な親密関係を持つ人々を社会的に排除するのではなく，多様な人々がつながり共存し合える「包摂型社会」を実現することが重要です。

参考文献

石坂浩一・福島みのり編『現代韓国を知るための61章〔第3版〕』明石書店，2024年

岩間暁子・大和礼子・田間泰子『問いからはじめる家族社会学——多様化する家族の包摂に向けて〔改訂版〕』有斐閣，2022年

緒方義広『韓国という鏡』高文研，2023年

落合恵美子『親密圏と公共圏の社会学——ケアの20世紀体制を超えて』有斐閣，2023年

金香男「変化する韓国社会——コロナ危機で加速する少子高齢化」西野純也編著『激動の朝鮮半島を読みとく』慶應義塾大学出版会，2023年

笹野美佐恵「韓国社会におけるジェンダー革命と少子化——世界最低出生率の背後で何が起こっているのか」『人口問題研究』79(2)，2023年

張慶燮「個人主義なき個人化——『圧縮された近代』と東アジアの曖昧な家族危機」落合恵美子編『親密圏と公共圏の再編成——アジア近代からの問い』京都大学学術出版会，2013年

筒井淳也『未婚化と少子化——この国で子どもを産みにくい理由』PHP新書，2023年

春木育美・吉田美智子『移民大国化する韓国——労働・家族・ジェンダーの視点から』明石書店，2022年

平田由紀江・小島優生編『韓国家族——グローバル化と「伝統文化」のせめぎあいの中で』亜紀書房，2014年

BAE, JUNSUB『韓国型福祉レジームの形成過程分析——国民年金・医療保険・介護保険・保育政策を中心として』明石書店，2024年

宮島喬・佐藤成基・小ヶ谷千穂編『国際社会学〔改訂版〕』有斐閣，2023年

柳采延『専業主婦という選択——韓国の高学歴既婚女性と階層』勁草書房，2021年

柳采延「『家父長制ボイコット』としての非恋愛——韓国社会の変化と若者の恋愛」『現代思想』49(10)，2021年

韓国・統計庁「国家統計ポータル」
https://kosis.kr/index/index.do

第4章　韓国の政治経済と「日韓逆転」

金　明中

⇒自主運営のボランティア団体「全国天使無料給食所」では独居老人などに無料で食事を提供している。
出所：韓国の「全国天使無料給食所」提供

1 「日韓逆転」は生じたのか

GDPではまだ日本の40%

BTS, BLACKPINK, TWICE, 『イカゲーム』, 『梨泰院クラス』に続き, 最近はNewJeans, LE SSERAFIM, SEVENTEENなどのアイドルグループや作品が日本でもブレイクしています。一方, 日本の音楽やドラマはそれほど勢いがありません。文化だけをみると日本は韓国に抜かれたようにみえます。経済はどうでしょうか。

まず, 一定期間内に国内で生産されたモノやサービスの付加価値の総額であるGDP（国内総生産）からみてみます。2023年時点で日本の名目GDPは4兆2106億ドルで, ドイツ（4兆4561億ドル）に抜かれ世界4位になりました。一方, 韓国のGDPは1兆7128億ドルで, 韓国は日本の40%です。1973年に韓国のGDPが日本の30分の1ほどだったことと比べると, 両国の差が大きく縮まっていることがわかります。両国のGDPの差が徐々に縮まった理由としては, 日本は1991年にバブル経済が崩壊して以降, 30年にも及ぶ経済の低成長を経験してきた一方, 韓国は1997年にアジア通貨危機を経験したものの, 日本に比べて相対的に高い経済成長が続いていたからです。たとえば, 1991年から2023年までの平均経済成長率は日本が0.9%で, 韓国の4.6%を大きく下回っています。また, 第2次安倍晋三内閣による経済政策「アベノミクス」が実施された13年から23年までの平均経済成長率は0.7%で, 韓国の2.5%より低いことが確認されました。ただし, 23年は日本の経済成長率は日本が1.9%で, 韓国の1.4%を上回りました。その理由としては, 日本はほかの国と比べてコロナ禍か

らの経済回復が遅れ，回復の時期がずれこんだこと，半導体を中心に設備投資が増加したこと，円安により外国人観光客が増加したことなどが挙げられます。

次は一人あたりのGDPですが，日本の数値は23年現在3万3834ドルで，韓国の3万3121ドルを上回っています。しかし，購買力平価によるドル換算の一人あたりのGDPは，17年以降，韓国が日本を上回っていて，23年には韓国が5万572ドルであるのに対して，日本の4万6268ドルより高いことがわかります。購買力平価とは，ある国である価格で買える商品が他国ならいくらで買えるかを示す交換レート，つまりモノやサービスを基準にした為替レートです。たとえば，日本では100円の商品がアメリカでは1ドルで買える場合，購買力平価は「1ドル＝100円」になります。

賃金はどうでしょうか。ここでは，日韓の賃金水準について，各年の名目平均賃金をその年の平均為替レートでドル換算した平均賃金，購買力平価によるドル換算の平均賃金と最低賃金に区分して比較してみます（図4-1）。

まずは日韓の各年の名目平均賃金をその年の平均為替レートでドル換算（IMFのデータを利用）した平均賃金をみてます。それによると，日本の賃金は01年の4万2912ドルから21年には4万491ドルに減少しました。一方，韓国の賃金は同期間に1万6648ドルから3万7174ドルに2.2倍増加しました。その結果，日本の平均賃金は韓国の2.6倍から1.1倍に縮まっています。

購買力平価によるドル換算の平均賃金

一方，購買力平価によるドル換算の日韓の平均賃金は15年に逆

1 「日韓逆転」は生じたのか

図 4-1　日韓における年間平均賃金の推移

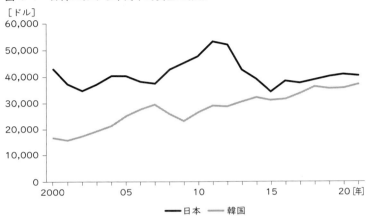

出所：OECD のデータをもとに筆者作成

転が生じ，21 年の平均賃金は韓国が 4 万 2747 ドルで，日本の 3 万 9711 ドルを 3000 ドルほど上回っています（図 4-2）。上述した購買力平価によるドル換算の一人あたりの GDP と逆転が生じた時期は少し差がありますが，ほぼ同じ結果が出ています。

　しかし，購買力平価は，補助金や消費税率など各国独自の事情が考慮されていないこと，貿易障壁のない完全な自由競争市場を基準にしていること，同じ品質や条件の商品が少ないことなどの問題点もあるため，国際比較の際にはこのような点を考慮して判断する必要があります。

　最低賃金はどうでしょうか。日韓の為替レートを適用して計算した韓国の 23 年の最低賃金は全国一律で 972 円（9620 ウォン）であり，日本の全国平均 961 円を上回っています。日韓両国の最低賃金は 1999 年の 4.8 倍から 2023 年の 0.99 倍へと逆転が生じ

図 4-2　日韓における年間平均賃金の推移（実質，購買力平価によるドル換算）

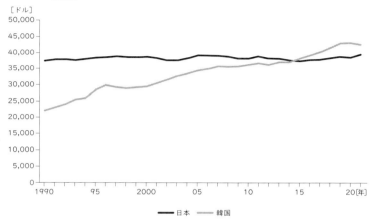

出所：OECD のデータにもとに筆者作成

図 4-3　日本円に換算した際の日韓それぞれの最低賃金の推移

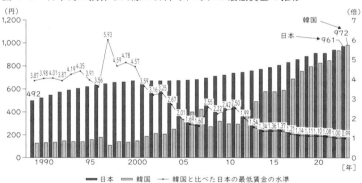

出所：日韓両国の公的データをもとに筆者作成

1　「日韓逆転」は生じたのか

ています (図4-3)。

　さらに，韓国では日本とは異なり最低賃金に加えて「週休手当」が支給されており，これを含めると日本と韓国の最低賃金の格差はさらに拡がります。為替の影響もあり単純比較することは難しいですが，韓国が日本の最低賃金を上回ることになりました。

2　経済成長の裏に潜む貧困と格差

経済成長にも国民の体感度は低い

　このように韓国社会は経済が成長した結果，かなり豊かになっているようにみえます。韓国国内では一人あたりのGDPが3万ドルを超えたのでもう少し頑張れば「先進国の仲間入り」を果たすのではないかという期待感も高まっています。一方で，韓国国民の体感度はまだそれほど高くないのが現状です。

　その理由として，GDPには家計の所得だけではなく，企業や政府の所得も含まれている点が挙げられます。つまり，GDPから政府や企業の所得を引いて，税金や社会保険料などの支出を除いた総所得を人口で割った一人あたりの家計総可処分所得が一人あたりのGDPに占める比率は，2017年現在，55.7％で，前年16年の56.2％より低下しています。また，GDPの増加率が2000年から17年のあいだに172％であったことに比べて，一人あたりの家計総可処分所得の増加率は122％であり，GDPの増加率を下回っています。GDPのなかで家計の所得が占める割合が高くないことが，一人あたりのGDPが増加しても，その「果実」を国民が実感しにくい理由になっていると考えられます。

　さらに，韓国経済は貿易への依存度が高く，輸出額に占める大企

業の割合が高いことも一般国民が所得の増加を実感できない理由です。たとえば，22年のGDPに占める貿易額の比率は1990年の53％から22年には102％まで上昇しました。さらに，企業数では0.9％にすぎない大企業の輸出額が輸出総額に占める比率は22年時点で65.2％に達しています。大企業で働いている労働者は，輸出増加により企業の利益が増えると，成果給が支給されるため，景気回復を実感しやすい一方，輸出に占める比率が低い中小企業に従事している労働者は，所得の増加を体験する可能性が低いのです。このような点を含めて，現在，韓国社会は分極化が進んでいます。

韓国社会で進む分極化

 統計庁の「2023年第1四半期家計動向調査」によると，所得がもっとも低い所得下位20％世帯（第Ⅰ階級）の「1カ月平均所得」は107.6万ウォンで，対前年同四半期比と比べて3.2％増加しました。一方，所得がもっとも高い所得上位20％世帯（第Ⅴ階級）の「1カ月平均所得」は同期間に6.0％増加しました。所得下位20％世帯の所得は，政府からの移転所得が約半分を占めており，政府からの移転所得がなかった場合，所得下位20％世帯と所得上位20％世帯の所得格差はさらに拡がったでしょう。

 大企業の不動産投資の拡大は大企業と中小企業の格差を拡げる要因となっています。19年2月26日に市民団体連合が発表した調査結果によると，サムスン，現代自動車，SK，LG，ロッテという，いわゆる5大財閥グループの土地の帳簿価格（会計上で記録された資産や負債の評価額）は07年の23.9兆ウォンから17年には67.5兆ウォンへ，43.6兆ウォンも増加していることが明らかになりました。5大財閥グループが保有している土地資産の帳簿価格は10

年間に2.8倍も上昇し、同期間における売上高の増加倍数2.1倍を上回っています。物価上昇などを反映した公示地価と実際の取引価格が帳簿価格を大きく上回っていることを考慮すると、土地の取得により企業が得られる利益はさらに大きいと考えられます。

さらに、地域間の格差も拡がっています。人口の半分は首都圏に集中する一方で、一部の地域の高齢化率は40％近くまで上昇し、過疎化が進んでいます。外国人の投資もソウルを中心とした首都圏や一部の地域に偏り、財政力指数も地域間で大きな差をみせています。持てる者と持たざる者のあいだの意識の差も拡がっており、政治的スタンスも保守と進歩に分かれています。つまり、現在、韓国社会は経済や意識などの多様な分野で分極化が進んでいるといえます。

貧困率「15.1％」

韓国社会における二極化は貧困率やジニ係数のような統計データからも確認することができます。21年における韓国の相対的貧困率（所得が中央値の半分を下回っている人の比率、以下「貧困率」）は15.1％であり、データが利用できるOECD平均（26カ国）の11.3％を上回り、加盟国のなかで5番目に高い数値を記録しました。貧困率が韓国より高い国はコスタリカ（20.3％）、エストニア（16.5％）、ラトビア（16.2％）、イスラエル（16.2％）のみです。さらに、66歳以上の高齢者貧困率は39.3％であり、OECD平均（15.8％）よりも2.5倍も高いのです。

一方、統計庁の「家計金融福祉調査」による再分配所得ジニ係数は、11年の0.388から22年には0.327に改善されています。

公的年金の浅い歴史

　韓国の貧困率が OECD 加盟国のなかでも高い理由は，高齢者貧困率が高い点が挙げられます。それでは，なぜ韓国では高齢者貧困率が 40％近くになるほど高いのでしょうか。その理由として，公的年金である国民年金の歴史がまだ浅いことが挙げられます。韓国では 1988 年に国民年金が一部で導入され，「国民皆年金」まで拡大したのは 99 年です。皆年金制度の開始からまだ 20 年ほどしか経っていないため，加入期間が短かった高齢者が受けとる金額は十分ではありません。国民年金の受給率は毎年上昇していて，2023 年末現在，65 歳以上の高齢者の 51.2％が受給していますが，残りの半分は年金の恩恵を受けていないのが現状です。

　また，「60 歳定年」が最近になってようやく義務化されたことも高齢者貧困率を高めた要因になっています。韓国では長いあいだ，60 歳定年が義務化されず，多くの労働者は 50 代半ばで会社を辞めざるをえませんでした。退職後に多くの労働者は生計を維持し，老後所得を蓄えるために退職金を使い，場合によっては借金をして自営業を始めますが，うまくいっている人は一部にすぎません。その結果，高齢者の貧困は加速化し，所得格差が拡大することになりました。

　公的年金が給付面において成熟していない韓国では，多くの高齢者が自分の子どもや親戚からの仕送りなど私的な所得移転に依存して生活を維持してきました。しかし，子どもの数が減り，長期間にわたる景気低迷により若年層の就職も厳しくなっており，子どもから私的な所得移転を期待することは難しくなっています。

　次に，所得格差が拡がっている理由として，労働市場の「二重構造」が強まり，大企業で働く労働者，正規労働者，労働組合のある

企業の労働者などの一次労働市場と，中小企業で働く労働者，非正規労働者，労働組合のない企業の労働者などの二次労働市場の格差が拡大していることが挙げられます。

さらに，非正規労働者も継続して増加傾向にあります。韓国における非正規労働者の割合は 07 年以降減少し続け，15 年には 32.0％で，本格的に調査を始めた 04 年以降もっとも低い水準になりました。しかし，その後，再び増加に転じ，23 年 8 月現在，非正規労働者の割合は 37.0％まで上昇しました。

3　政治経済と社会保障制度・労働政策

政治的理念により大きく変わる経済社会政策

韓国では 1987 年に現在の憲法になってから国民の直接選挙によって大統領を選ぶ大統領制を実施しており，88 年に盧泰愚（ノテウ）が大統領に就任してから約 10 年ごとに保守政権と進歩政権のあいだに政権交代がおこなわれ，そのたびに政策の優先度が大きく変わりました。つまり，軍事政権や保守政権は企業や経済界重心のビジネスフレンドリー政策を，進歩政権は最低賃金の大幅引き上げなど労働者や社会保障を強化する政策を優先的に実施しました。しかし，最近はビジネスフレンドリー政策を実施しても経済成長率が期待したほど上がらず，社会保障政策を強化しても格差問題が大きく改善されない現象が起きています。その理由としては，韓国経済が内需よりも輸出に大きく依存していて，外部要因の影響を受けやすいこと，単発で仕事を請け負うギグワーカーなど新しい働き方が登場し，社会保障制度でカバーされていないこと，政治的理念が異なる政権が 10 年ごに政権に就くことにより，制度の継続性が乏しくなったこ

となどが考えられます。

経済成長を最優先

朝鮮戦争が終わってから長らく韓国政府は経済成長を優先とする経済政策をおこなってきました。特に，朴正煕(パクチョンヒ)政権はセマウル（新しい村）運動や経済開発5カ年計画を中心に輸出主導型工業化政策を押し進めました。また，生産活動を拡大し輸出を増やせるように，大企業に有利な税制や補助金制度を拡充しました。この戦略は成功し，1970年代の平均年間経済成長率は2回のオイルショックがあったにもかかわらず，10％を超えました。

軍事クーデターにより樹立された朴正煕政権は国民の歓心を買う目的などで，1961年12月に公的扶助制度の基本法として生活保護法を制定し，翌年から生活保護制度を施行しました。その後，1962年には公務員年金法が，そして1963年には軍人年金法，産業災害補償保険法，医療保険法が次々と制定されました。

全斗煥(チョンドゥファン)政権と盧泰愚政権でも経済政策が優先的に実施されました。この2つの政権において平均年間経済成長率は10％前後を維持し，韓国は台湾，香港，シンガポールとともに「アジアの四小竜」といわれました。1988年には，東京（1964年）に次いで，アジアでは2番目にソウルでオリンピックが開催されました。経済成長とともに社会保障制度も少しずつ骨格を整え始めました。公的医療保険制度の適用対象が段階的に拡大され，89年に国民皆保険が実現されました。

金泳三(キムヨンサム)政権は，政府の市場への介入を縮小し，市場機能を強化するという考えに基づいて経済政策を実施しました。95年には雇用保険が施行され，労災保険，公的医療保険，公的年金，雇用保険と

いう4大社会保険が実現されることになりましたが、97年のアジア通貨危機により韓国経済は大きな試練を経験することになりました。

進歩政権は社会保障政策を拡充

韓国政府は97年11月にIMF（国際通貨基金）に救済金融を正式に申請し、210億ドルの融資を受けました。そのほか、日本、アメリカ、世界銀行、アジア開発銀行などからの融資を合わせると、融資総額は570億ドルに上りました。その後、韓国経済は少しずつ回復していきましたが、IMFから融資を受ける条件として、整理解雇制を導入し、勤労者派遣法を制定した結果、労働市場には非正規労働者が急速に増加することになりました。貧困層が増加し、格差が新しい社会問題として浮上すると、最小限の政府支出に基づく既存の社会保障制度では対応することが難しくなりました。

そこで、進歩系の金大中（キムデジュン）政権は、「生産的福祉」というスローガンのもとで社会保障政策の拡充に方向を転じました。金大中政権は、経済危機により大量に発生した失業者を救済するために公共事業や失業手当、そして職業訓練などを拡大させました。また、生活保護対象者の適用範囲を一時的に拡大し、1998年には従業員数1人以上の事業所まで雇用保険を拡大しました。また、1999年4月には国民皆年金を実施し、2000年7月には医療保険組合の一元化や医薬分業を実現し、労災保険の対象を従業員数1人以上の事業所まで拡大しました。

その後、盧武鉉（ノムヒョン）政権が誕生しました。盧政権は、福祉の普遍性、福祉に対する国の責任強化、福祉政策に対する国民の参加促進を強調しながら、貧富の格差を解消するとともに国民の70%を中流階

級にするという目標を設定しました。そのため,公的扶助制度である国民基礎生活保障制度の扶養義務者に対する所得基準(経済的に扶養する能力があると判断する所得基準)を最低生計費の120％水準から130％水準に引き上げ,扶養義務者の認定範囲を広げて負担を減らす代わりに政府の責任を強化しました。また,勤労貧困層の公的医療保険の本人負担率を引き下げる一方,国民年金の持続可能性を高めるために07年に国民年金の給付水準を60％から50％に引き下げ,28年までに段階的に40％に引き下げる年金改革を実施しました。さらに,高齢者の所得を保障するために08年1月から一般会計を財源とする「基礎老齢年金」を導入しました。この制度は,65歳以上の全高齢者のうち,所得と財産が少ない70％の高齢者に定額の給付をおこなう制度です。

　一方,盧武鉉政権は,労働市場政策として04年に「外国人産業技術研修生制度」から「雇用許可制」へと転換しました。これは,慢性的な労働力不足に苦しんでいる中小企業が政府から外国人雇用の許可を受け,合法的に外国人を労働者として雇用する制度です。また,06年には民間部門に積極的雇用改善措置制度(アファーマティブ・アクション)を導入しました。積極的雇用改善措置の実施により,女性の従業員数や管理職比率が徐々に上昇しており,職階における男女間の格差がわずかではあるが縮まる結果がみられました。さらに,盧武鉉政権は07年に非正規職保護法を施行しました。

保守政権はビジネスフレンドリー政策を実施
　08年には保守系である李明博(イミョンバク)政権が誕生しました。李明博政権は,「ビジネスフレンドリー」と呼ばれる企業の事業活動に親和的な環境整備政策を推進し,そのために,法人税率の引き下げ

3　政治経済と社会保障制度・労働政策

（25％から23％に），R&D（研究開発）投資に対する税額控除の拡大，出資総額制限制度の廃止などを実施しました。このような政策の実施とウォン安政策により10年には経済成長率が6.3％まで上がるなど一時的に効果が出ましたが，政策の恩恵が大企業に偏っていて，中小企業などの不満は高まる一方でした。さらに，同年6月の地方選挙で与党が敗北したことにより，ビジネスフレンドリー政策は方向を全面修正し，中小企業との「同伴成長」を重視する政策に変わることになりました。李明博政権は以前の進歩系政権とは異なり，雇用と福祉の連携を強調しました。そして，保守系政権らしく，医療サービスの規制緩和，民間医療保険の活性化，営利医療法人の導入の検討，医療観光商品の開発，外国人患者誘致のための制度改善などの政策が推進されました。興味深い点は，保守系政権にもかかわらず，社会保障関連支出は前の進歩系政権より増加したことです。

朴槿恵(パククネ)政権は「経済民主化」を掲げ，財閥依存を是正し，中小企業の成長を促そうとしました。就任1年後には経済革新3カ年計画を打ち出し，経済のファンダメンタルズ強化，経済革新推進，内需と外需の均衡ある発展を中心に，「経済民主化」を進めながら，改革を図ろうとしました。社会保障政策は李明博政権の普遍的福祉政策を継承しました。家計債務問題を解決するために政府の財政負担により債務延滞者の債務負担を大きく緩和する国民幸福基金を導入し，14年からは既存の基礎老齢年金制度の給付額を引き上げた基礎年金制度を実施しました。また，13年から全所得層の0～5歳児を対象に無償保育を実施し，15年から，増加する貧困層に対する経済的支援の拡大や勤労貧困層に対する自立を助長することを目的に，生活扶助を基本に，必要に応じてほかの扶助を給付する「パッケージ給付」から扶助ごとに選定基準や給付水準を設定する

「個別給付」に変更しました。しかし，朴槿恵大統領が弾劾・罷免されることにより，政権は保守系政権から進歩系政権に変わりました。

文在寅政権による所得主導成長

　文在寅(ムンジェイン)政権は，所得主導成長論に基づいて労働政策と社会保障政策に力を入れ，特に低所得層の所得を改善するための政策が数多くおこなわれました。所得主導成長論は，家計の賃金と所得を増やし消費増加をもたらし，経済成長につなげるという理論で，最低賃金の引き上げや社会保障政策の強化による所得増加と格差解消を推進しました。

　文在寅政権は，17年に6470ウォンであった最低賃金を18年には8350ウォンに引上げました。また，「週52時間勤務制」を柱とする改正勤労基準法を施行することにより，残業時間を含めた1週間の労働時間の上限を68時間から52時間に制限しました。労働者のワーク・ライフ・バランスを実現させるとともに新しい雇用を創出するための政策です。社会保障政策としては18年から健康保険の保障性強化対策，「文在寅ケア」が施行されました。また，18年に児童手当を導入し，19年に親の所得基準による受給制限を廃止しました。一方，65歳以上の高齢者のうち，所得認定額が下位70％に該当する者に支給される基礎年金の最大給付額を18年から月25万ウォンに引き上げました。さらに，19年から所得下位20％の高齢者の基礎年金の給付額を月30万ウォンに引き上げる政策をおこないました。しかし，財政支出を増やした結果，社会保障と関連する予算はほかの政権と比べて大きく増加することになりました。

尹錫悦政権による「年金・労働・教育改革」

22年に政権が交代し,保守系の尹錫悦(ユンソンニョル)政権が誕生しました。経済政策では,政府主導から市場経済重視の政策に転換し,法人税の引き下げ,企業に対する規制緩和の推進などを目指しました。特に,尹錫悦政権は「週52時間勤務制」を大幅に修正する考えを示し,23年に1週間の労働時間の上限を69時間に引き上げることなどを含む労働時間制度改編案を発表しました。一方,低下し続ける出生率を改善するために,2024年から育児休業制度の特例として「6+6親育児休業制度」を施行しました。これは,育児休業を取得する親のなかでも,生まれてから18カ月以内の子どもを養育するために同時に育児休業を取得した父母に対して,最初の6カ月間について育児休業給付金として父母両方に通常賃金の100%を支給する制度です。しかし,大統領選の公約に掲げた「年金改革・労働改革・教育改革」はまだ進んでいません。

4 日韓協力で社会問題の解決は可能か

「アベノミクス」で日本経済は復活したのか?

日韓両国の経済力の格差が縮まったのは,日本経済が1991年のバブル崩壊以降長期停滞に陥ったからです。バブル景気が起きた理由としては,85年のプラザ合意以降,円高による輸出不振が懸念されると,日本銀行が景気を下支えするため超低金利政策を長期に推進したこと,金融機関が不動産関連投資に積極的だったこと,一部の個人や企業を中心に株式や不動産などの「財テク」がブームとなったことなどが挙げられます。

景気の長期低迷は,金融機関が抱える不良債権の処理を遅らせる

と同時に,企業倒産の増加などを通じて新たな不良債権を発生させ,金融機関の経営をさらに圧迫する原因となりました。2000年代に入り,実効性のある構造改革をおこなった結果,長期不況から徐々に脱却する兆しをみせていた日本経済は,08年の世界金融危機と11年の東日本大震災の余波で再び低迷の罠に陥りました。12年12月に発足した第2次安倍政権は,デフレからの脱却と富の拡大を目指し,金融緩和,財政出動,成長戦略の「3本の矢」による経済政策「アベノミクス」を展開しました。その結果,円安が進み,輸出企業を中心に株価が上昇し始めました。24年2月22日の東京株式市場で日経平均株価は3万9098.68円で,バブル期の1989年12月29日の3万8915.87円を更新し,史上最高値を記録しました。

　日経平均株価が最高値を記録したのは,株式市場における需要が供給を上回ったからだと考えられます。なぜ日本株に対する需要が増加したのでしょうか。その原因としては,長期間の円安,日本の景気回復に対する期待感,中国経済の低迷,新NISAの実施,日本銀行や年金積立金管理運用独立行政法人などの公的資金の持続的な株式投資,日本銀行の低金利政策の推進などが考えられます。

　日経平均株価はその後4万円を一時超えましたが,このような株価上昇だけで日本経済が回復し,日本国民の生活水準が向上したと断言することは難しいでしょう。実際,2023年の前年比物価上昇率は3.1%で3%を超えており,その影響で実質賃金は2.5%も減少しました。実質賃金の減少は国民の生活水準が低下したことを意味します。輸出企業を中心とする大企業は従業員の賃金水準を上げ,株を保有している者は収益が増加した一方,円安による原材料価格の上昇は輸入型企業や中小企業の経営を圧迫し,従業員の賃上

> **コラム4　韓国における家計債務の現状と特徴**　韓国における家計債務が継続的に増加傾向にあります。家計債務とは，家計部門が抱える金融機関などからの借金のことであり，住宅や自動車のローン，クレジットカードを使った借り入れなどが含まれます。韓国の2022年の家計債務総額は1867兆ウォンで，前年の1863兆ウォンより0.2％増加しました。最近の23年第2四半期末の家計債務総額は1863兆ウォンで，前年同期比で0.3％減少しましたが，相変わらず高い水準を維持しています。
>
> 　韓国における家計債務の1つ目の特徴は，所得水準が高い世帯を中心に借入がおこなわれていることです。全世帯を5等分した所得五分位階級別家計債務の割合をみると，所得がもっとも多い第Ｖ階級が家計債務総額の45.0％を，次に所得が多い第Ⅳ階級が24.7％を占めており，所得上位40％の世帯が家計債務の69.7％を占めていることが明らかになりました。
>
> 　そして，2つ目の特徴としては，住宅の購入や賃貸のために借入をするケースが多いことが挙げられます。家計債務の内訳をみると，住宅購入などの住宅担保借入が51.9％ともっとも多く，次いで賃貸保証金（チョンセ保証金，チョンセとは，家を借りる時にまとまった保

げは大企業を大きく下回ります。その結果，実質賃金が減少した労働者の生活水準は以前より悪化しました。また，彼らの多くは株などに投資する経済的余裕を持っていないため，株を保有している者との資産格差も拡大することになりました。韓国で起きていることと類似の現象が日本でも起きていることがわかります。このような状況を考慮すると，今後，日本と韓国両政府が貧困や格差などの社会問題を解決するために共同で対応する必要があるのではないでしょうか。

証金を家主に預けると月々の家賃が発生しない韓国独特の不動産賃貸方式）が39.4％を占めており，この２つで全体の91.3％を占めています。

３つ目の特徴は，政府が持続的に分割返済方式へと誘導しているにもかかわらず，半数以上の債務者が満期一時返済方式で債務を返済していることです。22年末現在，満期一時返済方式で債務を返済した人の割合は53.7％に至っています。特に，信用借入をしている人のうち，分割で債務を返済している人の割合は15％にすぎません。

家計債務が大きく増加した場合，元本返済に対する負担が増加し，家計の消費にマイナスの影響を与える可能性が高くなります。また，このような消費の減少は，企業の投資や生産の縮小につながり，家計所得をさらに減少させるなど，悪循環を招く危険性があります。

現在，韓国が抱えている家計債務の問題は単に個人の問題ではなく，金融危機やそれによる国家破産の原因にもなりうることを忘れてはなりません。今後，韓国政府は景気回復のみならず，家計債務の問題を慎重に受け入れ，IMF（国際通貨基金）や金融当局の助言などにも耳を傾けて解決のための対策をおこなう必要があります。

人的資本交流を通じたシナジー効果

韓国は現在，継続的に賃金が上昇した結果，日本より最低賃金などは高くなりましたが，就業率や雇用の安定性は低いままです。また，生活の満足度も日本より高いとはいえません。2024年３月に発表された世界幸福度報告によると，韓国の幸福度のランキングは世界52位で日本（51位）と同じ水準です。また，近年，韓国人の多くは怒りや鬱憤を感じていることが明らかになりました。ソウル大学が2021年４月に発表した「韓国社会の鬱憤調査」による

と，回答者の58.2％が慢性的な鬱憤を感じていると答えています。2019年調査（43.5％）や2020年調査（47.3％）を大きく上回る数値です。この調査では鬱憤とは，「外部から攻撃されて怒りの感情ができ，リベンジしたい気持ちになるものの，反撃する力がないため，無気力になり，何かが変わるという希望もなくなった状態に屈辱感まで感じる感情」であると定義されています。

　新型コロナウイルスの感染拡大と日韓関係の悪化で大きく減少した観光などを含めた人的交流は，尹錫悦政権の発足にともない劇的に改善されています。2023年3月17日には超党派の日韓議員連盟次期会長の菅義偉元首相らが尹錫悦大統領と東京都内のホテルで会談し，日韓の人的交流を拡大させる方針で一致しました。このような日韓関係の改善にともなって，韓国人の日本訪問者数と日本人の韓国訪問者数は22年1月のそれぞれ1300人と1200人から，23年10月には63.1万人と25.5万人に大きく増加しました。

　このような人的交流の活性化は今後，日韓労働市場における人材交流の増加につながる可能性が高いです。実際，日本では韓国のIT人材の受け入れが増加しており，英語の実力が高い韓国人が高度専門人材として採用されています。日本のIT人材不足を考慮すると，韓国人労働者はIT分野を中心に増加すると予想されます。また，現在の日本では，若者を中心に，K-POPなどの韓流文化の人気が拡大しており，韓国で活躍することを夢見る多くの若者たちがオーディションに挑戦しています。19年に韓国の芸能プロダクションであるJYPエンターテイメントと日本の音楽会社であるソニーミュージックによる合同グローバルオーディションには，1万231人の若者が参加しました。26人の合格者は同年9月に東京で4泊5日の合宿トレーニングに参加し，そのなかから韓国へ行く

メンバー14人を選抜，その後最終デビューメンバー9人が決定され，NiziUとして20年12月2日にデビューしました。その後も日韓共同のオーディションに多くの若者が参加しており，今後もしばらくのあいだ，このような動向は続くと考えられます。

　したがって，今後，日韓政府は日韓における人的資本の交流を活性化するために，FTA交渉などにより，両国が必要とする特定分野における労働市場の開放に関する議論を積極的におこなう必要があります。人的資本交流の活性化など日韓経済が協力しシナジー効果を生み出すことが望ましいでしょう。

参考文献
金成垣『韓国福祉国家の挑戦』明石書店，2022年
金明中『韓国における社会政策のあり方Ⅱ——韓国における少子化，格差，葛藤の現状』社会評論社，2024年
春木育美『韓国社会の現在——超少子化，貧困・孤立化，デジタル化』中公新書，2020年
裵海善『韓国経済がわかる20講〔改訂新版〕——援助経済・高度成長・経済危機から経済大国への歩み』明石書店，2022年

第Ⅱ部

外交・安全保障

第5章　韓国の対北朝鮮政策・統一政策

中戸 祐夫

⇒第3回南北首脳会談（2018年4月27日，板門店にて）。金正恩委員長（左）と文在寅大統領。
出所：AFP＝時事

1 韓国の対北朝鮮関与政策

関与政策とは何か

　韓国は憲法第4条において「大韓民国は統一を指向し，自由民主的基本秩序に立脚した平和的統一政策を樹立して，これを推進」すると規定しています。すなわち，自由民主主義に基づいた北朝鮮との平和的統一は韓国にとって至上課題といえるでしょう。韓国はこの目的を達成するために，冷戦終結後は「関与（engagement）」をひとつの基軸として対北朝鮮政策・統一政策を推進してきました。

　まず，対北朝鮮政策をめぐって関与とは何かについて明確にしておきましょう。メディアや政策担当者の議論では，北朝鮮との対話の有無をもって関与かどうかを論じる場合が多くありますが，関与とは国際関係理論のリベラリズムに理論的な基盤をおく対外戦略をいいます。

　リベラリズムでは多様なレベルでの交流や国際制度をとおして国家間の協調は可能であると想定します。冷戦終結後に誕生したクリントン米政権のアンソニー・レイク国家安全保障担当補佐官はポスト冷戦期の米国のグランド・ストラテジー（大戦略）を「関与と拡大」として示しました。ここでは，米国の経済・イデオロギー・安全保障の利益を守るための「積極的かつ多面的な米国の海外へのかかわり」として関与を規定しました。

　リベラリズムに理論的な基盤をおいた関与を特定国家に対して適用する場合には，「多様な問題領域において対象国との継続的な対話と交流・協力の拡大をとおした相互依存の強化と戦略的な誘引を活用し，平和的に対象国の行動のパターンに影響を及ぼそうとする

試み」と定義することができるでしょう。

ポスト冷戦期において、関与政策はとりわけ米国の対中国政策の文脈で議論が展開しました。その後、対北朝鮮政策においても議論されるようになりました。この議論は韓国の対北朝鮮政策にも影響を及ぼし、金大中(キムデジュン)政権では包容政策として対北朝鮮関与を本格的に推進しました。

ポスト冷戦期の韓国の対北朝鮮政策・統一政策は北朝鮮に対してどのように関与すべきかという論点をめぐって展開してきました。特に、対北朝鮮関与は各政権の戦略や運用原則において顕著な相違を示してきました。

連携戦略と並行戦略

韓国の対北朝鮮関与をめぐる1つ目の論点は、南北協力と核問題とを連携させるか、あるいは核問題の展開とは別に、南北協力を並行して推進するかというものです。前者のアプローチを連携戦略といいます。すなわち、南北協力を進展させるためにも、まず、北朝鮮の核問題を解決し、その後に南北協力や交流を推進することになります。

もちろん、核連携戦略を採用しても、核問題において一定の進展がみられた場合には、南北間の経済協力が推進されることになります。ところが、連携戦略は核問題で進展がみられない状況では南北関係の進展に向けて有効な手立てを講ずることができません。その結果、北朝鮮の核・ミサイル能力の向上に対応できない状況が生じます。

これに対して、並行戦略は核問題を核問題として対応していくのと並行して、南北協力や交流を推進していくことが重要であると考

えます。特に，並行戦略では，南北間の協力を深化させて南北関係の改善や信頼構築を推進することで，核問題の解決にも寄与すると想定します。この戦略は理論的にリベラリズムの系譜にある機能主義や相互依存論，あるいは統合論に立脚しているといえます。

機能主義は軍事安全保障など政治的な領域での協力は困難であっても，非政治的な領域で関係を推進していくことで国家間の協力を制度化していき，国際平和を構築できると想定します。また，相互依存論では，多様な領域における相互依存を深化させることで国家間の武力紛争を防止しようとします。

そして，これらの発展形態としては，欧州統合をひとつのイメージとして，相互依存の深化と国家間協力の制度化を推進していくことで究極的には主権の放棄や統一をも想定した国際統合論があります。すなわち，南北協力の進展をとおして相互依存関係と国家間協力の制度化を推進することで国家間関係を改善し，究極的には南北間の統一も視野に入れた戦略といえます。

したがって，並行戦略では，核問題を理由として南北関係が膠着状態に陥ることは望ましくないと考えます。しかし，並行戦略では北朝鮮の戦略的意図や核問題の進展の有無にかかわらず，対北協力が推進されるために，北朝鮮の核開発への転用に対する懸念が生じたり北朝鮮への「ばらまき」との批判を受けることがあります。

2つの相互主義

次に，対北朝鮮関与を推進するうえでの2つ目の論点として，相互主義についてみてみましょう。相互主義には次の2つのかたちがあります。ひとつは，特定的相互主義です。これは南北協力を進展させる際に，同時性・等価性・対称性を追求します。互いの約

束の不履行といった行為を防ぐことに適しています。

とりわけ，相互に信頼性が欠如している場合には，互いの行動をひとつずつ確認しつつ，段階的に進めていくかたちの特定的相互主義が必要となるでしょう。一方，厳格な等価性を要求するために，合意しうる交渉の範囲を狭めたり，二者間関係であっても相互に対立を起こしやすかったりします。

もうひとつは拡散的相互主義です。これは互いが互いに課した義務を履行する際に，柔軟な相互主義を適用します。つまり，非同時性・非等価性・非対称性が特徴です。ここでは，互いに厳密な互恵性を追求しないために，合意や協力を促進しやすいといえます。また，対立が生じる可能性も相対的に低いといえるでしょう。

一方，対等な互恵性を要求しないために，相手国が関与する国からの利益を獲得しつつ，義務を十分に履行しないという状況が生じるかもしれません。韓国の北朝鮮政策を考える場合には，南北交流は拡散的相互主義を適用する場合に進展しやすいといえるでしょう。

対北朝鮮政策・統一政策のアプローチ

以上の議論を踏まえて，韓国の対北朝鮮政策・統一政策のアプローチを分類すると表5-1のようにまとめることができます。

第1に，Ⓐのアプローチでは，核問題の解決あるいは非核化の進展と南北協力・交流を連携させます。同時に，南北間の協力や交流においても厳密な互恵性や同時性を追求します。つまり，南北協力の進展は核問題の進展を条件とする一方，南北協力においては対等な互恵性を要求するために，南北関係を促進するうえでもっとも厳しい条件が設定されているといえます。したがって，このアプローチでは，関与が低い段階にとどまる可能性が高いと想定されま

表 5-1 韓国の対北朝鮮アプローチ

	特定的相互主義	拡散的相互主義
核連携戦略	Ⓐ	Ⓑ
核並行戦略	Ⓒ	Ⓓ

出所：筆者作成

す。

　第2に，Ⓑでは，核問題の進展と南北協力を連携する一方，南北協力や交流においては柔軟な相互主義を追求します。ここでは，南北協力の推進に重点をおきつつも，北朝鮮が核実験をおこなったり，核問題が国際社会において争点となっている場合には南北協力を実施しなかったり，核問題の進展に応じて南北協力を調整したりします。

　第3に，Ⓒのアプローチでは，核問題と南北協力を分離して推進しますが，韓国と北朝鮮の協力や交流においては限定的な相互主義を追求する組み合わせです。ここでは，南北協力では対等な互恵性を追求する一方，南北間で重要な合意をする場合に，核問題と南北交流を分離する並行戦略を適用し，政治的妥結をする際に用いられます。

　第4に，核問題と南北協力を分離させてそれぞれ対応し，また，南北協力および交流においては柔軟な相互主義を追求するアプローチがⒹです。これは南北関係や交流に対する制約条件がもっとも緩やかであるために，関与がもっとも深化しやすいと考えられます。一方，互恵性が欠如しているという批判を受けたり，朝鮮半島の非核化が進展していない状況でも南北協力の進展を追求するために，自国の安全保障上の脅威になったり，周辺国からの批判や懸念を受ける可能性もあります。

1　韓国の対北朝鮮関与政策

2 歴代政権の対北朝鮮政策・統一政策の変遷

「和解協力政策」と「平和繁栄政策」

ここでは，韓国の対北朝鮮関与が「和解協力政策」として体系化された金大中政権以降，歴代政権がどのような対北朝鮮関与を推進してきたのかについて振り返ってみましょう。

金大中政権は，北朝鮮の核・ミサイル・通常兵器問題や平和体制問題などの政治軍事問題と南北の協力・交流問題については並行戦略を適用し，南北協力では拡散的相互主義を基本原則としたために，Ⓓのアプローチといえます。

それ以前の盧泰愚(ノテウ)政権や金泳三(キムヨンサム)政権では，政治軍事問題と南北協力・交流を連携したために南北関係が停滞したと理解し「柔軟な二元主義」を原則としました。しかし，金大中政権下では南北間の体制や国力の相違によって，それぞれの求めるものが異なるために，機械的な相互主義の適用は不適切であると判断し，柔軟な相互主義を適用しました。

このような金大中政権の対北朝鮮政策・統一政策は南北関係を敵対関係から和解協力へと転換したと評価される一方，北朝鮮に対する一方的な「ばらまき」政策との批判を受けるとともに，韓国社会内部で「南南葛藤」を形成することにもなりました。南南葛藤とは，北朝鮮認識や政策をめぐる韓国内での保守と進歩のあいだの激しい対立のことをいいます。

盧武鉉政権下で推進された「平和繁栄政策」は金大中政権の和解協力政策を継承発展したものです。すなわち，並行戦略と拡散的相互主義を基本原則としたⒹのアプローチであり，それをさらに深化

させるものでした。

　盧武鉉政権では，発足当初から核問題が国際的な争点となっていましたが，核問題と南北協力・交流を連携させず，それぞれの問題を同時に対処する並行戦略を維持しようと努めました。とりわけ，ジョージ・W・ブッシュ米政権の初期では北朝鮮に対して強硬な姿勢をみせていましたが，盧武鉉政権は並行戦略に基づいて対北朝鮮関与を深化させていきました。

　ただし，北朝鮮による2006年7月のミサイル実験や同年10月の史上初の核実験などに対して，対北朝鮮支援を中断するなど一時的に連携戦略を適用したためにⒷに移行することもありました。しかし，これらの問題が一段落つくとすぐさま並行戦略と拡散的相互主義に基づいて南北協力・交流の推進に努めました。

「非核・開放・3000」と「韓半島信頼プロセス」

　08年に発足した李明博(イ ミョンバク)政権の対北朝鮮政策・統一政策を「相生・共栄の対北朝鮮政策」といいます。これは核連携戦略と特定的相互主義を基本原則とした「非核・開放・3000」を核心とします。すなわち，Ⓐのアプローチです。

　「非核・開放・3000」とは北朝鮮が非核化し，開放政策をとれば，一人あたりのGDP（国内総生産）が3000ドルになるように大規模な経済協力を実施するという構想です。すなわち，大規模経済協力を誘引にして北朝鮮の非核化と開放を導こうとしました。

　李政権は過去10年にわたって進歩政権のもとで推進された包容政策の時代を「失われた10年」と位置づけ，この間，南北間の交流と協力は進展しましたが，核問題の解決には十分な成果をもたらすことはできなかったと考えて，並行戦略から連携戦略へと舵を切

りました。

　また，進歩政権下で推進された南北協力においては非同時性・非等価性・非対称性の原則のもとでさまざまな南北対話や大規模な経済協力が進展する一方，その経済合理性に対して疑問が呈されたり，核問題が深刻化するなかで経済協力を継続させたりすることに対する国内外での批判を反映して，原則に基づく特定的相互主義へと変更しました。

　そのあとを継いだ朴槿恵(パククネ)政権の対北朝鮮政策・統一政策は「韓半島信頼プロセス」というものです。進歩政権の対話・交流に中心をおいた包容政策は原則に反する側面があり，前政権で追求された原則重視の対北朝鮮政策は柔軟性に欠けるという課題を踏まえて，対話と圧力をバランスよく，柔軟なときは柔軟に，厳しいときは厳しく対応しつつ，北朝鮮が「正しい選択」をできるように誘導しようとしました。これは特定的相互主義といえるでしょう。

　また，南北関係のすべての事案を核問題と連携させるのではなく，非核化の前でも低いレベルの交流・協力や人道支援などを通じて信頼構築を目指し，実際に非核化が進展した場合には，大規模な経済事業を進めようとしました。

　したがって，朴槿恵政権の対北朝鮮政策・統一政策は問題領域に応じて連携戦略と特定的相互主義，並行戦略と特定的相互主義を適用するⒶとⒸのアプローチを随時追求するものでした。このように，韓国の対北朝鮮政策は，過去の対北朝鮮政策・統一政策の経験を踏まえて進化していることがわかります。

「韓半島平和プロセス」から「大胆な構想」へ

　文在寅(ムンジェイン)政権は金大中政権および盧武鉉政権が推進した包容政策を

基調とした「韓半島平和プロセス」を提示しました。まず，文在寅政権は北朝鮮の「核問題の解決と南北関係改善」を並行して進めようとしました。非政治的交流事業は政治・軍事的状況と分離し，一貫性をもって推進していくとしました。

　文政権が17年5月に発足した際には，米朝のあいだで核対立が深刻化していたために南北関係を発展させることはできませんでしたが，18年の金正恩(キムジョンウン)国務委員長の新年の辞を契機とし，積極的な南北対話と交流へと転換しました。

　南北協力については，「互恵的協力をとおした平和的統一の基盤醸成」を掲げて，民間や地方自治体を含む多様な交流を拡大し，南北関係の改善と民族同一性の回復を推進しました。特に，南北間の交流協力事業は「韓半島のすべての構成員の苦痛を治癒し，和合をもたらす過程であり，なかからの平和をつくっていくこと」とし，これに基づいて推進しました。

　文在寅政権の「韓半島平和プロセス」は並行戦略と拡散的相互主義に基づいたⒹのアプローチといえるでしょう。

　最後に，尹錫悦(ユンソンニョル)政権の対北朝鮮政策・統一政策についてみてみましょう。まず，核問題については，強力な米韓同盟を中心として北朝鮮の核の脅威を抑止し，制裁と圧力を通して核開発を断念させて，外交・対話を通して非核化を推進する総体的なアプローチを通して，北朝鮮が自ら非核化交渉に復帰できる環境をつくるとしています。

　とりわけ，李明博政権下で掲げられた「非核・開放・3000」が非核化のあとに提供される経済分野の相応措置を中心とした計画だとすれば，「大胆な構想」は北朝鮮が非核化に対する意思だけでもみせるなら，初期段階から果敢で先制的な措置を追求することで非

核化交渉を主導していくとして李明博政権との相違を強調しています。さらに，非核化以前であっても人道的な領域では南北交流は可能であると柔軟性も示しています。

また，南北協力については，「原則があり実用的な南北関係の推進」を掲げて，「北朝鮮の不合理的な態度や誤った慣行は憲法的価値と国民の目線にあわせて改善」していくとしています。李政権との相違を強調していますが，北朝鮮の強い反発もあり，実際のところ，尹錫悦政権の対北朝鮮政策・統一政策は連携戦略と特定的相互主義を組み合わせたⒶのアプローチといえるでしょう。

3 対北朝鮮認識と関与政策

北朝鮮をどう認識するか

これまで歴代政権の対北朝鮮政策アプローチの特徴を明らかにしてきましたが，政権ごとの相違はどこから生じるのでしょうか。結局，韓国政府が北朝鮮をどのように認識するかによってこうした政策の相違が生じます。より具体的には，北朝鮮の核戦略およびその体制をどのように捉えるかが鍵になります。

まず，北朝鮮の核問題をめぐっては，この間，北朝鮮は核兵器を保有すること自体が目的であるという見解と，北朝鮮の核開発は自国の安全保障の不安に起因するものであるために，その不安が解消されれば核兵器を放棄しうるという見解をめぐって対立してきました。これは，北朝鮮は非核化するのか，あるいは非核化しないのか，という問いでもあります。

前者の立場をとる場合には，国際社会や韓国がどのような政策を推進しても，北朝鮮は核兵器国として自国の計画に基づいて核兵器

を開発していくと考えるために，北朝鮮に対する経済協力や支援の増大は自国の安全保障を脅かす結果になると考えます。したがって，南北協力は北朝鮮の非核化の進展を前提としなければなりません。

　これは南北協力と非核化の進展を連携させる連携戦略を追求することになるでしょう。すなわち，対北朝鮮経済協力も北朝鮮の対応（非核化）に応じて拡大することになります。

　一方，後者の立場をとる場合には，安全保障の側面で北朝鮮との交渉を通して脅威の削減に重点をおくとともに，それと並行して南北協力を推進することで南北間の信頼醸成を構築して，それが核問題の解決に寄与するという論理につながります。

　次に，北朝鮮の体制変化についてはどうでしょうか。すなわち，北朝鮮は変化しているのかどうかという問いです。さらに，北朝鮮は改革・開放へと向かうのかどうかという問いです。ポスト冷戦期には，北朝鮮は西側が期待するように民主主義や資本主義に向かっていくかもしれないという期待があったと思われます。

　また，北朝鮮は変化していると認識する場合であっても，その変化はどのようにして引き起こされているのかが論点になります。すなわち，南北協力や交流によって北朝鮮の体制が変化しつつあるのか，あるいは，北朝鮮自身の内的論理や必要性から変化しているのかによって，韓国の対北朝鮮政策への含意は大きく異なります。

　包容政策などを通じた南北の協力体制の進展が北朝鮮の変化を導いていると想定する場合には，南北協力をさらに進展させて北朝鮮自らが変化できる条件と環境を作ることが北朝鮮の改革・開放を実現する道であると考えます。また，南北交流の量的な変化が蓄積されることで，北朝鮮の体制の構造的変化をもたらす可能性を視野に入れて想定します。このような認識を持つ場合には，南北協力が推

進しやすい拡散的相互主義を進めると考えられます。

　一方，南北の協力体制の進展が北朝鮮の変化を導いていると認識していない場合には，北朝鮮の変化は戦術的・表面的な変化にすぎないか，あるいは，北朝鮮は決して韓国や国際社会が望むような変化をしないと考えられるために，経済的妥当性の厳密な評価やさまざまな条件を付したり，誘引を活用したりすることで改革・開放に導く必要性が説かれるようになります。これは特定的相互主義の推進となるでしょう。

北朝鮮認識から導かれる対北朝鮮関与

　以上のような政策論理を踏まえて，韓国の歴代政権の対北朝鮮認識の相違から対北朝鮮戦略はおよそ表5-2のとおりに導き出されます。

　第1に，北朝鮮が核・ミサイルなど大量破壊兵器それ自体の獲得・開発を目的としていると認識し，北朝鮮の体制変化の可能性に懐疑的である場合には，連携戦略と特定相互主義戦略を選好します。表5-1のⒶに分類されるアプローチがとられるようになると考えられます。その結果，関与の程度は低下するでしょう。

　第2に，北朝鮮が核・ミサイルなど大量破壊兵器それ自体の獲得・開発を目的としていると認識し，北朝鮮が漸進的に変化していると捉える場合には，連携戦略と拡散相互主義を選好します。したがって，表5-1のⒷに示されたアプローチになります。この場合には，関与は核問題の進展に応じて深化していくでしょう。

　第3に，核・ミサイルを交渉カードとして活用していると認識し，北朝鮮の体制変化に懐疑的である場合には，並行戦略と特定的相互主義を選好すると考えられます。すなわち，表5-1のⒸに位

表 5-2　対北朝鮮認識と関与の関係

	不変論	変化論
核目的論	連携戦略・特定相互主義：Ⓐ →関与低下	連携戦略・拡散的相互主義：Ⓑ →核問題の進展に応じて関与
非核化論	並行戦略・特定的相互主義：Ⓒ →変化に応じて関与	並行戦略・拡散的相互主義：Ⓓ →関与深化

出所：筆者作成

置づけられます。対北朝鮮関与は北朝鮮の変化に応じて進展することになります。

　第4に，核・ミサイルを交渉カードとして活用していると認識し，北朝鮮が漸進的に変化していると捉える場合には，並行戦略と拡散的相互主義を選好すると考えられます。つまり，表5-1のⒹに位置づけられるアプローチになります。これは関与がいちばん深化すると想定されます。

　以上の議論を踏まえると，韓国の対北朝鮮関与について次のように考えることができるでしょう。まず，条件次第で北朝鮮は非核化へと向かい，北朝鮮も自ら体制を変化させていくと想定する場合には，関与がもっとも深化していくと考えられます。一方，核・ミサイル開発自体を目的とし，北朝鮮は韓国や西側諸国が望むような変化をしないと認識する場合には，関与がいちばん低下します。

　すなわち，韓国の対北朝鮮政策・統一政策は歴代政権の対北朝鮮認識によって導かれているといえるでしょう。

関与の程度の推移

　関与がどれくらい深化したのかを測ることは必ずしも容易ではありません。どのような指標によって，関与が深化した，低下したと議論することができるのかという問いです。また，関与は「多様な

3　対北朝鮮認識と関与政策

問題領域」において実施され，それぞれの領域が相互に影響を及ぼしますので，特定の領域における関与をもって，韓国の対北朝鮮関与の全体を議論することは適切ではないでしょう。

ここでは，韓国における北朝鮮研究の拠点のひとつであるソウル大学平和統一研究院が発行する「南北統合指数2022」を参照して，韓国の対北朝鮮関与の程度をみてみましょう。図5-1は領域別の南北統合指数の推移を示しています。経済構造統合指数では経済領域の制度的統合，各年の貿易や投資額，政治的構造統合指数では政治領域の制度的統合，南北首脳会談や信頼醸成措置，文化社会構造統合指数では，文化社会領域の制度的統合，人的往来，離散家族の面談などをそれぞれ点数化しています。そして，各領域の構造統合指数を合わせたものが総合構造統合指数として示されています。本節では，この総合構造統合指数を関与がどれくらい深化したのかを表すものとして考えてみます。

金大中政権と盧武鉉政権では，非核化論・北朝鮮変化論に立脚しているために，関与は深化すると考えられます。実際に，1998年から2007年にかけて総合構造統合指数は上昇傾向にあり，南北首脳会談が実施された2000年と07年には，とりわけ関与が深化したことがわかります。

一方，核目的論・北朝鮮不変論に立った李明博政権では関与が低下すると想定されますが，実際に，総合構造統合指数は08年から急落しました。朴槿恵政権の前半期にはやや上昇していますが，16～17年に急落しました。北朝鮮がこの時期に3回にわたって実施した核実験の影響が大きいでしょう。

朝鮮半島の非核化と変化の可能性を想定した文在寅政権では関与が深化すると想定されますが，たしかに，総合構造統合指数は18

図 5-1　南北統合指数の推移（1998 〜 2021 年）

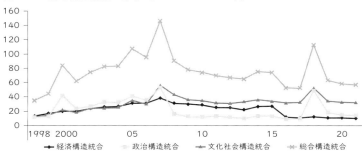

出所：ソウル大学平和統一研究院発行「南北統合指数 2022」p.11 を参考に筆者作成

年に急上昇しました。その後,「朝鮮半島の非核化」交渉の停滞とともに総合構造統合指数は下降しています。

　さて, 歴代政権の対北朝鮮認識とそれらの対北朝鮮関与との関係について確認しましたが, そもそも各政権の対北朝鮮認識自体は十分に検証されたものとはいいがたいでしょう。また, 関与はあくまでも政策手段であり, 政策目的である北朝鮮の非核化や体制の変化にどのような影響を及ぼすのかについては, 依然として明らかではありません。

　つまり, 韓国の歴代政権が追求してきたそれぞれの対北朝鮮政策・統一政策は, 保守／進歩いずれの立場も実証されていないということができます。そのため, この対立は今後も継続していくでしょう。

3　対北朝鮮認識と関与政策

4 対北朝鮮関与の展望

関与の有効性

これまで，関与を軸にして韓国の対北朝鮮政策・統一政策の変遷をみてきましたが，今後，韓国政府はどのような対北朝鮮関与を展開していくと展望されるでしょうか。

対北朝鮮関与を実施するには，理論的には少なくとも2つの論点があります。第1に，リベラリズムに基盤をおく関与政策の前提は中国や北朝鮮などの社会主義国家に当てはまるのかというものです。つまり，欧米など先進民主主義国家間の相互依存や統合をイメージしたリベラリズムの想定は，国内の政治体制にかかわらず有効なのかという問いです。

現在，米国において，対中関与が中国の変化をもたらすと想定する専門家はほとんどいないでしょう。対北朝鮮関与をめぐる論点は対中関与をめぐる議論からも派生してきたことを考えると，対中関与が効果を持たないというコンセンサスは対北朝鮮関与の有効性についても同様の疑問を提起させます。

第2に，関与を本格化させた金大中政権や盧武鉉政権の時代とは異なって，現在の北朝鮮は核・ミサイル能力を大幅に向上させており，本格的な対北朝鮮関与を推進することは困難な状況になっています。

北朝鮮は2006年10月以降，6回の核実験を実施し，17年11月には米国本土に到達する大陸間弾道ミサイルの実験をもとに核戦力の完成を宣言しました。つまり，北朝鮮は米国とのあいだで少なくとも部分的核抑止が成立したと主張しているようです。

この過程で北朝鮮が繰り返し実施してきた核実験・ミサイル発射に対して国連安全保障理事会決議に基づく経済制裁が課されており，韓国の進歩政権が実施したような関与に基づく包容政策を推進することには限界があります。

　こうした状況を踏まえると，現状では，北朝鮮の体制変化や非核化という課題を追求するための手段として，対北朝鮮関与を推進することはさまざまな論点が提起されるように思われます。また，統合論の想定する南北統一を視野に入れた関与は，北朝鮮自身の統一に対する否定的な立場とともにさらに遠のいたといえるでしょう。

米韓の政策協調の重要性

　韓国政府が対北朝鮮関与を推進するためには，米韓の政策協調が重要です。対北朝鮮関与の歴史を振り返ると，米韓がともに関与政策を推進している状況では，たしかに北朝鮮との対話は進展してきました。

　金大中政権下で統一部長官を務めた林東源(イムドンウォン)によれば，クリントン政権下で「ペリープロセス」として知られる米国の対北朝鮮政策の形成過程で米韓の政策協調がおこなわれて，クリントン政権・金大中政権下では米韓が共同で対北朝鮮関与を推進しました。

　この時期には米朝対話と南北対話はともに進展し，金大中大統領と金正日(キムジョンイル)国防委員長は2000年6月に史上初の南北首脳会談を実施しました。また，政権末期のために実現しませんでしたが，クリントン大統領の訪朝も真剣に検討されました。

　ジョージ・W・ブッシュ政権が01年1月に発足後，こうした米韓の共同関与は必ずしも順調に進まなくなりました。同年3月に実施された米韓首脳会談で，金大中大統領は対北朝鮮関与を継続す

4　対北朝鮮関与の展望

ることの重要性をブッシュ大統領に伝えましたが，ブッシュ大統領は記者会見で北朝鮮に対する不信感を露わにしました。

対北朝鮮政策をめぐって，ブッシュ政権初期の強硬な北朝鮮政策と対北朝鮮関与を深化させたい金大中政権および盧武鉉政権とのあいだでしばしば齟齬（そご）が生じました。

ところが，北朝鮮が06年10月に核実験を実施後，ブッシュ政権は北朝鮮との対話へと政策を変更し，米韓がともに北朝鮮との対話を推進する枠組みが形成されました。この時期には日本，韓国，北朝鮮，米国，中国，ロシアの6者会合を通じて朝鮮半島の非核化措置に対する議論が進展するとともに南北協力も進展し，07年11月には盧武鉉大統領と金正日委員長とのあいだで2回目の南北首脳会談が開催されました。

09年に発足したオバマ政権下は，韓国では李明博政権・朴槿恵政権と保守政権が10年間続き，進歩政権によって推進された包容政策が見直された時期と重なります。オバマ政権の対北朝鮮政策の基調は，北朝鮮が非核化に向けた意味のある行動をとらない限り交渉に応じないというものでした。これを「戦略的忍耐」といいます。

李政権の「非核・開放・3000」や朴政権下の「韓半島信頼プロセス」は北朝鮮の非核化を前提とした経済協力や人道支援であり，北朝鮮の非核化が進展しない状況では南北対話を本格化することはできませんでした。その結果，米朝関係と南北関係はともに停滞し，そのあいだに北朝鮮は核・ミサイル能力を増強させました。

トランプ政権が17年1月に発足後，米国は北朝鮮に核・ミサイル開発を放棄させるために「最大限の圧力」を加える一方，北朝鮮が強硬に反発することで米朝間の核対立が懸念されました。しかし，金正恩委員長の18年の新年の辞を契機に南北対話が活性化し，米

韓が歩調を合わせるかたちで対話路線へと転換しました。トランプ政権と文大統領はそれぞれ金正恩委員長と首脳会談を開催するなど朝鮮半島情勢は急転換しました。

バイデン政権が21年1月に発足すると，文政権の政策担当者たちはクリントン政権期の積極的な関与に「復帰」する期待を表明しました。たしかに，バイデン政権と文政権はともにリベラル・進歩政権であり，クリントン・金大中政権期と同様に，思想的な親和性は高いものでした。しかし，バイデン政権は北朝鮮に対して無条件の対話を呼びかけましたが，北朝鮮は米国の「敵対政策」を理由に反応しませんでした。

その後，尹錫悦政権が22年5月に発足し，「大胆な構想」を提案しましたが，北朝鮮は「非核・開放・3000」のコピーであると強く反発し，南北関係は急速に悪化していきました。バイデン政権と尹政権の対北朝鮮政策はオバマ政権と李政権の組み合わせに対するある種のデジャブ（既視感）を彷彿とさせます。

朝鮮半島の非核化における関与

今後，朝鮮半島の非核化を展望するうえで次の2点が重要な論点になると思われます。韓国はどのような関与を実施することが可能か展望してみましょう。

第1に，北朝鮮の対外行動をどう理解するかが重要であり，これは同時に異なる政策的含意を導くことになります。たとえば，北朝鮮が18年初頭に対話路線へと大きく政策転換をしたのは米国を中心とする国際社会からの「最大限の圧力」によるものと理解するのか，北朝鮮自らの戦略転換によって対外路線の大きな転換がなされたのか，という論点です。

> **コラム5　韓国における「北韓」研究**　　北朝鮮を研究するためにかつては韓国から日本に来た時代もありましたが，現在では，北朝鮮について本格的に研究するために韓国に留学する人も少なくありません。韓国の「北韓」研究では方法論をめぐって，主として2つの大きな流れがあるといいます。ひとつは社会科学の方法論を用いて「北韓」を理解しようとするものであり，もうひとつは内在的接近法という方法論です。
>
> 　韓国では1970年代には欧米で発展した社会科学の理論や方法論を用いて「北韓」をより学術的に分析しようとする動きがありました。「北韓」という研究対象を客観的・外部的な視角から分析しようとする方法論をいいます。この方法論では，自由民主主義や資本主義といった視角から「北韓」体制の全般現象を分析しようとします。欧米で発達した社会科学の理論や方法論を用いて，外部的な視点から分析するという意味では，「外在的アプローチ」ということができるでしょう。こんにちの社会科学においては，計量分析，シミュレーショ

　つまり，北朝鮮の対話路線への転換は信憑性のある脅威によってもたらされたのか，あるいは，自らの核戦力が完成された後に，経済建設に戦略路線を転換した内在的な論理によってもたらされたのか，北朝鮮の対外行動に対する理解は分かれています。

　前者であれば，北朝鮮の非核化を進めるためには制裁や圧力が不可欠という議論になり，関与は後退するでしょう。後者の見解からは圧力によって北朝鮮の政策転換をもたらすことは困難であり，むしろ，戦略転換に応じた誘引（関与）を提供することで北朝鮮の対外行動を変化させることに力点をおくことになるでしょう。

　第2に，「朝鮮半島の非核化」をどう理解するかという点に関

> ン，実験などさまざまな方法論が発展し，北朝鮮を研究する多様な可能性が開かれています。
>
> これに対し，内在的接近法とは「北韓」体制が設定する理念や論理を基準として「北韓」の社会現象を分析する方法論です。ソウルの東国（トング）大学北韓研究所の所長や統一研究院長を務めた高有煥によれば，内在的接近法とは「主体（チュチェ）思想に基づいた内的論理に対する理解とともに，比較社会主義の方法論を北韓研究に適用する」ことといいます。在独研究者の宋斗律が80年代後半に内在的アプローチの必要性を提起したことを契機に，李鍾奭や金錬鉄などのちに進歩政権で統一部長官を務めることになる当時の若手研究者らが内在的アプローチをめぐる論争に加わり，この方法論を批判的に発展させていきました。
>
> 当時の時代背景もあり，内在的アプローチをめぐる論争はイデオロギー的かつ政治的な争点となる側面もありましたが，現在，改めてこれらの方法論について学び発展させることは，多様な北朝鮮研究の発展や韓国の北朝鮮政策を理解するうえでも有益だと思われます。

わっています。国際社会の理解では，「朝鮮半島の非核化」とは「北朝鮮の非核化」を意味していることは明らかです。

　一方，北朝鮮が主張する「朝鮮半島の非核化」には朝鮮半島に向けられている米国からの核の脅威を含んでおり，その意味では，自国の有する核兵器とともに米国の核を含む米朝間の「核軍縮交渉」を意味しています。

　こうした北朝鮮の理解をナンセンスとして一蹴することは簡単ですが，北朝鮮はこうした論理構成で「朝鮮半島の非核化」を展望し，米韓との交渉に臨んでいることは理解しておく必要があるでしょう。

　その意味では，関与それ自体が「朝鮮半島の非核化」をもたらす

4　対北朝鮮関与の展望

ことは困難であっても，北朝鮮との交渉の機会を作り，意図を把握するという意味では依然としてその有用性はあると考えられます。

参考文献

磯崎敦仁・澤田克己『最新版 北朝鮮入門――金正恩時代の政治・経済・社会・国際関係』東洋経済新報社，2024 年

林東源／波佐場清訳『南北首脳会談への道――林東源回顧録』岩波書店，2008 年

小此木政夫編『危機の朝鮮半島』慶應義塾大学出版会，2006 年

具永祿／呉正万訳『韓国と太陽政策』八千代出版，2001 年

中戸祐夫「関与（engagement）からみる韓国の対北朝鮮・統一政策の展開」今村弘子編『東アジア分断国家――中台・南北間の共生は可能か』原書房，2013 年

中戸祐夫「バイデン新政権下における対北朝鮮政策の展望」『修親』2021 年 2 月号

中戸祐夫・森類臣編『北朝鮮の対外関係――多角的な視角とその接近方法』晃洋書房，2003 年

西野純也『激動の朝鮮半島を読み解く』慶應義塾大学出版会，2023 年

＊韓国語文献

韓国・統一部『韓半島信頼プロセス』統一部，2013 年

韓国・統一部『文在寅の韓半島政策――平和と繁栄の韓半島』統一部，2017 年

韓国・統一部『非核・平和・繁栄の韓半島――尹錫悦政府の統一・対北政策』統一部，2022 年

金炳椽ほか『南北統合指数 2022』ソウル大平和統一研究院，2023 年

第6章 米軍基地がつなぐ日本と韓国

朝鮮半島有事と「日米韓」安保連携

石田 智範

⇒キャンプ・デービッドで開催された日米韓首脳会談（2023年8月）。左より尹錫悦大統領，バイデン大統領，岸田文雄首相。
出所：AP/アフロ

1 朝鮮半島有事と日本の選択

日本は局外者でありえるか

　日本で生活をしていると，軍事の問題に触れる機会はそう多くありません。もちろん，世界の各地で起こる紛争や，日本が抱えている安全保障上の諸問題について，日々のニュースを通じて知ることはあるでしょう。しかし，それ以上に立ち入って，軍事の問題が切迫した懸案として日常生活に介入してくることは，むしろ稀ではないでしょうか。家族や友人が自衛官として任務に従事している場合や，基地の近くに暮らして騒音や環境汚染といったいわゆる基地問題に向き合うことを迫られている場合を除けば，軍事の問題はどこか他人事であるかもしれません。

　しかし，韓国においてはそうではありません。日本で暮らす場合と比べて，軍事の問題がぐっと身近にあります。北朝鮮の軍事動向が相応の緊張感をもって日々報じられることはもちろんですし，また韓国の成年男子には兵役の義務が課されています。韓国の人気アイドルグループが兵役のために活動を休止すると聞いて，肩を落としたことのある人もいるでしょう。とはいえ，兵役に就くのが自分自身であれば，あるいは家族や友人であれば，肩を落とすばかりではすみません。武器の取り扱いは命の危険と隣り合わせであり，兵役の期間が過ぎるまで張り詰めた気持ちで毎日を過ごすことになるはずです。そこでは，軍事の問題はいわば日常の一部であるでしょう。

　こうして韓国の人々が軍事の問題に日夜かなりのエネルギーを費やすことを迫られているのは，ひとえに北朝鮮とのあいだで戦争状

態が継続しているためです。第2次世界大戦の終結後，米ソ冷戦の力学のもとで朝鮮半島が南北に分断され，そこに生まれた2つの国家が互いの正統性を認めず対立したすえに引き起こされた朝鮮戦争は，1953年7月27日の「休戦協定」の成立をもって幕引きを迎えます。しかし，紛争に一定の政治的な解決を与えて戦争状態の終結を正式に確認し合う「平和協定」とは異なり，休戦協定とは紛争の未解決を前提としつつ当事者が戦闘行為の停止を確認し合うものにすぎません。言い換えれば，朝鮮半島においては南北双方の自制によってかろうじて休戦状態が保たれてきたのであり，いつ休戦協定が破られて武力衝突が再発してもおかしくはないのです。こうして戦争再発の恐怖と隣り合わせでありつつも，その可能性に備え，またその可能性を少しでも低減させようとする国を挙げた取り組みの連なりこそが，今日に至る韓国現代史を貫く主軸です。

では，そうした懸命な努力にもかかわらず万が一にも朝鮮半島で戦争が再発したとすれば，どうでしょうか。日本は，対岸の火事とみて傍観者の立場でいられるでしょうか。それとも，日本にとっても軍事の問題が人々の日常にぐっと介入してくる，そうした契機となってしまうのでしょうか。このような極めて物騒で，できれば他人事として遠ざけておきたくなるような問題について，わがこととして考えるための材料を提供することが本章のねらいです。

有事対応のシナリオ

万が一にも北朝鮮が休戦協定を破って韓国に武力攻撃を仕掛けたとすれば，一体何が起こるでしょうか。まず間違いないのは，韓国と同盟関係を結ぶ米国が，韓国防衛のための軍事的な対応に乗り出すことです。実のところ，米国は朝鮮戦争の当事者です。1950年

6月25日,北朝鮮の奇襲攻撃によって朝鮮戦争が幕を開けると,事態を座視しえないとみた米国は韓国防衛を決意して参戦したのでした。なお,それから半年と経たずして今度は中国(中華人民共和国)が,北朝鮮を支援するために参戦します。自由主義陣営と共産主義陣営とが世界を二分するようにして対峙した,東西冷戦まっただなかの時代の出来事です。多大な犠牲を払ったすえに韓国を保全した米国は,休戦後の53年10月に米韓相互防衛条約を結びます。以来70年以上にわたって米国は,韓国に大規模な軍隊を駐留させるとともに,一朝有事には血を流してでも同盟国を守り抜くとの決意を繰り返し表明し続けてきました。こうした国としての約束は,誰が米国の大統領になろうとも簡単には反故にできません。

さらに,北朝鮮の武力攻撃によって休戦協定が破られた場合には,朝鮮国連軍の枠組みを通じた軍事的な対応が見込まれます。朝鮮国連軍とは,朝鮮戦争の勃発当時,北朝鮮による韓国侵略という事態を受けて国連の安全保障理事会(安保理)が採択した決議に基づき創設された多国籍軍のことです。当時の米国は単独で韓国防衛に乗り出したわけではなく,北朝鮮の侵略を非難する国際世論を糾合し,多数の国が参加する「国連軍」を組織して朝鮮戦争を戦ったのでした。この朝鮮国連軍を統べる「国連軍司令部」は休戦後も存続し,休戦協定の履行を監視するとともに,北朝鮮によって休戦協定が破られた場合には韓国防衛のために呼び集められる朝鮮国連軍参加国の兵力の受け皿となるべく,今日でも韓国に現存しています。有事においてはこの朝鮮国連軍の枠組みが,米韓同盟とも連動しつつ韓国防衛に乗り出すことになるでしょう。

さて,それではこうした事態において日本が問われるのは,どのようなことでしょうか。まずもって日本は韓国と同盟関係になく,

また朝鮮国連軍の参加国でもありません。つまり、いざ休戦協定が破られたからといって、すぐさま日本が参戦を求められることはありません。朝鮮半島有事がすなわち日本有事を意味する、というわけではないのです。

とはいえ、米国と同盟関係にある日本は、米国を介するかたちで、いわば間接的に韓国と安全保障上の結びつきを持っています。さらに、日本は朝鮮国連軍の参加国でなかったとはいえ、次節で述べるように、朝鮮戦争の当時から朝鮮国連軍と深い関わりを持っています。朝鮮半島有事において日本が局外者の立場を決め込むことは、客観的にみて難しいものと考えておくべきです。

日本が問われること

ここで、2023年に韓国の大統領がおこなった演説の一節を紹介しましょう。8月15日、日本の植民地支配からの解放を祝う光復節の記念式典で演壇に立った尹錫悦(ユンソンニョル)大統領は、日本とのパートナーシップの重要性を強調する文脈で、次のような事実に触れて国民に注意を喚起しました。

> 日本が国連軍司令部に提供する7カ所の後方基地は、北朝鮮の韓国侵攻を遮断する最大の抑止要因になっています。北朝鮮が侵攻する場合、国連軍司令部が自動的かつ即時的に介入して報復することになっており、日本の後方基地はそれに必要な国連軍の陸海空戦力が十分に備蓄されている場所です。国連軍司令部は、「ひとつの旗のもと」で大韓民国の自由を固く守るため核心的な役割を果たしてきた国際連帯の模範です。(傍点引用者)

1 朝鮮半島有事と日本の選択

尹大統領の言及した「7カ所の後方基地」が，一体いかなるものであるかについての説明は次節に譲ります。ここで確認したいのは，朝鮮半島有事において日本に期待される第一義的な役割が，国連軍司令部のもとで韓国防衛に乗り出す他国の軍隊に日本国内の基地を提供してその作戦遂行を下支えすることであり，そのような日本の役割が韓国の安全保障に照らして極めて重要なものとみなされているという事実です。言い換えれば，朝鮮半島有事において日本が問われるのは，まさに体を張って事態に対処しようとする他国の軍隊に対して，基地の提供をはじめとする軍事的な便宜の供与をどこまでおこなうかということなのです。

　一般に，交戦国の一方に何らかの軍事的な便宜を図ることは，程度の差はあれども当該国の戦争遂行の努力に加担することですから，敵対国からの攻撃を招くリスクをともないます。ましてや軍事基地は作戦行動の基盤であり，いざ戦闘が始まれば恰好の標的となるでしょう。また，実際の攻撃に至らずとも，敵対国は攻撃の可能性を示唆して脅迫することによって，そうした軍事的な便宜の供与を差し控えるように働きかけることができます。北朝鮮の『労働新聞』が掲載した次の論評は，そうした脅迫の典型例です（『労働新聞』2017年5月2日）。

> 万が一朝鮮半島で核戦争が起きた場合，米軍の兵站基地，発進基地，出撃基地となっている日本がまっさきに放射能の雲で覆われるであろう。（中略）日本の当局者らは，朝鮮半島でひとたび戦争が起きればもっとも大きな被害を受けるのはまさしく日本であるということをはっきりと知り，分別を持って行動すべきである。

残念ながら，北朝鮮によるこうした脅迫を，単なる虚勢とみて受け流すことはできません。長年にわたる核・ミサイル開発の結果，北朝鮮は「わが国を射程に収める弾道ミサイルについては，必要な核兵器の小型化・弾頭化などを既に実現し，これによりわが国を攻撃する能力を保有しているとみられる」というのが日本政府の評価です（防衛省 2023：99）。もちろん，こうした北朝鮮の及ぼす脅威に対して日本が無策なわけではなく，米国とも協力してミサイル防衛網を充実させています。しかし，軍事の世界でリスクがゼロになるということはそもそもありません。朝鮮半島有事において韓国防衛に乗り出す国々に軍事的な便宜を図ることのリスクは，「著しく増大している」と考えざるをえないのです（髙橋 2017：27）。

　こうして一朝有事となれば，日本は北朝鮮から核ミサイルを撃ち込まれるリスクを甘受してでも基地を提供して韓国防衛の努力に加担するのかどうか，という厳しい選択を突き付けられることになります。そして実のところ，その局面において日本に選択の余地がどこまであるかは，必ずしも自明ではありません。そのことを考えるために，まず次節では朝鮮戦争の当時に遡って，朝鮮国連軍と日本との関わりについてもう少し深くみておきましょう。

2　朝鮮国連軍と日本の関わり

朝鮮戦争と日本

　朝鮮国連軍と日本との関わりをみるうえでまず押さえておきたいのは，朝鮮国連軍が結成された時代背景の特殊性です。北朝鮮による韓国侵略を受けて米国が軍事介入を決意し，朝鮮国連軍を組織するに至った背景として，米ソ両陣営間の冷戦対立があったことは先

にも述べました。そして朝鮮戦争が勃発した当時，第2次世界大戦の敗戦から間もない日本はまだ米国を中心とする連合国軍の占領統治下にありました。つまり米国は，朝鮮半島からほど近い日本を足場として朝鮮戦争を戦うことができたのです。

　実は朝鮮国連軍を指揮したのは，日本占領の最高責任者でもあった米国陸軍元帥のダグラス・マッカーサーです。朝鮮国連軍の司令部は当初，連合国軍最高司令官総司令部（GHQ）／米極東軍司令部と兼ねて東京におかれます。そして，マッカーサーを朝鮮国連軍司令官に任命したのは米国のトルーマン大統領でした。米国がこうした権限を持つ根拠となったのは，朝鮮戦争の勃発を受けて1950年7月7日に国連安保理が採択した決議です。すなわち，国連安保理の勧告に応えて韓国防衛に乗り出す有志国の軍隊を「合衆国の下にある統一司令部」を受け皿として束ねること，その司令官を米国が任命すること，そしてその軍隊が「国際連合旗」を使用できることが定められたのでした。つまり朝鮮国連軍とは，「国連」の錦の御旗を掲げることを許された，米国の率いる有志連合軍であったわけです。これは国連憲章が本来想定した，安保理が指揮する国連軍のあり方に照らせば，かなり変則的なものでした。

　ここで，これほど見事に米国の意を呈した決議が国連安保理を通過したのはなぜなのか，安保理の常任理事国として拒否権を握るソ連は一体何をしていたのかと疑問に思う人もいるでしょう。実はこの時，ソ連の代表はまったく別の事柄──当時，中国の国連における代表権が中華人民共和国ではなく中華民国（台湾）に割り当てられていたこと──を理由に安保理への出席をボイコットし続けており，結果として拒否権を行使する機会を逃してしまったのでした。朝鮮国連軍が編成された背景には，このような歴史の偶然もあった

のです。

　さて，朝鮮国連軍と日本の関わりはマッカーサーの存在ばかりではありません。まず朝鮮国連軍の母体となったのは，占領軍として日本に駐留していた米軍部隊でした。朝鮮戦争への参戦が決まると，マッカーサーは米極東軍司令官として日本に駐留する隷下部隊を次々と戦線に投入します。九州から第24歩兵師団が，関西から第25歩兵師団が，そして関東から第1騎兵師団が朝鮮半島へと送り込まれました。こうして日本本土の防衛が手薄となるなかで，マッカーサーが日本政府に警察予備隊の創設を指令し，それがのちの自衛隊創設につながることも，ここで付言しておきましょう。

　さらに，戦争の期間を通じて日本全土が朝鮮国連軍の後方拠点としておおいに活用されたことが極めて重要です。特に朝鮮半島からほど近い福岡県の博多港や板付空軍基地，長崎県の佐世保港，山口県の岩国飛行場などが，朝鮮半島で作戦を展開する米軍の出撃拠点として，また輸送拠点として重要な役割を果たしました。また日本国内の工業力は装備の製造・整備に活用され，鉄道や船舶も軍需物資の輸送を担いました。さらに，戦場で負傷した兵士は日本国内の病院で治療を受けることができました。「もし日本という基地がなければ，アメリカを中心とする国連軍は朝鮮半島で戦線を維持することができなかったであろう」（坂元 2020：23）との指摘もうなずけます。

　かくして朝鮮戦争を通じて，米ソ冷戦下における日本の軍事戦略的な価値が実証されることとなりました。そしてそのことが，ほどなく米国が日本と同盟関係を結ぶに至る重要な伏線となります。

日本の独立と「吉田・アチソン交換公文」

　51年9月8日，日本はサンフランシスコ講和条約に調印し，翌52年4月の条約発効をもって占領統治からの独立を果たします。加えて，講和条約の調印と同じ日に，日本と米国は日米安全保障条約（旧日米安保条約）を締結しました。旧日米安保条約の第1条は，米国が自国の軍隊を「日本国内及びその附近に配備する権利」を持ち，この軍隊を「極東における国際の平和と安全の維持に寄与」するために「使用することができる」と定めています。すなわち日本の独立後も，朝鮮半島を含めた「極東」の平和と安全のために米国が在日米軍基地を使用できることを明確にしたのでした。このいわゆる「極東条項」は，60年の日米安保条約改定を経て，現行の日米安保条約にも第6条としてほぼそのままに引き継がれています。

　さらに，旧日米安保条約の調印に際して吉田茂首相と米国のアチソン国務長官は，「吉田・アチソン交換公文」と呼ばれる文書を取り交わします。これは，朝鮮戦争を通じて日本が「施設及び役務」を提供することにより「国際連合の行動に重要な援助を従来与えて」きたことを想起したうえで，講和後も日本がその役割を果たし続けることを日米間の合意として確認するものでした。まだ朝鮮戦争が続く最中にあって，朝鮮国連軍による戦争遂行の努力を妨げないことは，日本が独立を果たすうえでの大前提だったのです。

　その後，朝鮮戦争が休戦協定をもって幕引きとなり，いわば紛争が凍結されたままに残ったことにより，吉田・アチソン交換公文に規定された日本の役割は意味を持ち続けることになりました。事実，同交換公文は60年の安保改定時に新たに取り交わされた「吉田・アチソン交換公文等に関する交換公文」によってその効力の継続が確認され，現在に至っています。韓国防衛に取り組む米国を，基地

の提供によって日本が下支えするという朝鮮戦争以来の役割分担の構図は，戦後日米関係の基層に深く刻み込まれているのです。

　とはいえ，こうして占領期から引き継がれた日米の役割分担の構図は，米国による基地使用のあり方に日本がどこまで口を出せるのかという点で，日本の主権との関係に緊張を残すものでした。この点は，その後の日米関係において繰り返し問われることになります。その展開については節を改めて取り上げますが，その説明に移る前に，朝鮮戦争の休戦後に築かれた日本と朝鮮国連軍との関係についてみておきましょう。それはとりもなおさず，尹錫悦大統領が言及した「7カ所の後方基地」について説明することでもあります。

在日国連軍基地
　54年，日本は朝鮮国連軍参加国とのあいだで「日本国における国際連合の軍隊の地位に関する協定（国連軍地位協定）」を結びます。これは国連軍として日本に駐留する外国軍の軍人・軍属・家族の法的地位（権利・義務や待遇）について定めたもので，現在でも有効です。そして同協定の第5条は，在日米軍基地のうち，日本政府が同意するものについて国連軍が使用できることを規定しています。なお，同協定に付属する合意議事録によれば，日本が国連軍に提供する基地は「朝鮮における国際連合の軍隊に対して十分な兵たん上の援助を与えるため必要な最少限度に限る」とされています。

　在日米軍基地のうち，今日この国連軍地位協定に基づいて国連軍基地に指定されているのは，キャンプ座間，横須賀海軍施設，佐世保海軍施設，横田飛行場，嘉手納飛行場，普天間飛行場，ホワイトビーチ地区の7つです。有事において作戦上重要な役割を担う主要な米軍基地が，国連軍基地として指定されていることがわかりま

図6-1 在日国連軍基地

出所：United Nations Command

す。

また、これらの国連軍基地の存在に加えて、日本には朝鮮国連軍の後方司令部がおかれています。これは、57年に朝鮮国連軍司令部が東京からソウルへと移された際、韓国の国連軍司令部と在日国連軍基地との連携を維持するために設けられたもので、現在は東京の横田飛行場におかれています。もっとも、後方司令部といっても平時においては司令官3名が常駐するほかは、在京の関係国大使館に駐在する武官が朝鮮国連軍の連絡将校を兼ねているのみで、組織として大規模なものではありません。

なお、これらの在日国連軍基地をめぐっては今日、有事対応とは異なる角度からその有用性に光が当てられています。近年、北朝鮮が国連安保理の経済制裁を逃れるために洋上で船舶の積荷を移す密輸取引（「瀬取り」）をおこなっている問題を受けて、日本周辺海域では関係各国が航空機や船舶を派遣して国際的な警戒監視活動に取り組んでいます。その際に、オーストラリアやカナダ、フランスといった国連軍地位協定の署名国は、同協定に基づいて、嘉手納飛行場や普天間飛行場を拠点として活用しています。朝鮮半島の平和と安全を見据えた多国間連携のハブとして、在日国連軍基地はその機能を現実に発揮しているのです。

3 日米同盟にとっての朝鮮半島有事

事前協議制度の導入と「朝鮮議事録」

　前節までで，朝鮮戦争を契機とした朝鮮国連軍と日本との関わりについて，そしてそれらを踏まえて形成された日米関係の基層——米国が日本を含めた極東地域の安全を保障し，日本がそのための基地を提供するという役割分担——について，概略をみてきました。また，そうして占領期から引き継がれた日米の役割分担の構図には，米国による基地使用のあり方と日本の主権との関係において緊張が残ったことに触れました。この点は，戦後日米関係の通奏低音として両国のあいだで繰り返し取り上げられることになります。そしてその過程では，「朝鮮議事録」と呼ばれる密約も生み出されました。

　1960年1月，日米両国は安保条約を改定します。安保改定の目玉のひとつは，米国による基地使用のあり方について日本が発言権を持つ仕組みを設けた事前協議制度の導入でした。そもそも講和条約と併せて結ばれた旧日米安保条約は，米国による日本防衛の義務が明確でないままに米国による基地使用の権利ばかりが明記されるなど，戦勝国と敗戦国の力関係が色濃く投影された，主権国家間の条約としては体裁の悪いものでした。そして，そのことに対する日本国内の不満，とりわけ米国の基地使用のあり方について日本が発言権を持たないとすれば日本の主権に照らして問題であるといった批判の声は，同盟関係を運営する日米両政府にとって看過しえないものとなっていたのです。

　かくして，新安保条約の調印と同じ日に，「条約第六条の実施に関する交換公文」（「岸・ハーター交換公文」）が取り交わされます。

それは，米軍が「極東」の平和と安全のためにおこなう「戦闘作戦行動」の発進基地として在日米軍基地を使用するにあたっては，日米両政府間の事前協議が必要となることを定めたものでした。すなわち，安保条約の「極東条項」に基づく米軍の基地使用のあり方について，日本が発言権を確保して一定の制約が加えられることとなったのです。

しかし，こうして安保改定により事前協議制度を導入した一方で，日米両政府は不公表の極秘文書を作成して，事前協議制度に重大な例外を設けることに合意します。それが，当時の藤山愛一郎外相とマッカーサー駐日大使とのあいだで取り交わされた，いわゆる「朝鮮議事録」です。60年1月6日付の同文書には，「米軍が直ちに日本からの戦闘作戦行動を取らなければ国連軍として休戦協定違反の武力攻撃を撃退できない」事態が起こりうるとして，そうした事態における在日米軍基地の使用について日本政府の見解を問うマッカーサー大使と，それに応えて「朝鮮国連軍への攻撃による緊急事態の例外的な措置」として「国連統一司令部の下にある在日米軍によって直ちにおこなう必要のある戦闘作戦行動のために日本国内の施設及び区域が使用されうる (may be used)」というのが日本政府の見解であることを述べる藤山外相のやり取りが記録されています。すなわち，朝鮮半島有事の場合に限っては事前協議の手続きを経ずして米軍が在日米軍基地から戦闘作戦行動を展開できるという秘密の了解を，日米両政府は取り交わしていたのでした。

こうした密約は安保改定交渉の当初から意図されていたものではなく，日米両国が交渉を進める過程で，新たに導入する事前協議制度と吉田・アチソン交換公文の整合をどのようにして図るかという問題に行き当たったすえに見出された，いわば苦渋の策でした。韓

国防衛の責務を全うするための基礎として吉田・アチソン交換公文の内容を重視する米軍部は、安保改定によって同交換公文の効力が弱められてはならないとの立場を有力な上院議員を味方につけて強力に主張したのであり、米国議会による新安保条約の批准を目指すうえでも両国の交渉当事者はそうした主張を無視しえなかったのでした。なお、この密約の存在について日本政府が公に認めるのは、安保改定からおよそ半世紀後のことです。

「韓国条項」と密約の効力

期せずして朝鮮議事録という密約を抱え込むことになった日本政府の当局者は、ここで発想の転換を図ります。朝鮮議事録の趣旨は、朝鮮半島有事においては米軍による在日米軍基地の使用に制約が課されるべきではないという一点にありました。そこで、むしろ日本政府として、朝鮮半島有事の際には事前協議において率先して米国の必要を満たす意思があることを対外的に宣言することにより、朝鮮議事録の意義を、そしてあわよくばその効力を薄めてしまおうとの考えに傾くのです。

そうした日本政府の企図が表現されたのが、69年11月の日米首脳会談の共同声明と、それと併せて佐藤栄作首相がワシントンでおこなった演説です。まず、共同声明において佐藤首相は、「朝鮮半島の平和維持のための国際連合の努力を高く評価」するとして「韓国の安全は日本自身の安全にとって緊要である」との認識を披歴しました。いわゆる「韓国条項」です。さらに共同声明の発表と同じ日にナショナル・プレス・クラブでおこなった演説でも佐藤首相はその認識を再度表明したうえで、次のように述べたのでした。

> 万一韓国に対し武力攻撃が発生し，これに対処するため米軍が日本国内の施設，区域を戦闘作戦行動の発進基地として使用しなければならないような事態が生じた場合には，日本政府としては，（中略）事前協議に対し前向きに，かつすみやかに態度を決定する方針であります。（傍点引用者）

　このときの日米首脳会談は，沖縄の施政権返還について両国が合意に至る，極めて重要なものでした。そして，沖縄返還に向けた日米交渉の大きな争点のひとつは，返還後の沖縄にある米軍基地の使用について，日本が米国の立場にどこまで歩み寄るかにありました。それまで米国の統治下にある沖縄で基地を自由に使用していた米軍は，施政権の返還によって沖縄の米軍基地までもが事前協議制度の対象となり，基地使用に制約が課されることを警戒していたのです。逆にいえば，安保改定の際に米国が事前協議制度の導入を受け入れた背景には，その当時は沖縄の基地を自由に使用できていたという事情がありました。こうした米国の立場への歩み寄りとして，朝鮮半島有事における事前協議においては「前向きに，かつすみやかに態度を決定する」との政治的な意思を，日本は表明したのでした。

　さて，それでは韓国条項と佐藤首相の演説によって，朝鮮議事録は過去のものとなったのでしょうか。実はこのとき，朝鮮議事録の扱いについて日米間で明白な決着がつけられることはありませんでした。その後，米国は政府内での検討を経て，朝鮮議事録を「正式に消滅させることはしない」との決定を74年に下しています。「密約の効力については今なおあいまいな部分が残る」（千々和2022: 31）というのが専門家の見解です。

「人と人との協力」の模索

　ここまで，朝鮮半島有事において日本が果たす後方拠点としての役割に焦点を当てつつ，日米韓3カ国の安全保障が在日米軍基地を介して結びついている様子をみてきました。そのあり方は，「極東」地域の平和と安全を念頭においた日米の同盟協力が，日本が基地を提供し，米国が軍隊を派遣するという，いわゆる「物と人との協力」の次元を主軸としてきたことの反映でもあります。とはいえ，朝鮮半島有事において日本に期待される役割は，その次元にとどまるものではありません。有事における自衛隊と他国軍との協力という「人と人との協力」の次元においても，連携の地平は拡がりつつあります。

　そうした展開のきっかけとなったのは，1993-94年に北朝鮮と米国が軍事衝突の間際まで立ち至った第1次北朝鮮核危機です。核開発の疑惑を晴らすことなく，むしろ国際的な核不拡散体制に背を向けて「ソウルを火の海にする」「制裁発動は宣戦布告とみなす」と恫喝を繰り返す北朝鮮を前にして米国が武力行使も辞さない姿勢で対峙したことから，一触即発の緊迫した事態となったのでした。このとき，日本には戦争の可能性に備える米国から，燃料や物資・武器・弾薬の補給，機雷掃海，情報収集，米艦防護，船舶検査といった極めて広範な協力要請が寄せられます。しかしその時の日本には，そうした踏み込んだ協力をおこなう心構えも，ましてや国内法上の準備もありませんでした。

　幸いにして，第1次北朝鮮核危機は有事に至ることなく収束します。しかしその時の経験は，日本政府当局者に強烈な印象を残しました。「朝鮮半島の有事といった事態において日本の安全は米国に大きく依存せざるを得ないが，日本が米国と十分な協力関係を維

> **コラム6 「インド太平洋」時代の日米韓連携**　近年，米国と中国の競争関係が国際政治の現実となりつつあることにともなって，「インド太平洋（Indo-Pacific）」という地域概念が広く用いられるようになりました。この用語には，インド洋と太平洋にまたがる広大な地域をひとつの面として捉えることにより，地域秩序を支えるための広範な多国間連携の動きを盛り立てていこうとする志向性をみてとることができます。
>
> 実は，この「インド太平洋」の地域概念を早くから提唱したのは，ほかでもない日本です。2010年代半ばに日本が唱え始めた「自由で開かれたインド太平洋（Free and Open Indo-Pacific）」というスローガンは，ほどなく米国が受け入れ，オーストラリアやインドと並んで韓国もこれに賛同するようになりました。今日，日米韓3カ国の連携は「インド太平洋」の地域秩序を支える主柱のひとつとして位置づけられています。
>
> もちろん，ともに米国の同盟国ではありつつも，日本と韓国のおか

持できないといったこととなれば，米国は日本を守るに値する国と考えるであろうか」（田中 1994：64）。こうした，同盟国の米国から「見捨てられる」ことへの不安に駆られるようにして，日本はその後，極東有事における日米共同対処の枠組みの整備に邁進していきます。

その直接的な帰結は，極東有事に対処する米軍に対して自衛隊が後方支援活動をおこなうことを打ち出した日米防衛協力のための指針（いわゆる「ガイドライン」）の改定（97年）であり，そのための国内法上の裏付けとなる周辺事態法（99年）の制定です。さらに，2015年の平和安全法制の制定にともなって周辺事態法は重要影響事態法と改められ，自衛隊が後方支援活動をおこなう対象は米軍だ

> れた地政学的な条件は同じではありませんから，両国の対中政策には少なからずニュアンスの違いがあります。とはいえ，米国と中国の競争関係という大きな構図のもとで，日韓両国の戦略的な立ち位置がますます近づいていることも確かです。
>
> 　たとえば，米中関係の最大の焦点である台湾問題について，日本と韓国はともに無関心ではありえません。いざ台湾有事となれば，基地を提供して地域における米国の軍事プレゼンスを支えるという日韓両国の役割が，改めて問われることになるからです。
>
> 　朝鮮半島有事のシナリオにおいて，在日米軍基地使用のあり方について発言権を確保しようとする日本の取り組みは，韓国からすれば自国の安全保障を妨げかねない懸念の対象として映ります。しかし台湾有事のシナリオを念頭におくと，日韓の役割はむしろ重なってくるのです。同じ目線に立って地域秩序を支えるパートナーとしての関係を日韓両国が築けるか，それは「インド太平洋」時代の行く末を左右する重要な要素のひとつでしょう。

けでなく「国連憲章の目的の達成に寄与する活動をおこなう外国の軍隊」を含むものへと拡大されます。また，自衛隊がおこなう後方支援活動の内容も，従来の「補給，輸送，修理・整備，医療，通信，空港・港湾業務，基地業務」に加えて，「弾薬の提供」や「戦闘作戦行動のために発進準備中の航空機に対する給油及び整備」を新たに含むことになりました。

　日本は憲法9条において「国際紛争を解決する手段」としての武力の行使を放棄しており，日米韓3カ国の安全保障上の連携が青天井というわけではありません。自衛隊による後方支援活動についても，他国による武力の行使と一体化することを回避するために，あくまでも「現に戦闘行為が行われている現場では実施しない」こ

3　日米同盟にとっての朝鮮半島有事

とが定められています。また韓国の側にも，日本との安全保障上の連携を追求することへの歴史を踏まえた忌避感は依然として残っています。ただ，そうした制約のなかでも紆余曲折を経て日米韓の安保連携が徐々に進展してきたことも，また確かなのです。

＊本章の内容は執筆者個人の見解であり，所属する組織を代表するものではありません。

参考文献

オーバードーファー，ドン，ロバート・カーリン／菱木一美訳『二つのコリア——国際政治の中の朝鮮半島〔第3版〕』共同通信社，2015年

川名晋史『在日米軍基地——米軍と国連軍，「2つの顔」の80年史』中公新書，2024年

栗山尚一／中島琢磨・服部龍二・江藤名保子編『外交証言録——沖縄返還・日中国交正常化・日米「密約」』岩波書店，2010年

坂元一哉『日米同盟の絆——安保条約と相互性の模索〔増補版〕』有斐閣，2020年

高橋杉雄「北朝鮮核問題と拡大抑止」日本国際問題研究所『安全保障政策のリアリティ・チェック』，2017年

田中均「北朝鮮核疑惑問題を検証する」『外交フォーラム』70，1994年

千々和泰明『戦後日本の安全保障——日米同盟，憲法9条からNSCまで』中公新書，2022年

南基正／市村繁和訳『基地国家の誕生——朝鮮戦争と日本・アメリカ』東京堂出版，2023年

春名幹男「朝鮮半島有事と事前協議」いわゆる「密約」問題に関する有識者委員会『いわゆる「密約」問題に関する有識者委員会報告書』，2010年

船橋洋一『同盟漂流』岩波書店，1997年

防衛省編『令和5年版 日本の防衛——防衛白書』，2023年

道下徳成・東清彦「朝鮮半島有事と日本の対応」木宮正史編『朝鮮半島と東アジア』岩波書店，2015年

外務省「朝鮮国連軍と我が国の関係について」
　https://www.mofa.go.jp/mofaj/na/fa/page23_001541.html

第7章 韓国の経済安全保障戦略

曖昧性から明確化へ

金 ゼンマ

⇒ 2019年に韓国で展開された「No Japan運動」。
出所：Penta Press/ 時事通信フォト

1 「ニュー・ノーマル」な国際秩序と韓国

「ニュー・ノーマル」な国際秩序と米中競争

　近年，米中競争は世界を「ニュー・ノーマル」の時代に導いています。ニュー・ノーマルとは，従来の常識やパラダイムが通用しなくなり，新しい現実や標準が形成されることを意味します。コロナ・パンデミック後，世界は経済，技術，地政学など多方面で新しい局面に入りました。

　特に半導体産業における米中競争は激化しており，アメリカは中国への技術輸出を規制し，中国は自主的な技術開発を推進しています。過去数年間，両国は関税をめぐる貿易戦争を展開しましたが，パンデミック後もサプライチェーンの見直しや経済圏の再編が進行中です。米中両国の経済的な「デカップリング（分離）」が進み，それぞれの経済圏を構築しようとしています。

　地政学的な競争においては，アメリカはインド太平洋地域における影響力を強化し，中国は「一帯一路」構想を通じてプレゼンスを拡大しています。これらの動きはパンデミック後の世界でますます顕著になり，米中競争の新局面として定着しています。

　さらに，貿易や技術の流れが国家安全保障に与える影響を重視する「経済の安全保障化」が進んでいます。サプライチェーン管理や輸入制裁を通じて経済的相互依存が武器化されています。特に2020年以降，インド太平洋地域では米中の覇権競争により地政学的な緊張が高まっていて，パンデミック危機によるグローバル・サプライチェーンの崩壊がその背景にあります。

　アメリカは重要技術のサプライチェーン強化のため，「リショア

リング」と「フレンド・ショアリング」を推進しています。リショアリングは生産拠点を海外から国内に戻し，雇用創出と安全性向上を図る戦略であり，フレンド・ショアリングは友好国に生産拠点を移し，リスクを分散させる戦略です。一方，中国はアメリカとのデカップリングに対応し，国内で完結する「赤いサプライチェーン」を構築し，特に半導体などの先端技術で自立を目指しています。この米中競争の激化により，グローバル通商秩序の分断が進む可能性が高まっています。

こうした対立は「新冷戦」とも称されますが，米中両国はすでに深い相互依存関係にあり，完全なデカップリングは難しいとされています。さらに，22年のロシアのウクライナ全面侵攻により，地政学的な衝突が経済に与える影響への関心が高まり，「経済安全保障」が国際政治の新たなパラダイムとして浮上しています。

このようななかで，韓国は独自の戦略を模索しています。韓国は米中両国との経済関係が深いため，バランスをとることが求められています。特に半導体や電子機器の製造においては重要な役割を果たしており，米国との協力を強化しつつ，中国市場への依存を維持するバランス戦略を展開しています。韓国は，この複雑な国際情勢のなかで，経済安全保障を強化しながら，自国の利益を最大化するための方策を模索し続けています。

相互依存の武器化

経済安全保障とは具体的に何を意味するのでしょうか。それは，戦略的な自律性を高め，他国への依存を減らすことで，経済的な脅威を未然に防ぐことを目的としています。自民党の提言ではこれを国家の独立と生存および繁栄を経済面から確保することと定義して

おり，その実現には政府の規制や補助金を通じた戦略基盤産業の強化が不可欠と説いています。近年の議論では，経済制裁，エネルギーや重要物資の安定供給などが含まれ，その範囲は広範にわたります。

　経済安全保障の重要な概念のひとつに「相互依存の武器化」があります。これは，相互依存が外交の手段——強制力——として利用される現象を示しています。経済的な相互依存は関係国に利益をもたらしますが，高いコストやリスクをともないます。著名な国際政治学者のロバート・コヘインは，相互依存の非対称性が国家を脆弱にし，パワーが作用する可能性を指摘しました。経済交流の拡大により，特定のハブにパワーが集中することになると警鐘を鳴らしました。

　このように，経済安全保障は国家の経済的自律性と安定を確保するための重要な戦略です。国際政治経済学の一環として，その重要性は今後も高まり続けるでしょう。コロナ・パンデミックによってサプライチェーンの脆弱性が明らかになり，韓国を含む多くの国がサプライチェーンの強靭性(レジリエンス)を強化しています。

「曖昧な」外交とその変遷

　韓国もいまでこそ経済安全保障に焦点を当てた政策を進めていますが，それはごく最近の現象です。それまで経済安全保障が焦点化されてこなかった背景には，「曖昧な」経済外交が存在します。朝鮮戦争以来，韓国は外部の脅威に対する軍事的安全保障に焦点を当ててきました。北朝鮮との緊張関係が続くなか，軍事的脅威への備えが最優先事項となり，これが韓国の安全保障政策に強く影響しました。そのため，経済安全保障に対する関心は相対的に低かったと

考えられます。

　韓国は「戦略的曖昧性」に基づいた経済政策を実施し，米国との同盟を維持しつつも中国を遠ざけないバランス外交をおこなっていました。たとえば，16 年に韓国が北朝鮮のミサイル脅威に対処するために THAAD（高高度防衛ミサイル）の配備を決定した際，中国はこれに強く反発し，韓国企業に対する非公式の経済制裁をおこないました。韓国の観光産業が大きな影響を受け，K-POP スターの中国での活動が制限されました。対する韓国政府は直接的な対抗措置を避け，外交的なルートで問題解決を図ろうとしました。

　また，17 年には米国のトランプ政権が韓国との FTA（自由貿易協定）再交渉を求め，在韓米軍の駐留経費の負担増を要求しました。韓国はいくつかの分野で譲歩をおこない，米国との同盟関係を維持するための施策をおこないました。20 年に米中貿易戦争が激化した際，韓国は中立的な立場を保ちつつ，双方との経済関係を維持しようと努めました。22 年には，米国は自国主導の半導体供給チェーンの安全保障枠組みである「Chip 4」への参加を韓国に促しました。韓国はこれを前向きに検討しつつも，中国に配慮したかたちの政策をとっています。

　このように韓国は経済安全保障において「反応的」なアプローチをとってきたことがわかります。国際政治における地政学的動きに対して慎重な対応を示してきましたが，21 年に対外経済安保戦略会議を新設し，経済安保戦略を核心的な国政課題として位置づけました。これにより，従来の戦略的曖昧性からの脱却を図り，経済安全保障への取り組みを強化しています。

　その背景には，THAAD 配備にともなう中国の報復措置や，19 年の日本による半導体材料の輸出管理体制の見直しなどの一連の出

来事を受け，韓国において経済安全保障への関心が急速に高まったことがあります。韓国は，半導体技術の国内育成を図るとともに，積極的なFTAの推進により経済安全保障を強化しています。

日本との対照

日本の経済安全保障政策はほかの主要国と比べて際立っています。日本政府は経済安全保障を明示的な政策目的として掲げ，戦略的自律性と戦略的不可欠性を強調しています。「戦略的自律性」とは，他国に過度に依存しない経済構造を築くことで，国内生産能力の向上とサプライチェーンの多様化を図ります。20年には国家安全保障局に経済班を新設し，22年には経済安保推進法を成立させました。この法律は，サプライチェーンの強化，サイバー攻撃からの防護，先端技術の官民協力，特許の非公開を柱としています。「戦略的不可欠性」とは，日本の存在を国際社会にとって不可欠なものとすることで，CPTPP（環太平洋パートナーシップに関する包括的及び先進的な協定）を通じてデジタル貿易やインフラ整備の規範設定を主導し，国際的影響力を高めています。

この包括的なアプローチは，韓国にとっても参考になります。韓国も多国間協定やデジタル貿易の規範設定に積極的に関与し，エネルギー供給の安定性を確保する取り組みをおこなう可能性を検討してもいいかもしれません。

2 経済安全保障からみた韓国のFTAとTPP

経済安全保障とFTA

韓国の経済安全保障において，FTAは重要な役割を果たしてい

ます。2024年4月現在，韓国は米国，中国，EU，日本，インド，ASEAN（東南アジア諸国連合）などと59のFTAを締結しています。これらの協定は関税の引き下げ，非関税障壁の削減，サービス貿易の自由化，投資の保護，知的財産権の強化などを含み，多様な市場へのアクセスを確保し，輸出を促進しています。

FTAは特定の市場や国に依存するリスクを分散させ，経済的安定性を高めます。また，半導体やバッテリーなどの重要産業分野で安定したサプライチェーンを構築し，国際競争力を維持します。さらに，FTAは地政学的影響力の強化にもつながり，韓国の経済的プレゼンスを高め，地域内でのリーダーシップを発揮する基盤となっています。たとえば，米韓FTAにより，韓国は米国市場へのアクセスを拡大し，貿易と投資を増加させました。これにより，韓国の輸出産業に対して重要な市場を提供し，経済安全保障にも寄与しています。

韓国の「経済領土」と米韓FTA

韓国は「経済領土」を通じて経済的影響力を拡大しています。経済領土とは，FTAや海外投資，グローバル・サプライチェーンを通じて韓国が経済的に影響力を持つ地域を指します。韓国は「開放型小経済」（オープン・スモール・エコノミー）であり，国内市場の規模が限られているため，国外市場へのアクセスが経済成長の鍵です。

2000年代初頭から韓国はFTA戦略を積極的に推進し，07年に締結された米韓FTAはその象徴です。米韓FTAの交渉では，自動車産業，農産物市場の開放，ISDS（投資家対国家間の紛争解決条項）が主要な争点でした。ISDSは，外国投資家がホスト国政府を国際仲裁機関に訴えることを可能にする条項です。特に自動車と牛肉の

輸入について激しい議論があり,農業団体や労働者団体の反対運動も激しいものがありました。

米韓FTAの経済的意義として,韓国の主要交易相手国かつ世界最大の市場を持つ国とのFTAであり,国内農業部門の効率性向上が目指されました。李明博(イミョンバク)大統領は「韓国は国土は狭いが,経済領土は世界一だ」と述べ,貿易依存度の高い韓国の戦略を強調しました。政治的には,米韓同盟の強化や交渉技術の蓄積につながり,米韓双方から高く評価されています。

「同時多発的なFTA」推進と政策転換

「通商国家」韓国は当初,WTO(世界貿易機関)を中心とした多国間貿易システムに依存していましたが,1997年のアジア通貨危機を契機にFTA戦略に転換しました。この危機により,韓国経済の脆弱性が露呈し,輸出市場の多様化と安定的なサプライチェーンの構築が急務となりました。

韓国は「同時多発的」FTA推進戦略を採用し,複数の国・地域と並行してFTA交渉を進め,多数のFTAを締結しました。2015年には韓中FTAを締結し,中国市場へのアクセスを確保するとともに,地政学的リスクを軽減しました。これにより,韓国は経済安全保障を強化しました。

さらに,22年1月に発効したRCEP(地域的な包括的経済連携)により,韓国の経済領土はさらに拡大しました(図7-1)。RCEPは,世界全体のGDP(国内総生産)の約30%を占める自由貿易協定で,ASEANとオーストラリア,中国,日本,韓国,ニュージーランドが加盟しています。RCEPはCPTPPに比べて基準が緩やかで,知的財産権,労働基準,環境保護などの分野で規定が厳しくあ

図 7-1　RCEP, CPTPP の現況（2024 年現在）

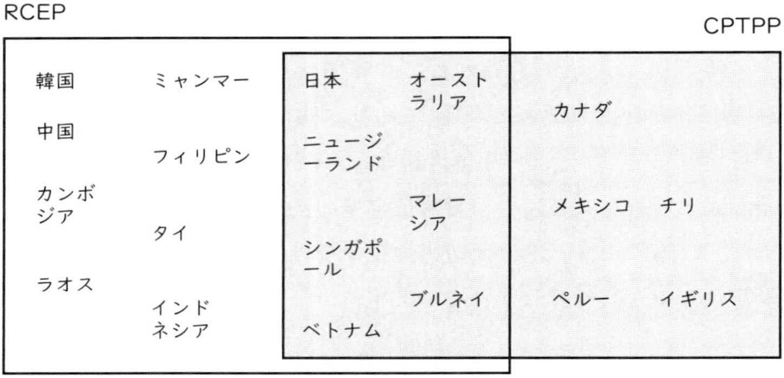

RCEP				CPTPP	
韓国	ミャンマー	日本	オーストラリア	カナダ	
中国	フィリピン	ニュージーランド			
カンボジア	タイ		マレーシア	メキシコ	チリ
ラオス		シンガポール			
	インドネシア		ブルネイ	ペルー	イギリス
		ベトナム			

出所：アジア研究所

りません。参加国が多様であるため，最低限の共通規則を設けることで合意に至ったのです。

　インドは 2019 年に RCEP から離脱しましたが，韓国は RCEP を通じて国際市場での競争力を強化し，経済的影響力を拡大しています。これらの戦略により，韓国は経済領土の拡大を通じて経済的プレゼンスを高め，国際市場での競争力を維持し続けています。

TPP・CPTPP への道のり

　TPP（環太平洋パートナーシップ協定）は，高い市場開放水準を保ち，参加国間での経済的統合を深化させることを目指しています。それは，関税，サービス，投資，電子商取引，知的財産など幅広い分野で 21 世紀型の新たな経済統合ルールを構築する取り組みです。当初，TPP の加盟国は 12 カ国でしたが，米国が 17 年に離脱し，18 年 12 月に残った 11 カ国で CPTPP として発効しました。その後，23 年 7 月にイギリスが正式に加盟し，CPTPP の加盟国は

表 7-1　CPTPP概要（2024年現在）

メンバー国	12カ国
GDP	14.8兆ドル（全世界の15%）
人口	5.8億人
主な内容	・農水産物と工業製品の域内関税撤廃 ・域内単一原産地基準の適用 ・データ取引の活性化，国有企業の補助金支援の制限

出所：アジア研究所

12カ国に増加しました（表7-1）。

　韓国はオバマ米大統領からなんどもTPP参加を求められていましたが，曖昧な態度をとり続けました。韓国がTPPに参加しなかった理由は複数あります。まず，国内での政治的反対が強かったことです。特に農業分野からの強い反対がありました。韓国の農業セクターは，TPPへの参加が大きな打撃を与えると懸念していました。

　さらに，韓国はすでに米国との二国間FTAを締結していました。当時，日本や中国がまだ米国とのFTAを締結していないなかで，韓国は米国とのFTAを持っている唯一の国でした。このため，日米が主導するTPPにあとから参加することのメリットが見込めないと考えられました。また，当時は中国とのFTA交渉中であり，これもTPP参加の優先度を低くする要因となりました。

　現在，韓国はCPTPPへの参加を検討しています。韓国政府はCPTPPへの参加により，特に日本，カナダ，オーストラリアなどの市場へのアクセスが拡大することで，日韓FTAが滞っているなかでの実質的な日韓FTAの効果を期待しています。日韓FTA交渉は歴史問題をめぐる対立が影響し，15年から止まっています。また，経団連や韓国の経済団体も，競合する経済構造のため積極的ではありません。日本と韓国の経済構造は多くの産業で競合しており，

特に自動車，電機・電子製品などの分野での競争が激しいため，FTAが両国に与える影響について慎重な立場をとる企業が多いのです。そのため，現時点で日韓FTAの交渉再開の見込みは立っていません。

　CPTPPへの参加は，韓国が経済安全保障を確保するための重要な手段であり，地政学的な安定を促進する意味もあります。米国がTPPから離脱し，中国がCPTPPへの加盟を申請しているため，韓国は中国との関係をあまり気にせずに参加を検討できる状況になっています。ただし，依然として阻害要因も存在します。特に農業セクターからの反対が強く，国内の政治的対立が参加を難しくしています。また，19年の日本による半導体材料輸出管理体制の見直しは，第4節でくわしく説明しますが，韓国にとって経済安全保障の観点からCPTPP参加の重要性を再認識させる出来事となりました。この事件により，サプライチェーンの多様化の必要性が強く叫ばれ，CPTPPへの参加がその手段として再評価されたのです。

　韓国政府は24年の「通商政策ロードマップ」にCPTPP加入に関する計画を含める予定でしたが，国内調整が難航し，最終的に盛り込むことができませんでした。しかし，国内の反対意見を調整しながら，CPTPP参加に向けた基盤整備を進めています。CPTPPは，韓国にとって経済安全保障を強化し，国際市場での競争力を向上させるための重要な手段とされています。

3　「曖昧な」経済外交からの脱却
　　　──韓国のインド太平洋戦略

中国の「一帯一路」──債務の罠？

　「一帯一路（BRI：Belt and Road Initiative）」構想は，2013年に

中国の習近平国家主席によって提唱された大規模な経済プロジェクトです。この構想は，陸路の「シルクロード経済ベルト」と海上の「21世紀海上シルクロード」の2つから成り立ち，アジア，ヨーロッパ，アフリカを網羅して貿易とインフラの発展を促進することを目的としています。そのための資金は，中国が主導して設立したAIIB（アジアインフラ投資銀行）やシルクロード基金から提供されています。

BRIに対する評価は賛否両論です。肯定的な見方として，途上国で必要とされるインフラ整備が進むことで貿易が活発化し，参加国の経済成長を促進するだけでなく，地域の安定にもつながるというものがあります。たとえば，道路や鉄道の建設によって物流がスムーズになり，ビジネスチャンスが増えるといったメリットがあります。

一方で，BRIは中国の地政学的な支配を強化する手段にすぎないという批判があります。一部の参加国が高額な借款を返済できず，インフラの運営権を中国に譲渡する「債務の罠」が懸念されています。たとえば，スリランカのハンバントタ港の運営権が中国企業に99年間譲渡されたケースがあります。これは，スリランカが借金を返済できなかったためです。

さらに，インフラ投資による政治的不安定というリスクも指摘されています。パキスタンの「CPEC（中国・パキスタン経済回廊）」では治安問題が深刻です。CPECは，中国とパキスタンが共同で新疆ウイグル自治区からパキスタンのグワダル港までのあいだに道路や鉄道などのインフラを整備するプロジェクトですが，パキスタンでは武装勢力による攻撃が頻発しています。彼らは，中国のプロジェクトが地元住民を搾取していると反発しているのです。

このように，BRIには経済成長を促進する側面と，地政学的なリスクや債務の罠といった問題が同時に存在しています。参加国には，プロジェクトのメリットとリスクの両方を慎重に評価することが求められています。

FOIP戦略とIPEFの争点

中国のBRIに対抗するかたちで，米国は「FOIP（自由で開かれたインド太平洋）」戦略を打ち出しています。FOIP戦略は，地域内での民主主義と法の支配を強調し，自由な航行と法の支配，経済的繁栄，安全保障の3つを柱としています。南シナ海を含む国際水域での自由な航行を確保し，国際法に基づく秩序を維持することを重視しています。この戦略は，トランプ政権下で明確に打ち出されましたが，バイデン政権もこれを引き継ぎ，強化しています。

戦略の形成過程では，日本，オーストラリア，インドとのQUAD（4カ国対話）が重要な役割を果たしました。QUADは，インド太平洋地域における安全保障協力を強化するための多国間協議の枠組みであり，地域内での安全保障を強化することを目的としています。

韓国は，QUADに正式なメンバーとして参加していませんでした。文在寅(ムンジェイン)政権期の康京和(カンギョンファ)外交部長官は，中国を気遣い「他国の利益を排除するいかなることもよいアイデアではない」と述べ，QUAD参加を否定しました。一方，尹錫悦(ユンソンニョル)政権は「QUADプラス」の枠組みを通じて協力を強化することを目指しています。これは，韓国とベトナム，ニュージーランドを含めた「拡大版NATO」ともいわれるものです。

IPEF（インド太平洋経済枠組み）は，バイデン政権が22年に打ち

図7-2 インド太平洋地域における多国間経済協定とIPEF

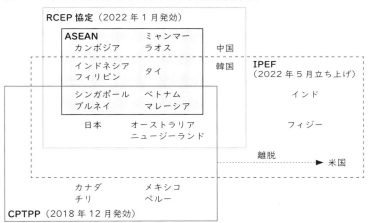

出所：外務省

出した経済イニシアチブです。FOIPと異なり，IPEFは具体的な経済政策に焦点を当てています。この枠組みは，貿易，サプライチェーン，インフラとクリーンエネルギー，税制と反汚職の4つの要素を含んでいます。FOIPは，主に安全保障と国際秩序の維持を目的とする包括的な戦略ですが，IPEFはそのなかで経済的な側面を補完するかたちとなっています。

しかし，IPEFは伝統的なFTAと異なり，市場アクセスや関税削減措置を含まない点が問題視されています。参加国に対する経済的メリットが明確でないため，インドはIPEFの貿易分野の交渉に参加していません。インドはかねてから戦略的独立性を重視し，特定の国に過度に依存しない外交政策をとっています。IPEFが米国主導の枠組みであることから，インドは独立した外交政策が制約される可能性を懸念したと考えられます。

3 「曖昧な」経済外交からの脱却

一方，尹錫悦政権は韓国の経済安全保障を強化するため，QUADやIPEFといった多国間協力の枠組みに積極的に参加しようとしています。韓国は，中国との経済関係を維持しつつ，米国やほかの地域との安全保障協力を強化する難しい立場にありますが，これらの戦略を通じてバランスをとろうとしています。

「グローバル中枢国家」──積極的外交への転換点

　尹政権が発足してから，韓国は「戦略的曖昧性」からより積極的な戦略へと転換を図っています。尹政権は，韓国を「グローバル中枢国家」として位置づけ，積極的な外交と経済政策を展開しています。

　特に，韓国は経済安全保障の観点から中国とのバランスをとることを目指しています。22年12月，韓国初の「自由・平和・繁栄のインド太平洋戦略」を発表しました。この戦略は，特定の国を対象とせず，特定の国を排除しない「包摂性」を大切にしています。これは，米国や日本のインド太平洋戦略とは異なり，より広範な地域での協力を目指しているのです。

　この戦略の核心は，「包摂」「信頼」「互恵」の3つの協力原則に基づいています。アフリカ，ラテンアメリカ，ヨーロッパを含む7つの地域での協力を推進し，韓国が中心となって経済安全保障ネットワークを構築することを目指しています。また，RCEPやCPTPPを通じた自由貿易の推進と強靭なサプライチェーンの確立も重要な目標です。この戦略は，FTAの推進と経済安全保障の両立を目指しているのです。

　文政権と尹政権では，インド太平洋戦略に対するアプローチが大きく異なります。文政権は米中両国との関係をバランスよく保つ

「曖昧な戦略」を採用し，中国との経済関係を重視していました。たとえば，「新南方政策」を通じて ASEAN との経済協力を強化していました。

　一方，尹政権は新南方政策を継承しつつも，より明確な戦略を打ち出し，日米韓の協力関係を強化する方向にシフトしました。これは，米国主導の IPEF に参加したことからも明らかです。尹政権は「戦略的曖昧性」を破棄し，「戦略的な明確さ」を打ち出しています。しかし，中国に対しては依然として慎重な姿勢です。インド太平洋戦略の重要な要素として「包摂性」を強調し，中国排除と解釈されることを避けようとしています。韓国が ASEAN との首脳会合でインド太平洋戦略を発表したことも，それを象徴しています。

　韓国は，中国との経済関係を維持しつつ，米国との安全保障関係を強化するという難しい立場にあり，その外交力が試されています。

4　日韓貿易摩擦——輸出規制の影響と背景

貿易の「武器化」？

　2019 年の日韓貿易摩擦は，経済安全保障の観点から非常に重要な事例です。この摩擦は，日本が韓国への半導体材料の輸出規制を強化したことから始まりました。同年 7 月，日本政府はフッ化水素，レジスト，フッ化ポリイミドの 3 つの重要な半導体材料の輸出管理を厳格化しました。これらの材料は半導体製造に欠かせないものであり，韓国の半導体産業に大きな影響を及ぼしました。

　日本政府は，安全保障上の懸念から，韓国への輸出管理が不十分であり，これらの材料が第三国（特に北朝鮮）へ流出する可能性があると主張しました。また，18 年 10 月，大法院（韓国最高裁判所）

が戦時中の徴用工問題に関連して日本企業に賠償を命じた判決も背景にあります。これにより，日韓の外交関係は未曾有の緊張状態に陥りました。

さらに，同年8月には日本が韓国を貿易上の「ホワイトリスト」から除外する決定を下しました。ホワイトリストとは，日本が貿易管理を優遇する対象国のリストで，ここから除外されることにより，韓国は一層厳格な輸出管理措置を受けることになりました。この決定は，韓国経済にさらなる打撃を与えるものでした。

この動きについて，『ウォール・ストリート・ジャーナル』紙は日本が韓国に対して「武器化された貿易」をおこなったと表現しました。輸出規制を政治的な圧力手段として利用した可能性を指摘したのです。

この輸出規制は，韓国の半導体産業に大きな衝撃を与えました。韓国はこれらの材料の主要な供給源である日本からの輸入に大きく依存していたため，輸出規制による影響を受けたのです。韓国政府は，日本以外の国からこれらの材料を輸入するためのサプライチェーンの多様化を進めながら，国内での生産能力を向上させるための投資をおこない，半導体製造に必要な材料の国産化に拍車をかけました。

さらに，韓国政府はWTOに提訴し，輸出規制が不当であると主張しました。日本政府は，輸出管理措置はWTO協定に違反しないと主張しました。それはWTO協定の「安全保障例外」の条項に基づき，自国の安全保障を理由に貿易制限をおこなうことが認められるとして，今回の措置が国家の安全を守るために必要であったとの立場を示したのです。

第7章 韓国の経済安全保障戦略

歴史問題と日韓関係の悪化

　この貿易摩擦は，単なる経済問題にとどまらず，両国間の歴史的な対立を深めました。大法院が日本企業に対して戦時中の徴用工問題で賠償を命じた判決が，貿易摩擦の背景にあります。日本政府は，この判決が1965年の日韓請求権協定に違反すると主張しました。同協定により，戦時中の問題は「完全かつ最終的に解決された」とされています。

　しかし，大法院は，個人の請求権は日韓請求権協定では消滅しておらず，個人が日本企業に対して賠償を求める権利は依然として有効であると判断しました。これに対し，日本政府は，同協定が両国間の戦時賠償問題を解決したと主張し，韓国の判決に対して強く反発しました。これにより，日韓関係は「史上最悪」の状態に陥り，両国の政治的緊張が高まりました。

　この対立は，両国の歴史認識の違いを浮き彫りにし，外交関係の悪化を招きました。韓国では，日本の植民地支配や戦時中の強制労働に対する謝罪と賠償を求める声が根強く，日本では1965年の協定に基づき，すべての請求が解決済みとする立場が強固です。この対立が，経済摩擦に拍車をかける結果となりました。

　たとえば，安倍晋三首相は，日本が輸出管理体制の見直しをおこなった理由として「安全保障上の理由」を強調しました。しかし，大法院の徴用工問題に対する賠償命令という判決に強い不満を表明しており，これが規制の一因であると示唆されることもありました。安倍首相は，「信頼関係が著しく損なわれた」と述べており，これが輸出管理の厳格化につながったとしています。また，萩生田光一文部科学大臣も，日本が韓国に対して厳格な輸出管理をおこなう理由として「信頼関係が損なわれた」ことを挙げ，韓国に対する不信

> **コラム7　ハーバード大学でのサバイバル**　2023年8月から，ハーバード大学で訪問研究員として2年間の在外研究期間を過ごしています。韓国出身で日本の大学で教鞭をとる私にとって，この経験は挑戦の連続です。経済安全保障はここでも非常にホットなトピックです。さまざまなセミナーや授業に参加しながら，異なる視点からの洞察を得ることができ，この貴重な機会を楽しんでいます。
>
> 　私の部屋はチャールズ川に面しており，その景色には本当に癒されます。毎朝，真冬でも大雨でも川沿いをジョギングしている人々をみるたびに，アメリカではマラソンが日常だと感じます。その光景はなかなか新鮮です。
>
> 　チャールズ川沿いに位置するケネディ・スクールには，世界中から政府関係者やビジネスリーダーが集まります。彼らとの交流は，まるで国際政治の縮図をみるようで，とても刺激的です。23年の秋，ローレンス教授の国際貿易の授業に参加しましたが，学生たちが次々と手を挙げて質問する姿に驚きました。どのような質問に対しても真摯に答える教授の姿にも感銘を受けました。多数の質問に追われ，時には

感を明確にしました。萩生田大臣は「韓国が国際約束を守らない」と発言し，これが規制の根底にあることを示唆しています。このことからも歴史問題が日本の輸出規制の背景にあったというのは明らかでした。

　過去に日本が経済制裁をおこなった際，通常は北朝鮮のような「明白な安全保障上の脅威」に対しておこなわれてきました。たとえば，北朝鮮に対してはミサイル開発や核兵器プログラムに対する制裁措置がとられてきました。しかし，友好国である韓国に対してこのような厳格な輸出規制を適用するのははじめてのことでした。この点が，韓国や国際社会にとって特に衝撃的でした。

> 授業時間内に終わらない場合もあります。それでも誰ひとり文句を言わずに，授業を楽しんでいる様子が印象的でした。まるで「質問は知識の証」のようです。日本での自身の授業も改めようと心に誓いました。
>
> アメリカに来てまもなく，タングルウッドでの野外クラシック公演に参加する機会がありました。美しい自然のなかに響くオーケストラの音色は別格でした。青空の下で果物をつまみながらのんびりと聴く交響曲は，東京で毎日の授業や会議に追われていた自分の心の底まで響きました。また，ボストン・マラソンでは，障がいを持つランナーに対する熱い声援に心が温まりました。私も我を忘れ，大声で応援したものです。小学生の息子の笑顔もひと際でした。きっと彼にとっても忘れられない記憶になるでしょう。
>
> 最後に，研究所の年度末パーティーで発表した詩を紹介したいと思います。
>
> 　　ハーバード　サバティカルが　サバイバル
> 　　息子ほほ笑み　月明かりに　映る桜

この貿易摩擦は，韓国にとって経済安全保障の重要性を再認識させるものであり，両国間の歴史的対立が経済問題に深く影響することを示しています。また，これを機に韓国はサプライチェーンの多様化を進め，経済的な自立を強化するための措置を講じることとなりました。

政治的対立と No Japan 運動

この貿易摩擦は，両国間の政治的対立をさらに激化させました。韓国国内では，日本製品の不買運動「No Japan 運動」が拡がり，多くの市民が日本製品の購入を控えました。これにより，日本企業

も経済的な打撃を受けました。韓国の消費者は自動車，ビール，化粧品などの日本製品をボイコットし，韓国市場での日本製品の売上が急減しました。この運動は，韓国国内での反日感情をさらに高め，日韓関係の緊張を一層高めました。

　さらに，この貿易摩擦は安全保障協力にも影響を及ぼしました。韓国は，2019年8月に日韓GSOMIA（軍事情報包括保護協定）の破棄を通告しました。この協定は，日米韓の安全保障協力において重要な役割を果たしており，特に北朝鮮の脅威に対する情報共有に不可欠です。韓国がGSOMIAの破棄を通告したことは，日米韓の三国間協力に深刻な影響を与える可能性がありました。このため，米国は強い懸念を示し，韓国と日本双方に対して協定の維持を求めました。最終的に，米国の仲介によりGSOMIAは維持されましたが，この通告は日韓関係の緊張を一層深めるものでした。

　「史上最悪」な関係に陥った日韓関係は，尹錫悦政権の発足とともに転換を迎えることになります。尹政権は特に，戦時中の徴用工問題に関しては，第三者による返済案を提案しました。これは，韓国政府が設立した基金を通じて，被害者に対する補償をおこなうというもので，日本企業の直接的な賠償を避けるかたちをとっています。この提案は，日韓間の対立を和らげ，経済協力の再構築を目指す契機となりました。

　19年の日韓貿易摩擦は，サプライチェーンの脆弱や多様化の必要性，政府と企業の協力の重要性を示すものであり，経済安全保障の重要性を再認識させるものでした。この事例から得られる教訓を踏まえ，韓国は今後も経済安全保障を強化し，国際的な地位を向上させるための努力を続けていくのではないでしょうか。

参考文献

小此木政夫・河英善編『日韓新時代と東アジア国際政治』慶應義塾大学出版会，2012年

外務省『外交青書』各年度版

片田さおり『日本の地経学戦略――アジア太平洋の新たな政治経済力学』日本経済新聞出版，2022年

金ゼンマ「貿易――FTAが生み出すリージョナル・ガバナンス」大芝亮・秋山信将・大林一広・山田敦編『パワーから読み解くグローバル・ガバナンス論――国際社会における統治の実態に迫る』有斐閣，2018年

金ゼンマ・大矢根聡「対韓経済制裁をめぐる対立の連鎖――相互依存の「武器化」と錯誤」大矢根聡編『日本の経済外交――新たな対外関係構築の軌跡』勁草書房，2023年

木村幹『日韓歴史認識問題とは何か――歴史教科書・「慰安婦」・ポピュリズム』ミネルヴァ書房，2014年

木村幹・田中悟・金容民編『平成時代の日韓関係――楽観から悲観への三〇年』ミネルヴァ書房，2020年

コヘイン，ロバート＆ジョセフ・ナイ／滝田賢治訳『パワーと相互依存』ミネルヴァ書房，2012年

鈴木一人「検証　エコノミック・ステイトクラフト」『国際政治』205，2022年

ハーシュマン，アルバート／飯田敬輔訳『国力と外国貿易の構造』勁草書房，2011年

長谷川将規『経済安全保障――経済は安全保障にどのように利用されているのか』日本経済評論，2013年

ファレル，ヘンリー＆アブラハム・ニューマン／野中香方子訳・鈴木一人解説『武器化する経済――アメリカはいかにして世界経済を脅しの道具にしたのか』日経BP，2024年

宮本雄二・伊集院敦・日本経済研究センター編著『技術覇権――米中激突の深層』日本経済新聞出版社，2020年

山本武彦『安全保障政策――経世済民・新地政学・安全保障共同体』日本経済評論社，2009年

第8章　韓国の国防戦略・計画

山口　亮

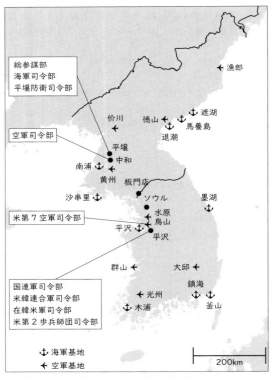

⇒朝鮮半島における主な基地と軍司令部（2024年）
出所：防衛省『防衛白書』

1 韓国の国防戦略

韓国の国防

ユーラシア大陸の東端に位置している朝鮮半島には，2つの体制が存在し，北半部は朝鮮民主主義人民共和国（以下，北朝鮮）が，南半部は大韓民国（以下，韓国）がそれぞれ実効支配しています。韓国の憲法の第3条では，「大韓民国の領土は韓半島とその付随島嶼とする」と規定されていて，北朝鮮を正統な国家として認めていません。一方で，北朝鮮も自国の領土は朝鮮半島の全体だと主張し，韓国を正統な国家として認めていませんし，さらに最近では平和統一の対象ではなく，有事の際には韓国を「完全に占領し，共和国（北朝鮮）に編入する」と明示しています。

韓国と大韓民国国軍（以下，韓国軍）は常に朝鮮人民軍（以下，北朝鮮軍）の脅威に晒されており，その程度はここ数年で以前とは比にならないほど高まりました。韓国の最大の弱点は，北朝鮮と至近距離で面していることです。特に，約2604万人の人口を擁するソウル・仁川（インチョン）・京畿（キョンギ）道の首都圏は，軍事境界線から50kmほどしか離れていないため，北朝鮮が前方配置している大量の大砲や多連装ロケットシステム，短距離ミサイルの射程範囲にあり，侵攻の際には歩兵や機甲部隊にすぐ攻め込まれる恐れがあります。

このように，韓国は建国以来，北朝鮮に対する防衛に努めてきましたが，1945年以前の歴史においてもたびたび侵略を受け，植民地化，属国化されてきたため，国防意識が非常に強い国です。また，韓国では70年代以降，「自主国防」が国防戦略と計画において中心的なモットーとなっています。「自分たちの力で国を守ろう」と

いう考えはどの主権国家とも共通するものですが，韓国では，この自主国防においてコンセンサスはあるものの，その定義と考えにおいては大きく分裂しています。保守派は韓国が自主的に国防力を強めることにより，同盟国である米国との連携と協力を強化させ，より確実に国を守ることができると考えているのに対し，進歩派は自主国防により米韓同盟に頼らずとも自律的に自国を守るべきだと主張しています。しかし，国防戦略に関する白熱した議論はあるものの，国防計画の方向性については一貫している部分が多いのです。本章では，韓国の国防戦略とその国防計画への影響，そして韓国の国防力の現状について解説します。

歴史からの解放

どの国であろうと，国防計画や国防力を知るためには，まず戦略からみることが基本です。しかし，国防戦略や計画は政治や経済だけでなく，社会，文化，地理など要素の影響も強く受けます。ここで少し韓国の国防戦略と，それを形成した国防観を時系列にまとめてみましょう。

朝鮮半島と民族が数千年のあいだ，歩んできた歴史は韓国と北朝鮮の安全保障観と戦略文化に大きな影響を及ぼしました。前述のとおり，韓国は朝鮮半島に位置していますが，半島というものは，地政学的にも経済的にも非常に重要な位置にあることが多いため，大国に狙われやすいことを歴史が証明しています。朝鮮半島は典型的な例で，有史以来，千回近く大国に攻められたといわれていますが，この歴史的背景は，朝鮮半島の人々の安全保障観に大きな影響を及ぼしています。端的にいえば，「二度と外国に支配されない」「独立主権国家として，徹底して自分たちの国を守ろう」という意識が幅

広く，そして深く根付いています。もちろん，このような考えはどの国とも共通していますが，韓国と北朝鮮の場合，「今度こそは」という意識，外国勢力や周辺の安全保障環境への敏感さ，そして国防に対する意識が特に強くなりました。このため，韓国にとっても北朝鮮にとっても，軍事力は単なる国防のためだけでなく，独立と主権の結晶でもあり，国防力の強化がコンセンサスを得られる所以（ゆえん）です。

1910 年から 45 年までの 35 年間，朝鮮半島は日本の統治下におかれることになりますが，朝鮮半島の独立を目指した組織や集団は数多く，武装組織においても，ゲリラ軍や，中華民国の支援を得て大韓民国臨時政府の軍事組織として創設された「韓国光復軍」もありました。当時，これらの武装組織や集団の目的は朝鮮の独立，または国際的認定でしたが，中枢にいた人物たちは，独立後の韓国軍の創設も描いていました。

しかし，いざ朝鮮半島が解放されると，ただちに米国とソ連により分断統治されます。北緯 38 度以北に社会主義国家である北朝鮮，そして以南に反共産主義国家の韓国が形成されるにつれ，韓国では北朝鮮に対する防衛と朝鮮半島の統一という 2 つの目的を持つようになります。このため，韓国軍は朝鮮半島の外国勢力ではなく，同じ民族であり，朝鮮半島を分かち合う北朝鮮から自国を守ることが使命になります。ただ，同時に 1940 年代後半から 40 年間ほど，韓国は民主主義を称する権威主義国家であったため，韓国軍やその前身組織は国防だけでなく，「治安維持」の名目で国内の共産主義集団（または疑われたもの）を徹底的に排除しようとし，48 年 4 月の済州（チェジュ）4・3 事件，同年 10 月の麗水（ヨス）・順天（スンチョン）事件，49 年 12 月の聞慶（ムンギョン）虐殺事件などの大規模な虐殺もおこないました。

1　韓国の国防戦略

朝鮮戦争と休戦後の軍事対立

1948年に朝鮮半島の統一を目指す2つの国家が誕生することにより、衝突は時間の問題となりました。朝鮮半島が分断されてから、たびたび南北の境界線で小競り合いがありましたが、両政府が創建されてから北朝鮮は本格的に侵攻の準備を進めるようになります。50年に入り、北朝鮮は自軍が優勢で、なおかつ南に侵攻すれば北朝鮮に鞍替えする人々が相当数いると見込んでいました。勝算があると確信した北朝鮮は戦争準備を進め、南側の南朝鮮労働党を中心に扇動活動を展開し、ソ連のスターリンと中国の毛沢東から同意と支援を得ました。

50年6月25日、北朝鮮は韓国への侵攻を開始します。開戦4日目には首都ソウルが陥落し、9月には釜山(プサン)とその周辺を除く朝鮮半島本土のほぼすべてが北朝鮮軍に占領されました。9月15日、米軍率いる国連軍は仁川上陸作戦で突破口を開き、ソウルを奪回し、さらには平壌(ピョンヤン)を陥落させ、中国と北朝鮮の国境付近まで北進しました。この時点で北朝鮮軍は敗北寸前でしたが、ここで自国も攻められる反共産主義国家と隣接することになる可能性を懸念した中華人民共和国政府は、大量の「中国人民志願軍」を朝鮮半島に送り込み、怒濤の勢いで国連軍を押し返し、一時はソウルまで制圧しました。国連軍が奮闘してソウルを奪還しましたが、51年7月には戦線が現在の軍事境界線付近で膠着(こうちゃく)し、53年7月27日に休戦協定を結びました。朝鮮戦争は3年間で500万人の死者を出す悲惨なものでしたが、皮肉なことに、分断を解決するのではなく、確固たるものにしました。

朝鮮半島の分断、そして北朝鮮の侵攻により、韓国の国防意識は「一に北朝鮮、二に北朝鮮、三、四がなくて五に北朝鮮」といって

も過言ではないものになりました。李承晩(イスンマン)大統領は「北進統一」を唱えましたが、自力では不可能でしたし、米国や他国も、中国の参戦以降それに同意しませんでした。48年以降、韓国と米国は事実上の同盟関係にありましたが、韓国と休戦に基づいた現状を守るため、米韓はその関係を正式化させ、53年10月1日には米韓相互防衛条約が締結されました。

一方で北朝鮮では61年に金日成(キムイルソン)が「全軍幹部化」「全軍現代化」「全民武装化」「全国要塞化」の4つからなる「自衛的軍事路線」という軍事計画ドクトリンを指示し、これは現在に至る北朝鮮軍の礎となります。さらに、北朝鮮は韓国への侵攻や大規模な攻撃を実施しなかったものの、米国に対する68年1月のプエブロ号事件、69年4月の海軍EC-121機撃墜事件、69年12月の大韓航空機YS-11ハイジャック事件、76年8月のポプラ事件や、工作員による68年1月の青瓦台(チョンワデ)(大統領府)襲撃未遂事件、68年10月の蔚珍(ウルジン)・三陟(サムチョク)事件、83年10月のラングーン事件、87年11月の大韓航空機爆破事件などのテロ作戦を実行しました。南北は72年7月4日に「祖国統一」に対する共通認識に基づいた南北共同声明を発表しましたが、韓国にとって北朝鮮は「主敵」であることに変わりなく、その脅威への対処が戦略的にもっとも重要な課題であり続けました。

ポスト冷戦期──全方位防衛態勢に向けて

90年代に入り、朝鮮半島内外の情勢が大きく変わり、韓国の国防戦略の大きな変化につながります。まず、国際情勢からみると、冷戦の終結とソ連の崩壊は世界規模で大きな地政学的変動を起こしました。しばらくは米国が唯一の覇権国家でしたが、中国が急成長

し，インド太平洋各地でさまざまな規模の衝突や競争が展開するようになります。北朝鮮はほかの東アジアの社会主義国家同様，生き残ることはできましたが，壊滅的な経済や，金日成の死去により，崩壊し韓国に吸収されるのも時間の問題だとみる人も少なからずいました。しかし，その脅威は決して消えたわけでなく，北朝鮮の大量破壊兵器開発，96年秋の北朝鮮潜水艦が座礁した江陵(カンヌン)浸透事件や，99年6月と2002年6月に黄海での海上境界線をめぐり勃発した2回の延坪(ヨンピョン)海戦など，軍事的脅威は続きました。

韓国自身も大きく変わりました。政治においては，1987年6月に民主化宣言し，1987年10月29日に新たな憲法を発布しました。以降の大統領選挙と総選挙で政権と与野党の交代が順調に進んだことにより，れっきとした民主主義国家となります。また経済においても，97年のアジア通貨危機で大きな打撃を受けましたが，80年以降は着実に近代化し，世界有数の貿易大国としても成長しました。これらを踏まえて，韓国は2000年代に入り，先進国の仲間入りすることになりました。

これらの国内外の変化は，韓国の安全保障戦略に大きな影響をもたらします。1990年代に入り，南北は交流と対話を始め，韓国の対北政策は防衛一辺倒ではなくなってきます。98年2月に就任した金大中(キムデジュン)政権は南北の緊張緩和と平和統一に向けた「太陽政策」と称される対話・協力路線を進めました。同時に2002年6月の艦艇同士の銃撃戦である第2次延坪海戦などもあり，北朝鮮の脅威を軽視したわけではありません。また，10年以降は，新たなかたちで強まる北朝鮮からの脅威と北朝鮮の崩壊に対処する必要性が高まると同時に，中国に対する脅威認識も拡まりました。東アジア地域の安全保障環境の変化や韓国自身が「国際プレーヤー」になっ

たことから，より広範囲な安全保障戦略が必要だと認識され，韓国は本格的に全方位国防態勢に向けて動き出すようになります。さらに，韓国の政治的・経済的な成長，そして民主化による中道・進歩派勢力の拡大から，「自主国防」の意識が改めて議論されるようになります。

2 韓国の国防計画

国軍創建と朝鮮戦争

国防計画は国の安全保障・国防戦略に沿った国防力を整え，運用化させるための政策とプロセスです。韓国の場合，建軍以来の国防戦略をみると徐々に拡大してきたようにみえますが，国防計画における発展はかなり波瀾万丈でした。韓国軍は韓国政府と同じ1948年8月15日に創建されましたが，突然できたわけではなく，数年かけて陸・海・空軍が作り上げられました。

まず，陸軍ですが，出発点となったのは，同年12月5日に開校された将来の指揮官を育成する軍事英語学校で，46年1月15日に前身組織となる南朝鮮国防警備隊が創設され，48年8月15日に大韓民国陸軍となりました。海軍は，45年11月11日に海防兵団が創設，翌46年1月に国防司令部に編入され，6月15日に朝鮮沿岸警備隊と改称され海上警備組織として活動し，48年8月15日に大韓民国海軍となり，翌49年4月15日には隷下に大韓民国海兵隊も創設されました。空軍は，朝鮮航空協会が46年8月に韓国航空建設協会となり，朝鮮国防警備隊内に航空部隊が創設され，創設当初は陸軍の部隊でしたが，49年10月1日に大韓民国空軍として独立した軍種になりました。

どの国にとっても，軍隊を創設するのは決して容易なことではありません。必要な装備を調達して配備するのも大変ですが，それ以上に難しいのは，人材の確保と育成です。48年時点で韓国の人口は約2000万人で，若者も多かったことから，人材の確保はそこまで問題にはなりませんでしたが，問題は軍を率いて動かす幹部や上級下士官です。韓国軍とその前身組織は人材育成に力を入れましたが，創建当初は韓国光復軍だけでなく，旧日本軍，満州国軍，中国国民党の国民革命軍などの出身者が多く，即戦力の将校や下士官として重要な役割を担いました。

　しかし，48年8月にはあくまで軍組織ができただけで，国を守れるほどの戦力を有していませんでした。50年6月25日の朝鮮戦争開戦当時，北朝鮮軍の戦力は18万人，戦車240両，砲170門，航空機200機だった一方，韓国軍側は10万人，戦車なし，砲91門，装甲車27両，練習航空機22機と，とても太刀打ちできる状態ではありませんでした。この戦力の格差と米韓両国の北朝鮮に対する誤った脅威認識が命取りとなり，北朝鮮軍の侵撃を許すことになります。米国率いる国連軍の参戦で形成逆転に成功しましたが，韓国軍自体は壊滅的な状態だったため，再建が最重要課題となりました。ここで韓国は米軍の支援を得ながら，士官学校の再開や，専門訓練・教育課程の充実など，将校や下士官の育成にとりかかるようになります。

　53年7月27日の休戦成立後，韓国は改めて軍の再建に取り組みます。同年10月1日に米韓相互防衛条約が結ばれ，米国は韓国の防衛はもちろん，韓国軍の復興と発展に向けて多大な量の兵器や訓練支援を提供しました。71年までには韓国は陸海空軍合わせて63万人ほどの兵力と，陸上戦中心の戦力ではありましたが，F-4,

F-86，F-5など，ある程度の航空戦力も保有していました。当時の北朝鮮軍の成長を考えると，決して十分とはいえませんでしたが，在韓米軍と合わせると，少なくとも朝鮮戦争開戦当時に比べては増強された戦力を保持していました。

韓国軍を近代化させた栗谷事業

74年に，現在の韓国軍と防衛産業の近代化の出発点ともいえる，通称「栗谷(ユルゴク)事業」を展開するようになります。この栗谷事業は，韓国が自主的に装備を開発し，韓国軍の戦力を強化する能力を構築するもので，74年から92年まで，いくつかの段階に分けて進められました。なお，栗谷事業という名称は，朝鮮(チョソン)時代の儒学家で，他国からの侵略に備え，国防力の強化の必要性を唱えた李珥(イイ)の号に由来しています。

栗谷事業のきっかけは単純に北朝鮮の軍事的脅威への対処というわけではなく，さまざまな事情の絡み合いでした。たしかに，北朝鮮は自衛的軍事路線を通じて軍事力を著しく増強させ，その軍事的脅威が飛躍的に高まったことから，防衛力の大幅な強化が求められました。しかし，自主的国防力を推し進めたもうひとつの「脅威」は，なんと同盟国である米国でした。韓国は64年から73年の間，約32万人をベトナム戦争に派兵しましたが，一方で米国は韓国の反対にもかかわらず，京畿道東豆川にある第7歩兵師団の撤退を強行し，さらに韓国に対する軍事支援も削減しました。北朝鮮の軍事的脅威が高まるなか，韓国の国防において不可欠である米韓同盟の弱化は韓国にとって許されるものではありませんでした。この問題に対して，朴正煕(パクチョンヒ)大統領は米国に対し不信感を募らせ，自主国防力を推し進めるようになりました。しかも，この時期に韓国は核

兵器技術を開発する極秘計画を進め始めました。この計画は76年に中止されましたが，それだけ当時の韓国は独自の方向に進もうとしていたことがわかります。

　もうひとつ，栗谷事業の重要なきっかけとなったのは，韓国の経済事情と成長戦略です。韓国は朴正煕が権力を握るようになってから経済開発5カ年計画を進めるようになりますが，これには国防が大きく関係しています。すなわち，栗谷事業は，工業化を軍需産業の発展に活かし，同時に軍需産業の発展を経済の活性化につなげる，国防と経済の両方にとってウィン・ウィンな方針として進められました。これは「富国強兵」を目指していた朴正煕にとって，まさにそれを叶える政策だったのです。

　70年8月には兵器の研究開発を担う国防科学研究所が創設され，主要財閥を始めさまざまな企業が防衛産業に加わることになりました。もちろん，ほかの産業分野同様，防衛産業の構築と発展は一朝一夕にできるものではありません。80年代の後半までは，韓国軍の装備は米国や欧米諸国からの兵器が占めていましたし，韓国が開発・生産したほぼすべての兵器も海外からの技術を基盤にしていました。しかし，韓国の防衛産業は瞬く間に安定的な生産基盤を確立し，80年代以降，韓国軍の装備は着実に国産兵器に置き換えられるようになりました。

　栗谷事業が韓国の防衛力と防衛産業の強化に大きく貢献したことは間違いありません。まず恩恵を受けたのは陸上戦力で，80年代後半までには，K-2自動小銃，K1主力戦車などを生産するようになり，韓国陸軍の主力として配備されました。長らく「穴」でもあった海空戦力の強化も80年代後半から進められ，海上戦力においては，86年からの韓国型駆逐艦計画（KDX）と87年から韓国型

潜水艦計画（KSS-I），航空戦力においても，85年から次期戦闘機計画（KFP）が進められるようになりました。これらの兵器は米国や欧州諸国の影響や技術供与が大きく，決して最高水準のものではなかったですし，主力戦闘機やそのほかの高度技術においては外国産のもの，またはライセンス生産のものが多くを占めていました。しかし，栗谷事業が韓国の防衛力と防衛産業の自主的成長につながったことには間違いありません。

　当然のことながら，栗谷事業には膨大な費用がともないました。事業を賄うため，76年と79年に防衛費を倍増させました。実際の費用には諸説あり，通貨価値の変動などにより正確な数字は不明ですが，74年から95年までで70兆ウォン以上がこの栗谷事業に費やされたといわれています。この莫大な費用を賄うため，韓国では75年7月に防衛税が設けられ，廃止される90年12月まで累計26兆ウォン近く徴収されました。これだけの経済的負担がともなったわけですから，ほかの予算への影響や，国民の反発などがあったのではないかと思われるかもしれません。しかし，この栗谷事業と防衛税が導入された頃の韓国は1961年5月の軍事クーデターで成立した権威主義体制のもとにあり，北朝鮮による脅威が切迫していたことから「北朝鮮カード」が非常に有効だった時期だったため，十分正当化し，執行できました。また，絶対値では韓国の防衛費は北朝鮮のものを遥かに凌いでいましたが，韓国の経済規模が大きかったことから，国家予算やGDPに対する防衛費の割合がそこまで高くなく，またさまざまな重要インフラが建設され，発展したことから，国家経済への負担や悪影響はそこまで大きくありませんでした。

　しかし，栗谷事業はすべての問題を解決したわけではありません。

2　韓国の国防計画

特に問題となったのが、陸海空軍の不均衡な発展です。韓国軍は北朝鮮との戦闘に集中していることから、陸上戦力が重視されることは当然ではありますが、海空戦力の発展があまりにも遅れていることが問題となりました。ただ、これは単に国防戦略と作戦の構想的な問題だけでなく、軍部内で陸軍が巨大な政治的勢力であることや、歴代の国防長官のほとんどが陸軍出身だったことも原因でした。

また、栗谷事業は多くの問題も生み出しました。93年に監査院の特別監査が実施された結果、「古朝鮮以来最大級の不正」があったとされ、長官をはじめとする40人以上の高級幹部や軍人が処罰されました。国防部と韓国軍は、昔から汚職や人権問題が深刻で、政治的派閥を結成したり、2度も大規模なクーデターを起こしたりしたので、民主化以降、国民のあいだでは国防を重要だと思いながらも、軍部に対する目が厳しくなり、改革を求める声が強まりました。

繰り返される「国防改革」

栗谷事業を通じて、先進的とまではいえないものの、韓国軍と韓国の防衛産業が近代化したことは間違いありません。90年代以降も、韓国軍の装備は着実に更新され、また防衛産業も研究開発や生産キャパシティーが順調に拡大し続けました。このため、当時の韓国軍は、量的には北朝鮮軍に劣りながらも、質的には優勢でした。しかし、2000年代に入ってから、国内外の情勢の変化、戦略と能力のギャップ、米韓同盟、韓国軍内の諸問題、少子化などの諸問題や、先端技術の台頭など、多くの課題が明らかになり、対応が急務となりました。

これらの諸課題を解決すべく、韓国は05年9月に、中長期的な

国防改革の方向を示す「国防改革2020」を発表しました。そこでは韓国軍の能力の更新や先端技術の導入などの戦力増強に関わる課題だけでなく，国防部と国軍の組織改革，構成員の福利厚生などの是正を含めた質的強化の必要性が強調されました。さらに，国と国民への負担と，大規模な軍の不必要性を考慮し，軍と構成員の縮小の方針も策定されました。これらの課題を解決するための国防改革計画は，栗谷事業やそのほかの計画で解決されなかったさまざまな課題に包括的に取り組む壮大なものです。韓国の国防改革基本法では，国防改革はおおむね5年おきに見直されることが定められています。この5年という期間は，大統領の任期を指しており，新しい政権が発足してから約1年以内に，新しい国防改革を発表することになっています。

　盧武鉉政権以降，08年に就任した李明博政権は「国防改革307」，朴槿恵政権は「国防改革基本計画」，文在寅政権は「国防改革2.0」，そして尹錫悦政権は「国防革新4.0」と，それぞれの政権が独自の国防改革計画を策定しました。名称に一貫性がなく，ややこしくなっているのは，各政権が自分たちの計画をブランド化しただけでなく，保守／進歩のあいだの対立も関係しているからです。たとえば，文在寅政権の国防改革計画は普通に考えると「4代目」に当たりますが，あえて「2.0」にしたのは，自分たちの計画が保守派の李明博政権や朴槿恵政権ではなく，同じ進歩派である盧武鉉政権の国防改革2020を継承していることを強調するためです。

　これらは一見，国防計画が保守／進歩のあいだの対立に振り回されているようにもみえますが，計画の内容自体が二転三転しているわけではありません。むしろ，李明博政権以降の国防計画の内容をみると，「自主国防」や国家戦略（特に対北朝鮮，米韓同盟），表現や

2　韓国の国防計画

強調するポイントにおいては多少の差異があるものの、根本的な部分においてはかなりの一貫性があることがわかります。また、技術においては更新や具体化が目立ちますが、これは政治的なものでなく、先端技術の発展によるものです。言い方を変えると、韓国の国防改革計画は、前政権のものを踏襲し、更新するプロセスが自然に構築されるようになりました。これは韓国の国防力強化において、主に5つの課題が明確であり、揺るぎないコンセンサスがあるからだといえます。

1点目は、国防力の均衡ある発展です。韓国はポスト冷戦期以降、北朝鮮だけでなく、インド太平洋地域におけるあらゆる脅威に対処

表8-1 朝鮮半島の軍事バランス

		北朝鮮	韓国	在韓米軍
総兵力		約128万人	約50万人	約3万人
陸軍	陸上兵力	約110万人	約37万人	約2万人
	戦車	T-62、T-54/-55 など約3500両	M-48、K-1、T-80 など約2120両	M-1A2SEPv2
海軍	艦艇	約760隻 10万トン	約230隻 29万トン	支援部隊のみ
	駆逐艦		12隻	
	フリゲート	6隻	13隻	
	潜水艦	21隻	20隻	
	海兵隊		約2.9万人	
空軍	作戦機	約550機	約660機	約80機
	第3/4/5世代 戦闘機	MiG-23×56機 MiG-29×18機	F-4×29機 F-16×160機 F-15×59機 F-35×39機	F-16×60機
参考	人口	2519万人	5197万人	
	兵役期間	男性 10年 女性 7年	陸軍 18か月 海軍 20か月 空軍 21か月	

注：資料は *The Military Balance 2024*、などによる。
出所：防衛省『防衛白書』2024年

第8章 韓国の国防戦略・計画

すべく、全方位国防体制を確立しようとしています。しかし、これには陸海空戦力のバランスが不可欠です。前述のとおり、韓国は長らく過度なほど陸上戦力重視で、1990年代以降は多少改善されてきましたが、いまだに途上であるのも事実です。また、今後は陸海空に加え、サイバー、宇宙、認知戦の空間での防衛力も強化する必要があり、これらの戦力をつなげて相乗効果を生む「統合作戦・運用能力」が重要となります。韓国にとってこれはいままでの国防戦力と組織そのものを抜本的に改革することが求められ、決して容易ではありませんが、最重要課題のひとつとして取り組みが進んでいます。

　2点目は、軍組織と働き方の改革です。近年の深刻な少子高齢化は国防力を脅かす問題となり、皮肉にも国防改革2020の重大方針のひとつだった隊員の縮小が裏目に出ました。このため徴兵制による義務兵だけでなく、将校や下士官を含む職業軍人の人的資源の確保が重要課題となります。かつての韓国軍は「きつい・汚い・危険」の3点セットであり、手当てが低く待遇が悪いうえに、体罰やハラスメントがまかり通っていました。これらの問題に対し、韓国政府は軍をより働きやすい組織に変えようとしています。これには、ワークライフバランス、給与・手当、奨励金などの福利厚生を充実させ、義務兵についても、兵役期間の短縮、休暇の拡充、営内生活の改善などがなされるようになりました。さらには、女性が活躍し、働きやすい環境を整えるように努めています。

　3点目は、先端技術、特にデータ、ネットワーク、AI（人工知能）、無人システムを中心とした第4次産業革命技術の導入です。これらは全戦力をつなぎ、「状況把握・標的識別」「意思決定」「実行」するうえで重要な「脳・眼・耳・鼻・神経」ともいえる「C4ISR

（指揮・統制・通信・コンピューター，情報，監視，偵察）システム」の中心となるものとされ，統合運用の強化にもつながります。また，韓国は日本と同様，これらの先端技術で省人化を進め，人材不足の影響を抑えようとしています。

　4点目は，北朝鮮に対する攻撃能力です。北朝鮮に対する攻撃手段は以前から議論されていましたが，2010年3月の天安沈没事件や同年11月の延坪島砲撃事件，そして北朝鮮の核・ミサイル能力の向上を踏まえ，防衛と抑止における強力な攻撃能力が必要とされました。そこで構築された概念が，北朝鮮のミサイル発射準備を探知し先制攻撃を実行する「キルチェーン」，発射後の北朝鮮のミサイルを迎撃する「韓国型ミサイル防御」，ミサイル攻撃を被弾したあとに実施する「大量反撃報復」の3つからなる「韓国型3軸体系」です。この韓国型3軸体系は12年に李明博政権が発表した「キルチェーン」構築が出発点となり，以降の朴槿恵，文在寅，尹錫悦政権を通じて完成され，これを担う「戦略司令部」も24年10月に発足しました。

　5点目は，国防産業のさらなる発展です。前述したとおり，韓国の国防産業は栗谷事業によって基盤ができましたが，当時は重工業部門を中心としたものでした。しかし，1990年代以降の韓国ではICT産業が飛躍的に成長し，韓国軍でもハイテク兵器の需要が増えたため，国防産業が新たな段階へと発展する必要がありました。また，韓国は国防産業を外交や貿易と結びつけ，防衛装備品の輸出も国策として積極的に拡大しています。このため，韓国の国防産業の発展戦略は，開発，生産，配備，輸出のサイクルを通じて，国防力，国防産業，外交，経済の成長につながるサイクルの構築だといえます。

これだけの改革課題に取り組んでおり，さらには戦力を更新・強化する「国防中期計画」もありますから，多くの費用がともなうのも当然です。韓国の国防費は 2000 年以降 25 年連続で増加しており，25 年度の国防予算案は国家予算案の 677 兆 4000 億ウォンの約 9％に当たる 61 兆 6000 億ウォンに達しました。さらに，現在進められている国防中期計画によると，韓国は 28 年までに国防費を年間 80 兆ウォンまで増やすとしています。

3　韓国軍の現状とゆくえ

韓国軍の実力

　韓国軍はどれくらい強いのかについてよく尋ねられることがありますが，非常に答えにくい質問です。「軍事力」という言葉をよく耳にしますが，兵力数や兵器の型と数量だけに基づいたものが多く，これだけでは総合的な能力を正確に測ることは不可能です。いくら最新鋭の兵器を大量に揃えたとしても，それらを動かす司令や部隊，そして隊員たちの能力が低かったり，整備・修理，輸送，補給，後方支援，教育・訓練がちゃんと整っていなかったりすると，まったく意味がありません。このほかにも，C4ISR システムや統合運用能力も，国防力を左右します。要はバランスなのですが，これらを正確に定量化するのは至難の業です。このように，韓国軍の強さを正確に測ることは難しいですが，現在どのような状態かについて，少しみていきましょう。

　まず，韓国軍は，陸上戦力においては，陸軍が約 42 万人からなる 19 個師団と海兵隊は約 2.9 万人からなる 2 個師団と 2 個旅団，海上戦力は，水上艦艇と潜水艦が合計基準排水量約 29 万トンの約

> **コラム8　韓国の兵役制度**　韓国は徴兵制を敷いています。徴兵制は韓国軍の土台であり，韓国社会の一部といっても過言ではありません。韓国では1949年8月に兵役法が制定され，52年より本格的に実施されるようになりましたが，これは兵力確保のためだけでなく，教育・訓練を通じて，国家への忠誠心を養うためでもあります。
>
> 　一般的な流れとして，18歳で兵役義務が発生し，兵役判定検査を受け，「身体等級」が1～3級で「現役（軍人）」，4級で「補充役（社会服務・産業機能要員）」，そして5～7級で「戦時勤労役」「兵役免除」「再身体検査」となります。一般的には19歳頃に検査を受け，20歳前後で入隊しますが，進学，仕事，国外在住，そのほかの事情で28歳まで延期を申請できます。また，何らかの方法で不正に兵役を逃れた場合，不正が発覚した場合は刑事告発され，当面消えない社会的制裁を受けます。
>
> 　現役判定の場合，兵役期間は所属先によりますが，陸軍と海兵隊が

230隻，航空戦力だと空軍と海軍を合わせて，作戦機約660機を保有しています。これだけだとわかりにくいですが，端的にいえば，いままでの装備計画を通じて，現在では総合的に近代化が順調に進みました。近代化が遅れていた海軍と空軍でも，ここ20年間でヘリ空母の「独島（トクト）」級やミサイル防衛にも長けたイージス艦「世宗大王（セジョンデワン）」級，ミサイル発射可能な「島山安昌浩（トサンアンチャンホ）」級潜水艦，F-15KやF-35A戦闘機が実戦配備され，最新の国産戦闘機であるKF-21の導入も進められています。陸上戦力においても，兵士の個人装備が充実し，戦車や装甲車も最新のものに更新されてきました。また，ミサイル戦力においては，弾道ミサイルの「玄武（ヒョンム）-1」「玄武-2」シリーズと，巡航ミサイルの「玄武-3」がすでに実践配備されており，潜水艦発射型弾道ミサイルの「玄武-4-4」が開

18カ月，海軍が20カ月，空軍が21カ月で，入隊時には訓練兵からスタートし，通常は兵長として満期除隊します。昔は30～36カ月で，10年ほど前までは24カ月だったので，かなり短縮されていることがわかります。また，トップレベルの国際大会で銅メダル同等以上の成績を残した場合は，兵役期間が大幅に短縮されます。除隊してからも8年間は「予備役」として定期的に訓練に招集され，その後は満40歳まで「民防衛」に携わります。

兵役中は，衣食住が提供され，9級公務員相当の給料も支給されます。昔は当たり前だったいじめや体罰への対策も厳しくなり，待遇や生活環境も改善され，携帯電話の使用も条件付きで許されるようになりました。しかし同時に，極度の少子高齢化で兵力確保が厳しくなっており，志願制度への切り替えや兵力確保と男女平等の観点から，女性の兵役義務に関してもたびたび議論されています。これらの問題をどう解決するかが，今後の国防改革計画の腕の見せどころになります。

発中で，新型の弾道ミサイル「玄武-5」も開発が完了し，実戦配備を控えています。

しかし，韓国の最大の弱点は，韓国軍の規模と装備の割には整備や修理，補給などのロジスティクスと，人員が不足していることです。また，統合作戦・運用能力においても依然として発展途上で，陸海空軍同士の連携にも課題があります。これらは韓国軍の継戦能力だけでなく，迅速かつ円滑な対応への障害となります。もちろん，韓国はこれらの問題を解決しようとしていますが，改善にはまだ時間や相当の資源が必要となるでしょう。

韓国軍の今後──展望と課題

2023年に韓国軍は創建75周年を迎えました。創建，そして朝

鮮戦争当時の粗末な韓国軍の状態を考えると、この75年間の年月を経て著しく成長しました。これは単に装備の面で近代化が順調に進み、防衛産業が育ったからだけでなく、国防部と韓国軍そのものを改革したからです。しかし、今後、韓国の国防力がどのように成長していくかは、国防計画がいかに順調に進められるかによって左右されます。特に、韓国の安全保障のゆくえは、いかにバランスよく、高まる北朝鮮の脅威と、中国の脅威を中心とした「対インド太平洋安全保障問題」に対する国防戦略と計画を展開し、全方位国防体制とそれに必要となる国防力を確立させるかにかかっています。韓国が東アジアはもちろん、インド太平洋地域の安全保障において重要な役割を担える力を有するようになったのは確かであり、これを果たすにはアメリカと日本との協力と連携が重要です。

参 考 文 献

伊藤弘太郎『韓国の国防政策――「強軍化」を支える防衛産業と国防外交』勁草書房、2024年

Cha, Victor D., "Strategic Culture and the Military Modernization of South Korea." *Armed Forces and Society*, 28 (1), 2001.

Chun, In-bum, "Korean Defense Reform: History and Challenges," *Brookings*, 31 October 2017. https://www.brookings.edu/articles/korean-defense-reform-history-and-challenges/

Chun, In-bum, "South Korea's Increasing Need for Self-defense," *The Korea Times*, 13 May 2024. https://www.koreatimes.co.kr/www/opinion/2024/09/137_374455.html

Hamm, Taik-young, *Arming the Two Koreas: State, Capital and Military Power*, Routledge, 1999.

Hinata-Yamaguchi, Ryo, *Defense Planning and Readiness of North Korea:*

Armed to Rule. Oxfordshire, Routledge, 2021.

International Institute for Strategic Studies, *The Military Balance 1971*. International Institute for Strategic Studies, 1971.

International Institute for Strategic Studies, *The Military Balance 2024*. International Institute for Strategic Studies, 2024.

＊韓国語文献

オ・ドンリョン，アン・スンボム『韓国軍武器年鑑（2024-2025）』ディフェンスタイムズ，2024 年

キム・フィス『韓国軍事戦略の変化と発展』忠南大学校出版文化院，2023 年

キム・ソンドク『実録・大韓民国国軍 70 年（上・下）』ダムルアサダル，2015 年

チェ・スドン『国防経営と国防組織──韓国と米国』オンク，2024 年

ナム・ジョンオク『大韓民国と共にした国軍と駐韓米軍の 70 年』チョンメディア，2021 年

ミン・ジン『韓国の軍事組織』デミョン文化社，2017 年

第Ⅲ部

文化・宗教・言語

第9章　映画という韓国社会を読み解くレンズ

成川　彩

⇒ #MeToo運動後に作られた映画『82年生まれ，キム・ジヨン』の制作報告会。左からキム・ドヨン監督，ジヨン役のチョン・ユミ，ジヨンの夫役コン・ユ。
出所：Yonhapnews／ニューズコム／共同通信イメージズ

1　表現の自由を求める闘い

植民地支配から南北分断へ

　日本ではじめて韓国映画の観客動員数が100万人を超えたのは『シュリ』(1999年，カン・ジェギュ監督)で，2000年代の韓流ブームの導火線となりました。南北分断をテーマにしたスパイアクションで，韓国では600万人を超える観客を動員し，歴代興行記録を塗り替える大ヒットとなりました。『シュリ』に続き，2000年代は南北分断をテーマにした映画が相次いで作られ，次々にヒットを飛ばしました。南北分断は現在も続いています。1948年に朝鮮半島の南側に大韓民国，北側に朝鮮民主主義人民共和国（北朝鮮）がそれぞれ成立し，南北が戦った朝鮮戦争（1950～53年）は休戦状態のままです。このため，軍事政権下では南北分断は自由に描けるテーマではありませんでした。

　韓国映画の歴史を振り返ると，長きにわたって表現の自由が制限されていたことがわかります。そもそも韓国映画の始まりは1919年，日本による植民地時代でした。当然，自由に映画作りができたわけではありません。特に40年に朝鮮映画令が施行されてからは，日本政府は「内鮮一体」や志願兵制を宣伝するプロパガンダ映画を作らせました。内鮮一体とは，内地（日本本土）と植民地朝鮮の一体化を目指すスローガンです。

　45年，日本の植民地支配から解放されると，それまでプロパガンダ映画を作っていた監督が，一転して日本からの独立運動を素材にした映画を作り始めます。たとえば，『授業料』(1940年）や『家なき天使』(1941年）などの内鮮一体を強化するような映画を

作っていたチェ・インギュ監督は『自由万歳』（1946年）で，独立運動家の活躍と悲劇的な死を描きました。日本の植民地支配に協力した「親日派（チニルパ）」という批判を免れるためだったとされます。

　南北分断後は，共産主義に対する幻滅を抱かせ，韓国の優越性を認識させる目的の「反共映画」が推奨されるようになります。韓国の代表的な映画賞のひとつ，大鐘賞では「優秀反共映画賞」が設けられていました。イ・ガンチョン監督の『ピアゴル』（1955年）は，智異山（チリサン）のピアゴル渓谷で活動するパルチザン（共産ゲリラ）を描いた反共映画ですが，共産主義に対する批判性が欠如しているという指摘を受けました。検閲当局は，パルチザンを英雄化しているとみられる6つの場面を削除し，劇場公開に至りました。

独立映画による闘争

　80年代，韓国の「独立映画」の歴史は，表現の自由拡張のための闘争として始まります。「資本と権力からの独立」を掲げた映画です。光州（クァンジュ）で民主化を求めるデモが弾圧され，多くの市民が犠牲となった80年5月の光州事件を描いた映画は，『タクシー運転手 約束は海を越えて』（2017年，チャン・フン監督）をはじめ，たくさん作られていますが，その最初の作品は『五月 夢の国』（1989年）でした。大学の映画サークル出身者たちによる独立映画集団「チャンサンコンメ」による作品で，映画法の事前審議規定違反で文化広報部に告発されます。検閲を受けずに上映したということです。

　さらにチャンサンコンメは工場労働者の労働運動を描いた映画『ストライキ前夜』（1990年）を作りましたが，検察は「ストライキを扇動する内容だ」として上映を阻止しようとしました。これに対抗するかのように全国の大学で上映運動が広まり，光州の全南（チョンナム）

大学での上映にあたっては、警察がヘリ1台、催涙弾発射車両6台、警察官1800人を動員する事態となりました。政権との衝突が注目を集め、推計30万人の観客を動員しました。

　チャンサンコンメによる闘争は、裁判へと発展します。画期的だったのは、96年の憲法裁判所の決定でした。チャンサンコンメが製作した『五月 夢の国』と『閉ざされた校門を開いて』(1992年)が事前審議を受けずに上映されたとして告発された件で、製作側が違憲審査を提起し、憲法裁判所は「公演倫理委員会の映画事前審議は違憲」という決定を下しました。「いかなる映画も、政府によって公開自体が禁止されてはならない」という趣旨の決定でした。これによって公演倫理委員会は解体されました。

　一方、表現の自由をめぐるせめぎ合いは続いています。李明博(イ・ミョンバク)政権や朴槿恵(パク・クネ)政権のもとでは、政府に批判的な文化人をリストアップした文化芸術界ブラックリストが作られていました。2018年の「文化芸術界ブラックリスト真相調査及び制度改善委員会」の発表によれば、ブラックリストには2万1362人がリストアップされ、このうち実際に被害を受けた個人・団体は9273人に上るとされます。たとえば、旅客船「セウォル号」沈没事故に関するドキュメンタリー映画『ダイビング・ベル セウォル号の真実』(2014年、イ・サンホ、アン・ヘリョン監督)を上映した劇場を政府支援対象から除外するというかたちで圧力をかけました。セウォル号事故は朴槿恵政権下で起こり、事故の対応をめぐって政権は批判を浴びました。『ダイビング・ベル』は事故の対応について批判的に描いた映画でした。

南北を描いた映画の変化

独立映画による闘争だけでなく，1980年代末からは冷戦終結によって，南北のイデオロギー対立も緩和の方向に進み，映画作りに変化が起こります。パルチザンを人間的に描いたチョン・ジヨン監督の『南部軍』(1990年) は，そんななかで登場しました。80年代までは共産主義者は「悪」として描かれてきましたが，反共主義の正当性に疑問を投げかけた画期的な作品です。原作は李泰(イ テ)による同名の自伝的手記です。

主人公のイ・テ (アン・ソンギ) は従軍記者から南部軍の一員となります。南部軍は，朝鮮戦争当時，智異山で活動したパルチザン部隊です。イ・テは積極的に南部軍に入ったというよりは，生き残るための選択でした。イ・テは看護兵のミンジャ (チェ・ジンシル) と恋に落ちるなど，親近感の持てる人物として描かれました。パルチザンと韓国軍の討伐隊が対峙する場面では，パルチザンが歌い始めると討伐隊も一緒に歌い始めて合唱になります。観客としては，同じ民族同士の敵対に疑問を感じざるをえません。

『南部軍』が公開された90年は盧泰愚(ノ テ ウ)政権下でした。民主化運動によって大統領直接選挙制は実現しますが，87年の大統領選挙では民主化運動のリーダー格であった金泳三(キムヨンサム)と金大中(キム デ ジュン)が票を分け合った結果，軍人出身の盧泰愚が当選しました。『南部軍』は軍の協力を得られず，小道具の武器を自分たちで作るなど，製作は困難を極めました。

『南部軍』から10年を経て作られた『JSA』(2000年，パク・チャヌク監督) では，南北の軍事境界線を越えて密かに交流する韓国兵と北朝鮮兵の友情が描かれました。非武装地帯で地雷を踏んでしまった韓国兵のスヒョク (イ・ビョンホン) が，北朝鮮兵のギョン

ピル（ソン・ガンホ）とウジン（シン・ハギュン）の助けで命拾いしたのがきっかけでした。ある日，軍事境界線を越えた密会がみつかり，銃殺事件が起こります。韓国側は北朝鮮兵に拉致されたスヒョクが北朝鮮兵を銃殺したと考えます。捜査に当たるスイス軍将校のソフィー（イ・ヨンエ）は真相を究明しようとしますが，スヒョクもギョンピルも嘘の供述で交流の事実を隠そうとします。

　分断の悲劇を描きつつヒューマニズムで包まれた映画として高評価を得て，興行的にも成功しました。『JSA』を製作した映画会社ミョンフィルムの代表は，チャンサンコンメの中心的メンバーだったイ・ウンです。『JSA』が公開された2000年は金大中大統領がノーベル平和賞を受賞した年です。北朝鮮との和解に向けた努力などが評価されました。

2　主流は現代史を描いた映画

『シルミド』大ヒットからの傾向

　韓国では観客動員数1000万人を超える大ヒット映画が，コロナ禍をのぞいてほぼ毎年誕生しています。人口は約5100万人なので，5人に1人は見た計算になります。最初に1000万人を超えた映画は『シルミド』（2003年，カン・ウソク監督）でした。1968年に北朝鮮の金日成暗殺を目的に作られた工作員部隊「684部隊」を描いた映画で，シルミドは秘密裏に訓練を受けた島の名前です。

　工作員たちは命がけの過酷な訓練を受けますが，70年代初めに南北関係が緊張緩和の方向へ動き，684部隊の目的が失われます。映画のなかでは，北朝鮮に向かって船を漕いでいる最中に作戦取消

を告げられます。軍の上層部は684部隊を「なかったこと」にしようと隊員抹殺を命じます。隊員たちは島から脱出してバスを乗っ取り，軍や警察と銃撃戦が繰り広げられました。

事件の真相は長いあいだベールに包まれていましたが，事件をモチーフにした白東虎（ペクトンホ）の小説『シルミド』が99年に出版され，これが映画化されました。歴史に翻弄された684部隊の存在が，小説と映画によって現実社会に呼び起こされたのです。

『シルミド』の大ヒット以降，現代史を描いた映画は韓国映画の主流といってもいいほどたくさん作られ，人気を集めてきました。軍事政権下でタブー視されてきた出来事が多く，映画をとおして改めて現代史を見つめ直すという側面もあります。

2023年に公開された『ソウルの春』（キム・ソンス監督）は，1300万人を超える観客を動員しました。1979年，朴正熙（パクチョンヒ）大統領暗殺後の粛軍クーデターを描いています。12月12日に起きたため，韓国では「12.12」と呼ばれています。翌80年に大統領に就任することになる全斗煥（チョンドゥファン）が，このクーデターを通じて軍の実権を握りました。キム・ソンス監督は当時ソウルで銃声を聞きながら，何が起きているのかわからなかったといいます。そのときの恐怖と，何が起きたのかを知ったときのショックが，映画作りの原動力となりました。

登場人物の名前は，実在の人物名とは変えてありましたが，誰がモデルかは明らかです。全斗煥はチョン・ドゥグァン（ファン・ジョンミン），クーデターを阻止しようとする首都警備司令官の張泰玩（チャンテワン）はイ・テシン（チョン・ウソン）というキャラクター名でした。イ・テシンは豊臣秀吉の朝鮮出兵の際に活躍した李舜臣（イスンシン）将軍を連想させます。ソウルの光化門（クァンファムン）広場に李舜臣の銅像があり，映画のク

ライマックスは，光化門でチョン・ドゥグァンとイ・テシンが対峙するシーンでした。ただ，実際には，光化門で全斗煥と張泰玩が対峙したという事実はありません。歴史を描いた映画で気をつけたいのは，実話をモチーフにしているとはいえ，創作部分があるということです。実在の人物と違うキャラクター名を付けるのは，「歴史歪曲」という批判をかわす効果もあります。

史実と映画の違い

たとえば光州事件を描いた『タクシー運転手』は，観客数1218万人を記録した大ヒット映画ですが，主人公キム・マンソプ（ソン・ガンホ）はモデルとなった人物とはかなり違います。一方，映画の中でピーター（トーマス・クレッチマン）と呼ばれたドイツ人記者のモデルは，実際に光州事件を世界に知らしめたユルゲン・ヒンツペーター記者で，映画で描かれたとおり，2003年に韓国の宋建鎬(ソンゴンホ)言論賞を受賞しました。

映画のなかでは，ピーターに別れ際に名前を問われたマンソプが嘘の名前として「キム・サボク」と伝えたように描かれましたが，実際にヒンツペーターの運転手を務めたのはキム・サボクさんで，1984年に亡くなっています。

マンソプはもともとは民主化運動に関心がなかった「小市民」として描かれました。ほかの運転手と約束していたピーターを，長距離運転で儲けようと，マンソプが横取りして光州へ行ったのですが，光州で弾圧の惨状を目の当たりにし，徐々に使命感が芽生えます。映画では平凡な小市民の変化をみせたかったのでしょう。実際には，サボクさんはヒンツペーター記者と光州行きを約束していた運転手です。『タクシー運転手』公開後，サボクさんの息子が名乗り出て，

2　主流は現代史を描いた映画

マンソプとの違いが報じられました。

　実は『タクシー運転手』よりずっと前に，ヒンツペーター記者を追ったテレビドキュメンタリーが放送されていました。2003年のKBS（NHKに相当）日曜スペシャル『80年5月，青い目の目撃者』です。この番組を作ったプロデューサーのチャン・ヨンジュが，『タクシー運転手』公開翌年，ドキュメンタリー映画『5.18ヒンツペーター・ストーリー』（2018年）を発表しました。この映画によると，サボクさんはヒンツペーター記者の韓国取材を5年にわたってサポートした同志のような存在でした。

　『1987，ある闘いの真実』（2017年，チャン・ジュナン監督）は，1987年1月に起きたソウル大学の学生だった朴鍾哲（パクジョンチョル）拷問致死事件から6月民主抗争までを描いた映画で，主要登場人物の多くは実在のモデルがいます。6月民主抗争は，大統領直接選挙制を勝ち取った民主化運動ですが，運動が膨れ上がるきっかけとなったのが，朴鍾哲拷問致死事件とその隠蔽，さらにそれに抗議した延世（ヨンセ）大学の学生だった李韓烈（イハニョル）が戦闘警察による催涙弾に当たって亡くなったことでした。

　『タクシー運転手』と『1987』をつなぐのは「光州ビデオ」です。光州事件の実態は当初言論統制によってソウルに伝えられませんでしたが，数年を経てヒンツペーター記者の撮った映像「光州ビデオ」がソウルの大学で出回り，学生たちが民主化運動に参加する大きな原動力となります。『1987』では，ヨニ（キム・テリ）が光州ビデオをみてショックを受ける場面がありました。

　『タクシー運転手』と『1987』はいずれも2017年に公開されました。朴槿恵大統領が罷免され，文在寅（ムンジェイン）大統領が就任した年ですが，企画・制作が始まったのは朴槿恵政権下でした。ブラックリス

トによって政府に批判的な文化人が息苦しさを感じていた時期です。

何を描き，描かなかったのか

　現代史を描いた代表作のひとつ『国際市場で逢いましょう』（2014 年，ユン・ジェギュン監督）は，主人公ドクス（ファン・ジョンミン）の人生をとおして朝鮮戦争から現在までが描かれ，1426 万人の観客を動員した大ヒット映画です。

　朝鮮戦争で父と妹と生き別れ，ドイツで炭鉱労働者として働いたり，ベトナム戦争に技術者として派遣されたり，ドクスは架空の人物ですが，彼の人生に絡めて実際にあった出来事がたくさん出てきます。妹と再会を果たす離散家族再会のテレビ放送も，実際に 1983 年に KBS が放送した番組です。ドクスがドイツへ行くのも，ベトナムへ行くのも，弟の学費や妹の結婚資金を稼ぐためで，「船長」という自分自身の夢はいつも後回しでした。幼き日，父から長男として家族を託され，家長としての責任を果たす姿が多くの観客に感動を与えました。ドクスは晩年まで父の写真に語りかけ，父の写真が鏡のようにドクスを映し出します。

　ただ，現代史を描きながら，民主化運動や軍事政権についてはほとんど描かれず，クッポン（国家［국가］とヒロポン［히로뽕］の合成語）映画＝愛国映画という批判もあります。公開された当時は朴槿恵政権下でした。軍事独裁政権をもっとも長く維持した朴正煕大統領の娘です。朴槿恵大統領は『国際市場で逢いましょう』を鑑賞し，主人公夫婦が口論の最中に韓国の国歌「愛国歌」が流れ，敬礼する場面に言及し，「愛国歌にも『苦しくても楽しくても国を愛そう』という歌詞があるように，楽しくても苦しくてもいつも国を愛さなくてはならない」と発言しました。映画ではベトナム行きに妻（キ

ム・ユンジン）が反対して口論になったのですが，結局ドクスはベトナムで足に銃弾を受け，一生足を引きずることになります。

3　映画と実社会のつながり

大統領を描いた映画のヒット

　2024年4月の総選挙を前に，ある政治ドキュメンタリー映画が注目を集めました。李承晩大統領を描いた『建国戦争』（キム・ドギョン監督）です。2月に公開され，ドキュメンタリーとしては異例の110万人を超える観客を動員しました。李承晩大統領は韓国の初代大統領で，1948年から大統領を務めましたが，60年の4月革命によって下野し，ハワイに亡命しました。4月革命は，不正選挙に反発した民衆デモです。

　『建国戦争』は李承晩大統領の再評価を目的にした映画で，軍事政権を批判的に描いた『ソウルの春』の大ヒットに対抗するかのように，保守層が積極的に観覧したという分析もあります。総選挙を前に，感想をSNSにアップする保守系候補者も多くみられました。一方で「李承晩を美化している」という批判の声も上がりましたが，いずれにしても，映画を賞賛したり，批判したりという行為が，選挙運動と連動している側面がありました。

　キム・ドギョン監督は「個人的に『盧武鉉です』を超えたい」と話していました。『盧武鉉です』（2017年，イ・チャンジェ監督）は，政治ドキュメンタリーとしては史上最多の観客数185万人を記録した映画です。公開された2017年5月は，盧武鉉大統領の側近だった文在寅大統領が就任した月だったことも，興行の追い風になりました。

23年の韓国ギャラップの調査によると，歴代大統領のうち評価の高いほうから盧武鉉，金大中，朴正煕の順でした。盧武鉉大統領に関しては劇映画も大ヒットしています。観客数1137万人を記録した『弁護人』（2013年，ヤン・ウソク監督）です。主人公のキャラクター名はソン・ウソク（ソン・ガンホ）ですが，モデルは弁護士時代の盧武鉉です。1981年に学生など22人が不当拘束された釜林(プリム)事件をモチーフに，人権弁護士として軍事政権と闘う姿が描かれました。

　もっとも有名なセリフが，ウソクが法廷で弁論をするシーンで，「大韓民国の主権は国民にあり，すべての権力は国民から生じる」という韓国憲法第1条の条文でした。ソン・ガンホの熱演で，多くの観客の心を揺さぶりました。『弁護人』公開時は朴槿恵政権下で，ソン・ガンホもブラックリストに登載されました。ブラックリストの存在が明らかになった際，ソン・ガンホは報道番組に出演し，「作品を選択するときにまず考えるのが『政府が嫌がるかもしれない』ということ」と，ブラックリストの影響力について語りました。

映画が実社会を動かす

　映画が実社会を動かすこともあります。『トガニ　幼き瞳の告発』（2011年，ファン・ドンヒョク監督）は，光州の聴覚障がい者教育施設で実際に起きた性的虐待事件をモチーフにした映画です。主演俳優コン・ユが兵役中に孔枝泳(コンジヨン)の同名小説を読み，映画化を提案しました。映画のヒットにともなって実際の事件に対する関心が高まり，事件の再捜査が始まりました。さらに性的虐待を厳罰化する内容の「トガニ法」（性暴力犯罪の処罰特例法改正案）が施行されました。

　『トガニ』のファン・ドンヒョク監督は，Netflixシリーズ『イカ

ゲーム』の監督です。格差社会という世界共通の問題をエンタメ作品として昇華し，世界を席巻した監督は，社会派作品で成功した監督だったということです。

『あしたの少女』（2023年，チョン・ジュリ監督）も，実際の事件をモチーフにし，法改正を後押ししました。カンヌ国際映画祭の批評家週間の閉幕作として上映され，海外の注目を集めた作品です。実習生としてコールセンターで働く高校生ソヒ（キム・シウン）が主人公で，原題は『次のソヒ』でした。実際の事件では過酷な実習が原因で高校生が自殺しました。

映画化の提案を受けたチョン・ジュリ監督は，この事件を扱ったSBS（テレビ地上波3大ネットのひとつ）のドキュメンタリー番組『それが知りたい』を見て，「なぜこんなことが繰り返されるのか」と疑問を持ったといいます。高校生が実習で亡くなる事件は繰り返し起こっています。映画公開後，職業教育訓練促進法が改正され，「次のソヒ防止法」と呼ばれています。実習生を保護する内容の改正でした。

労働問題をめぐる映画では『明日へ』（2014年，プ・ジョン監督）も実際の事件をモチーフにしています。スーパーで非正規雇用で働く女性たちが解雇撤回を訴えて立ち上がる様子が描かれました。シングルマザーや入社試験に落ち続けて正社員として働けない若者など，さまざまな事情を抱えた女性たちが，労働組合を作ったり，ストライキをおこなったりして会社に対抗します。

モチーフとなったのは，2007年，大手スーパーのホームエバーが非正規雇用者を大量に解雇した事件です。2年以上勤務する非正規雇用者を正規雇用に転換することを義務づけた「非正規職保護法」施行前の解雇でした。非正規雇用者を守るための法が，逆に解

雇に追いやる結果となりました。18年，いったん解雇された非正規雇用者たちが正規雇用に転換されたのには，映画『明日へ』の影響もあったようです。

『パラサイト』が描いた格差

ポン・ジュノ監督の『パラサイト 半地下の家族』（2019年）は，カンヌ国際映画祭パルムドール（最高賞）受賞とアカデミー賞4冠を達成し，世界の頂点に輝きました。カンヌとアカデミーの両方の受賞は，芸術性と大衆性の両方を兼ね備えた作品であることを物語っています。

『パラサイト』は格差社会を階段や土地の「高低」で表現しました。金持ちのパク社長の家は高台に建っていて，半地下に住む家族が次々に「寄生」します。ところが，半地下の家族より先に，パク社長の家の地下に寄生していた男がいました。海外では韓国独特の半地下という住構造に関心が集まりました。半地下は実際に韓国に多く，『パラサイト』のように大雨で浸水することもよくあります。22年にも，半地下に住む家族3人が大雨の浸水によって死亡する悲劇が起こりました。

『パラサイト』では，パク社長の家にいた半地下の家族が，大雨のなか道をどんどん下っていって自宅に着くと浸水していました。「階段」が象徴的に使われたのは，パク社長の家の階段で半地下の家族が地下へ転げ落ちるシーンでした。転げ落ちたと同時に地下の男と同じレベルになり，貧困層同士の争いが始まります。視覚的にわかりやすく貧富格差をみせたことも，世界的なヒットにつながった要素です。

そもそもなぜ韓国に半地下が多いのかというと，1968年に起き

た青瓦台(チョンワデ)(大統領府)襲撃未遂事件が発端でした。北朝鮮の特殊部隊が韓国に侵入した事件で，朴正熙大統領暗殺が目的でした。これは『シルミド』の684部隊ができるきっかけにもなりました。北朝鮮の侵攻など有事の際の待避所にするため，建築法を改正し，一定の面積を超える建物を新築する際には地下室を作ることを義務化しました。これが結局，安価な居住空間として使われるようになったのです。

『パラサイト』の最初も最後も，息子のギウ（チェ・ウシク）が半地下の家にたたずんでいる姿です。金持ちになることを夢想しますが，それは絵に描いた餅で，固定化された貧富格差を象徴しているようでした。

4　女性映画の変化

繰り返し作られた『春香伝』

韓国でもっともよく知られるラブストーリーといえば，『春香伝』です。物語を歌いながら語る伝統芸能パンソリの演目『春香歌』として知られますが，繰り返し映画としても描かれてきました。

支配階級の両班(ヤンバン)の息子である夢龍(モンニョン)と妓生(キセン)（芸妓）の娘の春香(チュニャン)の身分を超えた愛を描いています。2人は南原(ナモン)で出会い，恋に落ちますが，父の昇進にともなって夢龍は上京することになります。再会を誓って離れ離れになりますが，新たに南原に赴任した長官が美しい春香に迫り，それを拒んだ春香は拷問を受け，投獄されます。科挙に合格して南原に戻ってきた夢龍は春香を助け出し，2人はめでたく結ばれるというハッピーエンドの物語です。

韓国映画の歴史が始まってまもない1920年代から作られ続け

てきましたが，イム・グォンテク監督の『春香伝』（2000年）で止まっています。はじめてカンヌ国際映画祭のコンペティション部門に進出した韓国映画です。イム監督は1980年代から海外で高く評価され，『酔画仙』（2002年）でカンヌ映画祭監督賞に輝きました。

『春香伝』が近年作られなくなったのは，女性が貞操を守ってただひたすら男性を待つという儒教的倫理観が，社会進出を果たした女性たちの共感を呼ぶには古くなったからなのかもしれません。イム監督の『春香伝』でも，パンソリのなかの物語として表現されました。

#MeToo運動と『82年生まれ，キム・ジヨン』

韓国では2018年，女性検事が男性上司からのセクハラを暴露したことをきっかけに，性被害を告白する#MeToo運動が一気に拡がりました。映画界でもキム・ギドク監督や俳優のチョ・ジェヒョン，チョ・ミンギ，オ・ダルスらが次々に告発されました。

特に社会的ショックが大きかったのはキム・ギドク監督でした。キム監督は『嘆きのピエタ』（2012年）でヴェネツィア国際映画祭金獅子賞を受賞するなど，世界的に高く評価される監督でしたが，監督の地位を利用した出演女優に対する性暴力が次々に明るみに出ました。その一部には，チョ・ジェヒョンも加担していました。

それまで男性監督，男性主演の商業映画が圧倒的に多かったのが，#MeToo運動を機に変わり始めます。女性監督，女性主演の映画が目立って増えてきました。もっとも象徴的な作品が，『82年生まれ，キム・ジヨン』（2019年，キム・ドヨン監督）です。観客数367万人を記録し，この年の韓国映画では7位でした。

4　女性映画の変化

日本でもベストセラーとなったチョ・ナムジュの同名小説が原作で，出産・育児のために仕事に復帰できないでいるキム・ジヨン（チョン・ユミ）が主人公です。キム・ドヨン監督自身，もともと女優だったのが，出産・育児でキャリアが途絶え，その経験を短編映画『自由演技』（2018年）で描いたことが，『82年生まれ，キム・ジヨン』の演出を任されるきっかけとなりました。

　誰かに憑依(ひょうい)したような症状を繰り返すジヨンの人生を振り返れば，我慢を重ねてきたことがわかります。バスのなかで痴漢に遭っても父親から「スカートが短い」と，むしろジヨンが注意を受けるなど，多くの女性が経験してきた我慢です。ジヨンは「恨(ハン)」をため込んだ挙句，憑依の症状として出たのかもしれません。それはジヨン一代のものではなく，母や祖母のものでもありました。母ミスクに，ジヨンが祖母の口調で語りかける内容に表れていました。兄たちの学費のために若くして働き，「学校の先生」という夢をあきらめたミスクに心を痛めていた祖母の「恨」です。

　韓国独特の「恨」について，映画評論家の佐藤忠男は，「'うらみ'のような相手に対する復讐の感情ではなく，その悲嘆を抱えて墓場のなかまで持って行こうとするような精神のあり方」（佐藤1996：16）と述べています。「恨」を抱えて生きてきた女性たちが，墓場のなかまで持って行かず声を上げ始めたといえます。

　原作に比べて映画のほうが希望の持てる内容になっていたのは，原作が発売されたのは16年で，#MeToo運動が拡まる前であったことを考えると，その間の変化が映画に反映されたともいえます。ただ，出産・育児が働く女性の負担になっている現実はすぐには変わりません。映画でも，ジヨンの夫デヒョン（コン・ユ）が育児休暇をとろうとしますが，姑の激しい反対であきらめます。韓国では

合計特殊出生率（1人の女性が生涯に産む子どもの数）が下がり続け，23年は0.72という世界最低水準になっています。

「私」が出発点の女性映画

『82年生まれ，キム・ジヨン』では，ジヨンが働いていた会社のトイレに隠しカメラがあったことがわかります。盗撮された画像がネット上で公開されていたことを知り，女性社員たちがショックを受けます。一方，デヒョンの同僚男性たちは休み時間に性的画像をスマホでみながら盛り上がります。軽い気持ちでみている画像が，被害者にどれだけ重くのしかかるのか，その対比がよく表れていました。

『成功したオタク』（2021年，オ・セヨン監督）は，「推し」の歌手が性犯罪の加害者として逮捕されたファンのドキュメンタリーです。オ・セヨン監督自身，歌手のチョン・ジュニョンの大ファンでしたが，19年，ジュニョンは集団で女性に性的暴行を加えた罪と，隠し撮りしたわいせつ動画を流布した罪に問われます。オ監督はジュニョンのファンに限らず，「推し」が加害者となったファンたちにインタビューを重ねました。なかには応援した自分も犯罪に加担したような罪悪感を感じるファンもいました。オ監督自身も「私たちは被害者か，加害者か」と自問します。

このように#MeToo運動後に登場した女性監督による作品には，「私」が出発点となっている作品が多くみられます。

国内外で数多くの賞を受賞して注目を浴びた『はちどり』（2019年）のキム・ボラ監督は1981年生まれで，82年生まれのキム・ジヨンと同世代です。94年に中学生の『はちどり』の主人公ウニ（パク・ジフ）も，ほぼ同世代です。

4　女性映画の変化

> **コラム9　厳しい検閲が生み出した『馬鹿宣言』**　厳しい検閲によって意図せず名作が生まれるということもありました。イ・ジャンホ監督の『馬鹿宣言』（1984年）です。イ・ジャンホ監督が世界的に注目を浴びるきっかけとなった作品で，大島渚監督が絶賛したことでも知られます。
>
> 　『暗闇の子供たち』（1981年）の続編として作る予定でしたが，全斗煥政権下の事前検閲でタイトルを含め「全面改作」を求められました。イ・ジャンホ監督は自暴自棄になって『馬鹿宣言』を作ったといいます。脚本は検閲用に書いただけで，実際には即興で撮りました。
>
> 　足の不自由なドンチョル（キム・ミョンゴン）は一目ぼれしたヘヨン（イ・ボヒ）につきまといます。ドンチョルはヘヨンを女子大生と思い込んでいましたが，実は娼婦でした。結局，ヘヨンは上流階級の男たちに弄ばれて死んでしまいます。ストーリーは悲劇のようですが，ブラックコメディーで，子どもの声のナレーションで進行します。
>
> 　冒頭，イ・ジャンホ監督自身が出演し，ビルの屋上から飛び降りま

　ジョンの家庭でもウニの家庭でも，男きょうだいが優先です。親の期待を受けるウニの兄は受験勉強のストレスのはけ口として，日常的にウニに暴力を振るいます。ウニを救ってくれるのは家族ではなく，漢文塾の先生であるヨンジ（キム・セビョク）でした。ウニはヨンジの血の通った言葉と，94年に起きた聖水大橋崩落事故を通し，一回り成長します。この事故は，手抜き工事が原因でソウルの漢江にかかる橋が突然崩落し，多くの死傷者を出した事件です。韓国の急速な経済発展は「漢江の奇跡」と呼ばれましたが，無理がたたった象徴のような出来事でした。

　一方，ウニの住むソウルの大崎洞は塾が多く，教育熱心な家庭が集まる地域です。ウニの家は決して裕福ではなく，兄の教育のため

> す。イ・ジャンホが死んだあとにできた映画だという暗示でした。子どもの声は「当時の人々は映画に関心がありませんでした。みんなスポーツにばかり関心がありました」と語ります。全斗煥政権は軍事独裁への反発を抑制するためにスクリーン，スポーツ，セックスに関心を向ける「3S政策」を進めました。それを皮肉ったナレーションです。
>
> 抵抗のつもりで，常識を覆す反語法で撮りました。たとえば，ドンチョルはヘヨンを誘拐して強姦しようと試みますが，目を覚ましたヘヨンはドンチョルに殴る蹴るの暴行を加え，自ら服を脱いで下着姿になります。逆にドンチョルが慌てて服を着ます。
>
> でたらめに作ったはずの映画が「みたことのない斬新な映画」と評価され，大学生たちからの熱烈な支持を受けました。イ・ジャンホ監督は「政権と手を取り合って作った映画だ」といいます。逆説的ですが，検閲のおかげで生まれたということです。

に無理をしていることがわかります。橋の崩落も兄の暴力も，根っこは同じ，個性や命を軽んじた熾烈な競争にあるようです。

ウニの家族をとおして韓国の現代史がみえる『はちどり』は，社会の出来事が「わがこと」と感じられる映画です。イ・チャンドン監督の『ペパーミント・キャンディー』(2000年)が主人公の男性ヨンホの人生をとおして現代史をみせたのとも似ているようで，「恨」を抱えて自殺したヨンホは「挫折」，ウニは悲劇に直面しながらも「成長」を感じさせた，という点で違います。『ペパーミント・キャンディー』が97年のアジア通貨危機を経て，『はちどり』が#MeToo運動を経て出てきたという時代背景の違いもあります。

4　女性映画の変化

参 考 文 献

イ・ヒャンジン／武田珂代子訳『コリアン・シネマ——北朝鮮・韓国・トランスナショナル』みすず書房，2018年

キム・ミヒョン責任編集／根本理恵訳『韓国映画史——開化期から開花期まで』キネマ旬報社，2010年

佐藤忠男「韓国映画をどう見るか」『韓国映画祭1946-1996——知られざる映画大国』朝日新聞社,1996年

＊韓国語文献

韓国映画100年記念事業推進委員会『韓国映画100年100景』トルベゲ，2019年

第10章 宗教文化からみる韓国社会

越境する宗教

古田 富建

⇒世界有数の規模をほこるメガチャーチのクリスマスの礼拝風景。
出所：筆者撮影

1 韓国社会の宗教空間の特徴

公休日（祝日）からみる宗教文化

韓国の宗教文化の話に入る前に，韓国の公休日からみてみましょう。

韓国の法定公休日は11日あります。新正（1月1日）やソルラル（旧正月，陰暦12月31日～1月2日）とチュソク（秋夕，陰暦8月14日～16日）の連休は，家族や親戚が集まり先祖祭祀をおこないます。これは東アジアに共通する宗教文化です。釈迦の誕生日である「仏様が来られた日」（陰暦4月8日），イエスの誕生を祝う「生誕節」（12月25日）も法定公休日です。「開天節」（10月3日）は，建国神話に登場する檀君（タングン）が古朝鮮を建国したとされる記念日です。このように，韓国の公休日には東洋・西洋の宗教が取り込まれています。

では，宗教統計で宗教人口の分布を確認してみましょう。

韓国の統計庁の宗教統計（2015年）でもっとも信徒数が多いのはプロテスタントの19.7％，次に仏教15.5％，カトリック7.9％と続き，無宗教が56.1％となっています。日本と比べて，どのような特徴があるでしょうか。分母が宗教人口となっている日本の文化庁の宗教統計調査（22年）によると，各宗教団体の信者数は神道系51.5％，仏教系43.4％，キリスト教系0.8％，諸数が4.3％となっています。韓国の統計から無宗教を除いた宗教人口を分母に置き換えると，プロテスタント44.9％，カトリック18％でキリスト教全体で62.9％，仏教が35.3％です。日本の0.8％と比べてキリスト教の多さが際立っています。ソウルの夜の

街は十字架のネオンサインが多いことで有名ですが，日本に神社があるように韓国にキリスト教の教会が多く存在するということです。近年の特徴としては，特定の宗教を信じない「無宗教」者の割合が増加しています。

さらに，韓国には日本系新宗教が18団体あり，その信者総数は人口の4%に当たる約190万人とされます。そのなかでも148万人の韓国SGI（創価学会）が突出しています。

韓国に国教はなく政教分離が原則ですが，プロテスタント・仏教・カトリックのいわゆる「三大宗教」は特別な存在感があるといえます。元大統領などの国葬が三大宗教の儀式でそれぞれ執りおこなわれたり，韓国の軍隊ではこの三大宗教の聖職者だけが従軍聖職者（軍宗）として長く認められていました。

死後儀礼からみる宗教文化

次に，日韓の墓を比べてみましょう。

現代の日本では，火葬骨を埋葬し墓石を建てる葬法が一般的です。一方，韓国のドラマや映画では，山の中腹に作られたこんもりとした土饅頭の墓をみかけます。これは山所という直系先祖の墓です。90年代までは土葬が主流で火葬率はわずか20%台でしたが，2021年には90%を超え，墓を用意せずに奉安堂（納骨堂）を利用するケースが増えています。最近のドラマや映画でも奉安堂のシーンが増えています。奉安堂では，骨壺に十字架を描いたり故人の信仰と関連するものをともに収めたりして，宗教性を出しています。

続いて葬儀についてみていきましょう。日本の葬儀は9割が仏式で，無宗教（2.2%）でおこなわれることはほとんどありません。一方の韓国は儒教式が多く，次いでキリスト教式，仏教式でおこな

われています。儒教式では位牌に向かってお香を焚き，2回拝礼をおこない，遺族に1回拝礼をします。この拝礼はもっとも格式高い形式をとり，頭を地面に付けた土下座のような見た目です。クリスチャンは宗教上の理由からこうした拝礼はおこないません。

　最後に，先祖祭祀をみてみましょう。先祖祭祀とは，子孫が先祖を祀る信仰のことで，父系社会の韓国では父系先祖を祀ります。ソルラルやチュソク，故人の命日に墓参り（省墓^{ソンミョ}）をして墓前で祭祀をおこなうケース（墓祭）と，自宅でおこなうケース（家祭）とがあります。家祭は，祭祀継承者である故人の長男宅に親戚一同が集まっておこないます。祭壇を作り，位牌の前にご馳走を並べます。料理に霊が嫌うとされる唐辛子やニンニクは用いません。儀礼は深夜0時から始まり，祭祀継承者を中心に位牌に2回拝礼をします。こうした先祖祭祀をおこなうため，ソルラルやチュソクの連休には帰省ラッシュが起きることで知られています。ただ今日では，祭祀を簡略化したり，省略する家庭が増えています。

　日本では，正月は神道の信徒に，結婚式とクリスマスはキリスト教徒に，葬儀では仏教徒になるといわれています。一方の韓国では，無宗教者の結婚式や葬儀・祭祀は宗教色が薄く，逆にキリスト教徒であればキリスト教式の結婚式や葬儀をおこないます。日本が信仰と慣習が切り離された「世俗的な宗教文化」だとするなら，韓国では，信仰と慣習がより結びついているといえます。また，宗教色が薄いとされる葬儀や祭祀は実は儒教式ですが，儒教式であることは意識されておらず「伝統式」だとされています。

韓国宗教史にみる仏教

　仏教が朝鮮半島に伝来したのは4世紀末の三国時代です。それ

から高麗時代（918〜1392年）までの900年間，仏教は政治や精神文化の面で大きな役割を果たしました。統一新羅（668〜935年）や高麗では，仏教は王朝との結びつきが強く，護国仏教としての性格を有していました。

　思想的にはすべての存在が関連し合っているという華厳思想が，新羅以降，現代に至るまで強いとされます。韓国の華厳思想は奈良時代に日本に伝わります。華厳宗の本山は奈良の東大寺であり，盧舎那仏は華厳経の教えを体現したものです。宗派でみると，日本には伝統的宗派が13宗ありますが，韓国では異なる思想やそれに関連する儀礼が互いに混ざり合い独自のかたちで発展し，現在は曹渓宗と太古宗の2宗だけです。

　こうした背景には，朝鮮時代に王室との関係が疎遠になった歴史があります。儒教が強まったことで仏教寺院は都から消え，葬儀は仏教から切り離され，儒教式葬礼を自宅でおこなうようになりました。多くの人が儒教式で先祖を祀るため，日本のような家庭用の仏壇も普及していません。葬祭儀礼を中心にお寺と家が強く結びついた檀家制度もなく，いまでも町なかの寺院に共同墓地を有する日本とは情景が大きく異なります。現代韓国では住宅事情などから，自宅ではなく，大学病院や総合病院など大型病院内にある葬儀施設が使われています。

　このような事情から，韓国の仏教は，葬礼や墓との結びつきというよりも，祈願や修行の場となっています。信徒の中心は中高年女性で，受験生の親による合格祈願の百度参りは秋の風物詩です。祈る時もただ合掌するのではなく，五体投地に近い土下座式拝礼をする姿が見受けられます。

　韓国の寺院には，在家のまま修行者を受け入れる伝統があり，修

1　韓国社会の宗教空間の特徴

行者用の宿泊施設を整えているケースがあります。全斗煥(チョンドゥファン)大統領が退任後に寺で隠遁生活を送った，俳優のペ・ヨンジュンが寺に籠って受験勉強をおこなったといった逸話があります。

信徒以外にとってもっとも身近な仏教文化といえば，初夏におこなわれる「燃灯会(ヨンドゥンフェ)」でしょう。三国時代の新羅から1200年続く伝統ある祭りで，ソウルをはじめ各都市で色鮮やかな提灯パレードがおこなわれ，この祭りはユネスコ人類無形文化遺産にも登録されています。そのほかにも，同じく世界遺産に登録されている「石窟庵と仏国寺(ソックラムブルグクサ)」や「八万大蔵経(パルマンデジャンギョン)」を所蔵する海印寺など，慶尚道(キョンサン)を中心とする名刹は貴重な観光資源です。

最近では信徒の高齢化と僧侶の減少が指摘されています。一方で，先祖祭祀の簡素化が進み，家庭ではなく寺院に祭祀を委託するケースもみられます。

2　韓国社会はどこまで儒教社会か

儒教とは何か──朱子学の家庭儀礼

「韓国は儒教社会だ」とよくいわれます。しかし，儒教徒を自認している人は0.2％にすぎず，儒教を宗教や信仰だと捉えている人はほとんどいません。ここでは慣習として根付いている儒教について紹介します。

儒教は孔子に由来し，漢代以降，東アジアの文化全般に大きな影響を与えてきました。朝鮮半島では高麗末期に朱子学が流入し，深く浸透していきます。朱子学とは，12世紀に中国の儒学者朱熹が集大成した新しい儒教哲学です。朝鮮時代(チョソン)（14〜19世紀）に朱子学が国家の統治理念になると，仏教式で執りおこなわれていた儀礼

が儒教式に塗り替えられていきました。これが，現代韓国まで続く儒教文化の礎を作りました。

　朱子学が定めた家庭儀礼について具体的にみていきましょう。『朱子家礼』は14世紀に書かれた冠礼・婚礼・葬礼・祭礼の4つの儀礼（冠婚葬祭）の手順や行動規範を記した書です。これが，17世紀に朝鮮で『四礼便覧』として編纂され，庶民にも広まっていきました。

　冠礼は15歳から20歳でおこなう成人儀式で，男性は髷を結い上げて冠をかぶり，女性はかんざしを差しました。19世紀の断髪令以降，冠礼は形骸化し，1969年に家庭儀礼から外されます。現在では，法定公休日ではありませんが，「成年の日」（5月の第3月曜日）が指定されており，成人した子や弟・妹に贈り物などをして祝います。一部で伝統的な「成年礼」を復活させるイベントもあります。韓国の成人年齢は満19歳です。

　婚礼にも細かなしきたりがあります。伝統社会では花婿と花嫁の実家を行き来しながら儀礼が執りおこなわれました。現在では結婚式場での挙式が一般的ですが，いまでも両家の家族だけが集まった式場の別室で幣帛（ペベク）という儒教式婚礼をおこなうことがあります。

　伝統的な葬礼の様子は，林権澤（イムグォンテク）監督の映画『祝祭』などに詳しく描かれています。親が亡くなると「3年喪に服す」というしきたりもありました。喪主は丸2年，墓のそばに小屋を建ててそこに寝泊まりして墓を守るというものでした。期間が非常に長く，朝鮮時代にも完全に守ることは難しかったようです。

　冠婚葬祭のなかでもっとも重視されたのは先祖祭祀である祭礼です。年長者（親）の奉養は儒教でもっとも大事にされる「孝（ヒョ）」の一環とされ，祭礼は一般的にチェサ（祭祀）と呼ばれています。

これらの儀礼を仏教式と比較すると，儒教には僧侶のような宗教的職能者が存在せず，年長者がその役割を担います。年長者はあらゆる儀礼や礼儀作法で重視されています。

人間関係のなかに息づく儒教文化

次に，現代社会のなかの儒教をみてみましょう。

儒教は儀礼だけでなく，人間関係にも大きな影響を与えています。小倉（2012: 35）は儒教を「血のつながりを基本とした愛と道徳のエネルギーを，血縁以外にも拡大することによって文明的共同体の構築・維持を模索する思想」と述べています。血縁者間のような人間関係を血縁者以外にも広げたのが儒教文化なのです。

人間関係の倫理は，「五倫」と呼ばれる5つの教えに基づいています。「父子の親」「君臣の義」「長幼の序」「男女の別」「朋友の信」です。現在では，特に父子の親と長幼の序が重視されています。「孝」の徳目を表す「父子の親」は，生前だけでなく死後も親を敬い，尽くすことを唱えました。

「長幼の序」は主に年齢に基づく秩序を指し，これは「尊待（チョンデ）」と「下待（ハデ）」の言葉遣いにも反映されています。「尊待」は目上に対して使われ，逆に「下待」は大人が子どもに，先生が生徒になど目下に使います。「尊待」と「下待」の言葉遣いは4種あり，親には「非常に尊待」，妻には「普通に尊待」，婿には「普通に下待」，息子には「とても下待」のように使い分けます。また，長幼の序という文化は固定化した年長者と年少者の立場につくことだけでなく，一人の人が相手によって目上と目下の立場を使い分けることも意味します。

儒教は父系親族集団をもとにしており，一族の集りである宗親会や族譜の作成は重要な慣習でした。そこでは，「世代」の秩序も重

視されました。祖父母が第1世代なら，親や親のきょうだいが第2世代，子や親のきょうだいの子は第3世代です。世代ごとに特定の漢字である行列字を使用する名付けは，宗族の系譜における秩序を明確化する役を担いました。

　こうした血縁の秩序は，血縁以外にも拡大されています。それが，K-POPアイドルなどでもみられる，「ヒョン」（兄さん）や「オンニ」（姉さん）呼びです。現在では，4つの尊卑の言葉遣いはほぼ消滅しましたが，呼称で上下関係を明確にする文化は若者のあいだでも続いています。相手との上下関係を明らかにし，互いの呼称について了解を得ることを「呼称整理」といいます。年齢に基づいて，年上を「ヒョン」，年下や同い年を「名前」で呼ぶといったことを取り決めて関係を構築していきます。「長男・長女っぽい」「末っ子っぽい」はその人の性格を表すのに対して，相手に応じて年上と年下の立場を自在に使い分けるのが，儒教が教える振る舞い方といえるでしょう。

韓国社会の脱儒教とその後遺症

　最後に，現代韓国の脱儒教をみていきましょう。儒教が国家イデオロギーとしての地位を喪失してから100年以上が経ち，近代化と国際化の波のなかで儒教的儀礼や慣習は急速に衰退していきます。

　儒教への批判は，近代に入ってから起き始めます。「儒教の因襲が朝鮮の近代化を妨げている」と非難され，植民地支配からの解放後も儒教文化の弱体化が続きます。家庭儀礼が経済成長の障害になるとして，朴正煕（パクチョンヒ）政権は1973年に，四礼の簡素化を進める大統領令「家庭儀礼準則」を施行しました。一方で朴正煕政権には，国民統合の象徴として儒教を活用する側面もありました。儒教規範の

「孝」の「忠〔チュン〕」を強調し、陶山〔トサン〕書院など儒教関係の建造物を修復して重要文化財に指定し、儒学者を紙幣の肖像画に選定しました。韓国の急速的な経済発展は「儒教資本主義」、高い教育熱による高学歴化は「崇文主義」として讃えるなど、儒教を全否定したわけではありませんでした。

　脱儒教の流れはその後も確実に進んでいきます。90年代と2020年代の中学校の道徳教科書を比較すると、儒教の記述が大幅に削られています。文化体育観光部の調査では、親の奉養を義務と感じる人の割合が、06年の76.5％から22年の51.2％に減少しています。家庭儀礼の簡素化といった慣習面の変化だけでなく、人々の思考にも影響を与え、社会が変容していったのです。

　そこで、現代社会における脱儒教のエポックメイキングな出来事を振り返ってみましょう。

　脱儒教は、1997年のアジア通貨危機以降、多国籍企業の韓国進出とともに加速しました。年功序列の雇用形態が崩壊し、呼称のフラット化がみられるようになります。また、2013年に発刊され、アジア各国で大ベストセラーとなったアドラー心理学の『嫌われる勇気』によって、韓国における膠着化した儒教的人間関係に気づきが与えられました。「親らしく・子らしく振る舞う文化」や「課題の分離ができない親子」の見直しを促し、欧米的な確立した個を提示しました。16年に発売されたチョ・ナムジュの小説『82年生まれ、キム・ジヨン』は女性の生きづらさを描きました。小説は映画化され、日本でもフェミニズム界にインパクトを与えました。

　一方、現代社会の不平等や生きづらさの原因を儒教に求める急進的な脱儒教化は、韓国社会に新たな問題をもたらしています。「長幼の序」における年長らしい振る舞いを「コンデ（꼰대）」（老害）

と揶揄する現象が拡がり，高齢者と若年層のあいだの分断につながっています。家父長制やジェンダーギャップに対する糾弾は，男性から「逆差別だ」と反発が起きており，男女の分断を引き起こしています。親の次に敬われてきた教師の権威も失墜し，保護者による教師への逆ハラスメントが社会問題となっています。

仲川（2017: 85）はこうした現象について，「近年の急激な国際化・欧米化は儒教的な価値観を薄れさせている」としつつ，「その反動としての伝統回帰が叫ばれるときに主軸になるのは儒教」であり，儒教は結局，「韓国を表す有効なシンボルである」とします。BTSメンバーの儒教らしさを体現したような人間関係に世界が魅了されたように，儒教的人間関係のあり方は韓国，ひいては東アジアを特徴づけるオリジナリティーでもあるのです。

3　キリスト教からみる韓国社会

韓国キリスト教の受容史

クリスチャンが1％未満の日本と比べ，韓国社会でのキリスト教の存在感は顕著です。

日本人が仏教を宗派別に捉えるのと同様に，韓国人はキリスト教を細かく分類します。カトリックは「天主教(チョンジュギョ)」，プロテスタントは「基督教(キドッキョ)」または「改新教(ケシンギョ)」と呼ばれます。プロテスタント内には長老派，監理派，純福音派，聖潔派などがあり，長老派がもっとも多く，プロテスタントの66％を占めます。

朝鮮へのキリスト教伝来は宣教によるものではありません。1784年に李承薫(イスンフン)が北京で洗礼を受け，朝鮮初のカトリック教徒となりました。しかし，カトリック教徒が先祖祭祀を拒否したことで

朝鮮王朝から反体制思想とみなされ，信仰のために命を落とした人が数多くいました。

アメリカ人宣教師による本格的な宣教が始まったのは1884年です。最初に上陸した長老派と監理派の宣教師は，教育事業や医療活動とともに布教をおこないました。のちに梨花女子大学となる梨花学堂，のちに延禧大学と統合し現在の延世大学となるセブランス医学校（済衆院医学堂）などは，医師でもあった宣教師らによって設立されました。

エリート層以外の入信は，朝鮮王朝末期（大韓帝国）に，人々が精神的安寧を求めて教会に集まり始めたことがきっかけです。彼ら彼女らに布教しようと考えた宣教師は，聖書を学びクリスチャンとしての覚醒を促す「聖書査経会」と呼ばれる集会を全国各地で開催しました。1907年の平壌聖書査経会では罪の告白が相次ぎ，人々は泣きながら大声で祈り（通声祈禱），熱狂的な雰囲気に包まれました。この様子が全国に伝えられ，平壌は「東洋のエルサレム」と称されました。

植民地期の1919年，梨花学堂に通う高校生の柳寛順らが独立運動（3・1運動）を先導します。戦時下に入った37年以降，神社参拝の奨励・強要が始まると，プロテスタントの信徒たちが信教上の理由で参拝を拒み，多くの信徒が逮捕されました。

植民地からの解放後，プロテスタント主流派は親米，反共の保守政党を支援しました。66年には，キリスト教指導者たちが年に1回集まる超教派の国家朝餐祈禱会がアジアではじめて組織されます。この祈禱会には例年，現職の大統領も参加しています。他方で，民主化運動やリベラル政党を支持する「民衆神学」や「民衆教会」も作られましたが，大きな勢力にはなりませんでした。

なぜクリスチャンが多いのか──東アジアの宗教観との融合

韓国キリスト教の成長を象徴する存在が、プロテスタントの汝矣島純福音教会です。

解放後から80年代にかけて、各教会が競うように布教を進め、メガチャーチ（大型教会）と呼ばれる大規模教会がいくつも誕生しました。これは、ひとつの教会だけで1万人以上の信徒を抱える教会のことで、韓国は世界でもメガチャーチが多いことで知られます。特に汝矣島純福音教会は2021年現在、57万人の信徒を抱え、いちどに2万5000人を収容できる世界最大級の礼拝堂を備えています。日曜の礼拝は複数回にわたっておこなわれ、収容し切れない信徒のために周辺施設で生中継もされています。人気アーティストのコンサートさながらです。この教会は、1980年代の高度成長期に信徒数世界一としてギネスブックに掲載され、韓国キリスト教の定着と成長のシンボルとされました。

この教会で起きていたことは、韓国でキリスト教が劇的に拡まった要因を明らかにするヒントになります。

教会の設立者である趙鏞基牧師（1936-2021）は韓国でもっとも有名な牧師のひとりです。カリスマ的な説教は「救いの三重祝福」と呼ばれ、「イエスを信じれば金持ちになれて、健康になれて、霊的に平安になれる」と語り、実際にマイホームを手に入れたり病気が治ったりした信徒がその証言をすることで信徒が急増しました。

「イエスを信じれば願いが叶う」という信仰観は、無病長寿や事業繁栄を祈願する東アジアの除災招福的な信仰観とキリスト教の一神教的な信仰観が融合したものです。こうした、東アジアの除災招福的な信仰観が一神教の信仰観へと越境するダイナミズムが韓国の宗教空間にはみられます。

趙鏞基牧師は，聖霊体験を重視するプロテスタント系のペンテコステ派の影響を強く受けています。聖霊体験では，抑えきれない感情の高まりや，それにともない，自然に口が開かれて発せられる異言，癒やしなどの奇跡が証言されることがあります。韓国キリスト教には，草創期からこの聖霊体験を重視する傾向がみられました。この聖霊体験を重視する文化は，病気治療・悪霊退治を専門とする施設である祈祷院という韓国独自のキリスト教文化へと発展します。映画『シークレット・サンシャイン』(2007年，イ・チャンドン監督)には，息子を亡くした主人公が苦しみを乗り越えるため，復興会に参加して劇的な癒やしを得るシーンが描かれています。しかし，これらの体験や施設は主流派である長老派から批判され，2000年代以降は病気治癒など奇跡の過度な強調には否定的な見解がみられるようになりました。

韓国社会におけるキリスト教認識

　親の代から続くクリスチャンなど若い世代のクリスチャンが存在することが，キリスト教の特徴でもあります。クリスチャンの俳優やアイドルが授賞式などで神に感謝する姿から，公に信仰を表明できる社会的雰囲気がうかがえます。

　クリスチャンの日常をのぞいてみましょう。プロテスタントの信徒は毎週日曜日の礼拝に加え，水曜や金曜の夜に徹夜祈祷会に参加することがあります。説教スタイルをはじめとする教会文化は主にアメリカから輸入されています。大人たちは聖歌隊活動や聖書勉強会に参加し，子どもたちは長期休みになると聖書合宿で信仰を高めつつ仲間づくりをします。大学生は大学のキリスト教サークルでボランティアや募金活動などをおこない，海外宣教に行くこともあり

ます。学内や路上での宗教勧誘が迷惑行為のようにいわれることがありますが，布教は宗教人として当然の行為で，この経験が若い信徒にとって信仰の鍛錬にもなっています。いまは韓国社会に定着したとはいえ，キリスト教にも社会との軋轢が存在します。

　もっとも有名で古いジレンマは，先祖祭祀です。キリスト教の教義では死者は天国か地獄にいるとされ，この世に死者を呼び寄せる儀式である儒教の祭祀は否定されます。また，偶像崇拝を禁じるキリスト教では，位牌に「神位」と記したり先祖の霊に食事を捧げて拝礼をしたりする行為が偶像崇拝だとされました。そのため，親子や夫婦の片方だけがクリスチャンであると家族の不和の要因となりました。現在は，キリスト教式の先祖祭祀である追悼式が普及し，また祭祀の実践そのものが低調となったため，祭祀をめぐる問題は大きく減少しています。

　海外宣教については，映画『極限境界線　救出までの18日間』（2023年，イム・スルレ監督）でも描かれた2007年のタリバンによる青年海外宣教師殺害事件で，世俗社会からキリスト教団体への批判が噴出しました。また，コロナ禍中にはキリスト教系新宗教である新天地の一部信者による感染経路隠しによって苛烈なバッシングが起き，亡くなる信徒も発生しました。そして，キリスト教の人間観と真っ向から対立する性的マイノリティー問題は，反キリスト教・反宗教運動との衝突という側面もあり，深い軋轢を残しています。

　エンターテインメント界では，クリスチャンのスタッフや役者が活躍する一方で，キリスト教を否定的に描く作品も目立ちます。ドラマ『イカゲーム』（2021年）の偽善的な牧師やドラマ『グローリー』（2022年）での牧師の娘のように，クリスチャンが悪役に設定されるケースが頻繁にみられます。このような表現がキリスト教

を貶めているとの指摘も存在します。

逆に，キリスト教の長老派を中心とした主流派にみられるような排他性が，ほかの信仰や分派の排斥につながることもあります。世俗と宗教が，あるいは宗教同士が相手の信教（信条）を尊重しつつ，異なる信条（信教）を持つ人々が共生できる社会の実現が課題です。

4 民間信仰およびその他のスピリチュアリティ

民間信仰と伝統的死生観，風水思想

さらに，韓国の宗教文化を説明するのに欠かせないのが民間信仰です。ここで紹介するのは，宗教や信仰であることに気付かずに人々に信じられ生活や習慣に息づいているものです。

たとえば，山は神聖な場所とされ，白頭山（ペクトウサン）や金剛山（クムガンサン），鶏龍山（ケリョンサン），智異山（チリサン）などの霊山で仏教徒や民間信仰の修行がおこなわれてきました。伝統社会では，村の入り口に「ソナンダン」と呼ばれる神樹が立ち，人々はその前で祈りました。また，トラやクマは2018年の平昌（ピョンチャン）冬季オリンピックのマスコットにもなった神聖な動物とされ，国鳥のカササギは吉鳥とされます。

死生観や霊魂観は，ドラマや映画からも読み取ることができます。ドラマ『ホテルデルーナ』（2019年）では，死者が生前の未練や恨みを解放するために立ち寄るホテルが描かれます。このドラマに登場する死者は，伝統的に「恨みを抱く死者」とされる典型を示し，溺死者や客死者をはじめ，特に恨みが深いとされる未婚女性の幽霊「チョニョグィシン（処女鬼神）」が登場します。

チョスンサジャ（死神），クミホ（九尾の狐），トッケビ，サムシンハルメ（三神お婆：産神），スホシン（守護神）などの神々や妖怪もド

ラマや映画ではお馴染みのキャラクターです。映画『神と共に』（2019年，キム・ヨンファ監督）をはじめ数々の作品で取り上げられる「輪廻転生」や「因縁（ご縁）」は仏教，「玉皇上帝」や「お札（呪符）」は道教的なモチーフです。

　都市づくりや家・墓の位置選びでは，風水が重要な役割を担ってきました。風水では，大地に潜む気の力が人間の禍福を左右すると考えられています。この思想は三国時代に仏教僧によって中国から伝えられ，朝鮮王朝の首都である漢陽（現ソウル）は風水によって決められました。映画『風水師　王の運命を決めた男』（2018年，パク・ヒゴン監督）（原題『明堂』）では，漢陽を舞台に風水で力を得ようとする人々が描かれています。

　家や墓を建てるときも，最高の運気が集まる「明堂」を選ぼうとしました。映画『破墓』（2024年，チャン・ジェヒョン監督）は，祖先の墓を掘り起こす風水師たちの物語です。祖先を良い地に埋葬すれば子孫が繁栄すると考え，墓の位置を決める陰宅風水が特に重視されました。

　そのほかにも易学による四柱推命，若い世代に人気の西洋占いタロットや性格占いMBTIなど，占い文化も盛んです。

巫俗（シャーマニズム）の伝統

　韓国を代表する民間信仰である巫俗（シャーマニズム）は，現代にも引き継がれています。シャーマンは，ドラマや映画に「占い師」や「霊媒師」として登場し，男性は「パクス」や「パクスムダン」，女性は「ムダン」と呼ばれます。性別を選ばない「巫俗人」や「万神」という名称もあります。彼らは霊力を持つとされ，親子が継承するケースのほかに，突然体調を崩して巫俗人として生きるように

なるケースがあります。

　巫俗人は路地裏の家やアパートの一室に居を構え，部屋には祭壇を設け，仏像や道教の神々を祀っています。占いを生業としており，ふだんは干支占いや霊視による占いをおこない，お札を書いて売ることもあります。相談者が深刻な問題を抱えているときは，「クッ」と呼ばれる儀式をおこなうことがあります。この儀式では，民族衣装に着替えて鈴や扇子を持って神との疎通を試み，伴奏者の太鼓や鑼（どら）の音に合わせて歌ったり踊ったりします。クッは病気平癒や悪霊退散のための個人的な儀式のみならず，村の儀式としておこなうこともあります。

　クッの種類は豊富で，芸能的要素もみられます。1980年代に，韓国文化の根源を「巫俗文化」に求める動きが生まれ，巫歌や巫舞はパンソリの原型とされ，文化遺産にも登録されました。

　一方，巫俗などの民間信仰は歴史的に弾圧の対象となってきました。朝鮮時代には「淫祠」として排除され，植民地期には朝鮮総督府が宗教の選別をおこなった際に神社参拝を国民儀礼に設定した反面，朝鮮の巫俗を「迷信」とみなしました。解放後も巫俗をはじめとする民間信仰は前近代的だとされ，村のソナンダンは解体されていきました。急激に拡大したキリスト教の教会でも民間信仰は下等な宗教として扱われ，クリスチャンのあいだでは占いやお守りの購入が「よくないこと」とされました。

　これは，同じアニミズム的要素や霊的存在への信仰を持つ日本の神道の歴史とは大きく異なります。韓国の巫俗は政治的，社会的に排撃され続け，巫俗人や巫俗人のいる占い屋に通う人はいまでも「迷信」を信じる人という社会的偏見に晒されています。

　このように巫俗には，文化遺産や伝統的知恵としての価値が評価

されているのと同時に，侮蔑の対象でもあるという両極端なイメージがあります。しかし，ドラマや映画に頻繁に登場するのをみてもわかるとおり，彼らが社会に欠かせない存在であるとともに，「韓国らしさ」を感じさせる存在であるのは確かなのです。

諸宗教の習合（越境）とエンタメのなかの宗教

最後に，外来宗教や新たな価値観に刺激されて信仰が生まれるケースや，複数の信仰が混じり合う現象をみていきましょう。

朝鮮半島には，三国時代から「真人（救世主）が出現して混乱した社会を治め民衆を導く」という救世主を待望する信仰があり，仏教では弥勒を救世主と捉えた弥勒信仰が盛んでした。朝鮮時代の末期には，「終末に民衆を救う救世主が現る」という予言書『鄭鑑録』が出回り，自らを弥勒の化身と名乗る人物による民乱（洪景来の乱など）も起きました。こうした『鄭鑑録』や西欧の学問として入ってきたキリスト教に刺激されて誕生したのが，崔済愚（チェジェウ）（1824-1864）が創唱した東学（トンハク）です。西学（西洋文物を土台に研究した学問）に対抗しただけあって，教義には東洋（朝鮮）の儒教・仏教・道教や民間信仰の越境がみられます。東学徒による民乱はドラマ『緑豆の花』（2019 年）に描かれており，東学はその後近代的教団として組織化されます。東学の流れをくむ教団のなかでは天道教（チョンドギョ）が知られています。

東学は，近代化以降，朝鮮半島に生まれた民族宗教（新宗教）の端緒となりました。新宗教の教祖たちは巫俗人のような霊的カリスマを取り込み，救世主であることを表明しました。また，植民地という苦難の歴史を持つ信徒たちは，キリスト教の選民思想に共感し，「自分たちは選民である」と捉えました。

4　民間信仰およびその他のスピリチュアリティ

> **コラム10 「恨」とは韓国人固有の情緒なのか**　「恨(ハン)は韓国人固有の情緒なのか」「韓国文化は恨の文化なのか」，その質問に即答するのであれば「かつてはそう考えられていた」となるでしょう。恨はいまも昔も日常語として使われていますが，韓国に暮らす人々固有の精神世界を説明する言葉としてはかなり「古めかしいもの」だといえます。恨についての詳細は拙著『恨の誕生』(古田 2023)に譲りますが，若い世代では特に「もはやわれわれは恨の国・民族ではない」という考えがスタンダードでしょう。
>
> 　ところが，2010年以降，あるフィールドにおいて恨の議論が活発化します。それは日本です。まずは2012年の李明博大統領の竹島上陸に端を発する嫌韓ムードのなかでのこと。日本のなかで，「(千年)恨み続ける」という意味の「恨の文化」が韓国にあるという言説が広がりました。さらには，恨によって患う病(火病：ファッピョン)の存在も指摘されました。
>
> 　一方の韓国ではどうだったでしょうか。2000年代以降，アカデミズムでは植民地主義研究が展開され，「恨は日本に植え付けられた誤った劣等意識」といった考えが生まれ，恨に対する言及が急速に下火になります。

　また，日本の神仏習合のように，韓国の仏教にも習合がみられます。仏教寺院には「山神閣」や「七星堂」というお堂がよく併設されています。これらは道教の影響が色濃い山神信仰や北斗七星を神格化した信仰です。

　外国人にはみえにくい宗教文化ですが，エンターテインメントを通じて理解できることがあります。ドラマや映画には宗教人が頻繁に登場し，スピリチュアルなテーマ設定も多くみられます。映画『結界の男』(2013年，チョ・ジンギュ監督)やドラマ『謗法』(2020

他方で，韓国でも恨を使う領域があります。それは，巫俗や鬼神（幽霊）の文脈です。何かをやり遂げられずに死んだ人の悔しい思い，それを恨と表現しています。死者の恨を取り上げているのがドラマ『ホテルデルーナ』や『サンガプ屋台』（2020年）です。しかし，巫俗や鬼神（幽霊）類は民間信仰つまり，「非科学的」な「迷信」であるため，オカルト業界はともかくそれ以外の領域では，現代の韓国人の心性や美意識を恨で説明しなくなってきました。

　伝統社会の女性の恨（女恨）も，典型的な恨のイメージとされてきました。『82年生まれ，キム・ジヨン』の前半に登場する80年代頃までの韓国の女性像は，その延長線上にあるといえます。しかし，2000年代以降，韓国の女性の現実は大きく変わります。「虐げられた弱者としての女性」はもはや現実のものではなくなり，「主体性」がキーワードになるようになりました。フェミニズム研究者のクォン・ミョンアは，「主体性」のない運命論的態度を意味する恨が民族的情緒・文化であるとすることに否定的な態度を示します。つまり，自らを弱者に位置づける恨の時代から，自ら人生を切り開く「主体性」の時代に切り替わったといえるかもしれません。

年）は巫俗人，映画『プリースト　悪魔を葬る者』（2015年，チャン・ジェヒョン監督）はカトリック司祭が主人公です。映画『破墓』では風水師と巫俗人，仏僧に加えて，クリスチャンの葬儀屋が登場します。

　捜査物では，宗教人が霊力を使って捜査に絡みます。ドラマ『美男堂の事件手帳』（2022年）では巫俗人のふりをするプロファイラーが，『客－ザ・ゲスト－』（2018年）では巫俗人とカトリック司祭が，刑事とタッグを組みます。一神教の神と多神教の神々の融

4　民間信仰およびその他のスピリチュアリティ

合も興味深いです。ドラマ『トッケビ～君がくれた愛しい日々～』(2016年)には死神，妖怪，産神，鬼神などの神々が登場しますが，さらに唯一神のような絶対神も登場します。ドラマ『明日』(2022年)，『もうすぐ死にます』(2023年)は自死問題を題材に韓国人の死生観をみせてくれます。

　このように，韓国のドラマや映画をよくみていくと，宗教人や信徒が日常的に描かれていることがわかります。すべてフィクションではありますが，スピリチュアルな越境を感じさせてくれるわかりやすい素材といえるでしょう。

参 考 文 献

浅見雅一・安廷苑『韓国とキリスト教』中公新書，2012年

李元範・櫻井義秀編『越境する日韓宗教文化――韓国の日系新宗教 日本の韓流キリスト教』北海道大学出版会，2011年

伊藤亜人『韓国（暮らしがわかるアジア読本）』河出書房新社，1996年

小倉紀蔵『入門 朱子学と陽明学』ちくま新書，2012年

小倉紀蔵『朝鮮思想全史』ちくま新書，2017年

佐藤厚『はじめての韓国仏教――歴史と現在』佼成出版社，2019年

趙興胤／小川晴久監修・李恵玉訳『韓国の巫（シャーマニズム）』彩流社，2002年

仲川裕里「「両班化」の諸相と儒教――イデオロギーの社会的上昇機能と限界」土屋昌明編『東アジア社会における儒教の変容』専修大学出版局，2007年

古田富建『恨の誕生――李御寧・ナショナルアイデンティティー・植民地主義』駿河台出版社，2023年

文化体育観光部「2022年韓国人の意識及び価値観調査報告書」2022年
https://www.korea.kr/archive/expDocView.do?docId=40244&call_from=rsslink

第11章 韓国語という鏡

日韓対照言語学の視座

朴　鍾厚

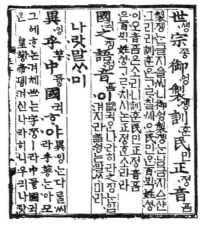

⇒訓民正音諺解本。この版本は原刊本（1459年）ではなく復刻本である。
出所：Wikimedia Commons

1 韓国語とは何か

韓国語を使っている地域と人々

　ユーラシア大陸の東端に，日本列島から見て西の方向に朝鮮半島が位置しています。南半分の大韓民国（以下「韓国」）ではこの地域を「韓半島」とも呼びますが，もともと日本ではこの地域の総称を「朝鮮半島」と称しています。韓国語（朝鮮語）とは，この朝鮮半島に住む民族（朝鮮民族）が話す言葉のことを指します。

　L1，つまり第一言語として韓国語を使っている人は，朝鮮半島を中心に約7650万人います。韓国に約5150万人，朝鮮民主主義人民共和国（以下「北朝鮮」）に約2500万人いると推計されます。ほかにもアメリカ，中国，日本，ロシアおよび中央アジアなどにも韓国語を話す人たちのコミュニティが形成されており，韓国では朝鮮半島以外の地域に住んでいる韓国系の人たちを「在外同胞（재외동포）」または「在外僑胞（재외교포）」と呼びます。

　在外同胞の多い地域としてはアメリカや中国，日本などがあります。アメリカはもっとも在外同胞の人口が多い地域で，約260万人の「韓国系アメリカ人」がいます。中国には約200万人の「中国朝鮮族」が居住しており，主に延辺朝鮮族自治州や吉林省，遼寧省などに集中して住んでいます。日本にも，約44万人の「在日韓国・朝鮮人」が居住しています。

　これらの在外同胞コミュニティにおいて一世や二世の頃には第一言語として用いられた韓国語も，世代が換わり現地化が進むにつれて徐々に現地語にとって代わられ，自然な流れとして韓国語を理解しない人が増えてきています。ただ，最近は韓国の経済成長や文化

第 11 章　韓国語という鏡

的な影響力の拡大，特にK-POPや韓国ドラマの人気により，先祖の言葉である韓国語を習おうとする人々が増加しているようです。

ちなみに，韓国と北朝鮮の使用言語が違うものだと誤解している人もいますが，これらは表記や語彙，発音などに少し差があることにすぎません。つまり，地域方言としての差があるだけで同じ言語です。

言語の名称

この章では主に「韓国語」という名称を使っていますが，実は，この名称をめぐっては，さまざまな問題があります。その象徴が，NHKテレビ・ラジオの「ハングル」講座です。本来であれば「中国語講座」や「フランス語講座」のようにその言語名を使うべきですが，なぜか韓国語だけは言語名ではなく文字名が使われています。

もちろん，NHKでハングルが文字名であることを知らずに使っているわけではありません。これは一種の妥協案で，1984年にハングル講座が始まる際，激しい議論を経て出た暫定的結論です。しかし，これはそれだけ韓国語の名称問題が単純な言語呼称の問題にとどまらず，歴史認識や政治思想といった複雑な問題と絡み合っているということをよく表しているエピソードだと思います。

日本においてこの言語は「韓国語」と「朝鮮語」の両方の名称で呼ばれています。また，両方を避け「コリア語」，「韓国・朝鮮語」や「朝鮮・韓国語」という名称を使う人もいます。どちらの呼称が適切なのか，明確な線引きはありません。ただ，韓国政府は「韓国語」という呼称を推奨しており，日本でも最近は徐々に「韓国語」という名称を使うところが多くなっています。

この立場は，韓国語は現在の韓国という国の言葉であり，旧国名

1　韓国語とは何か

の「朝鮮」という名前は使うべきではないという主張に基づいています。そこには日本と朝鮮半島の歴史が関わっていますが、日本による植民地支配という民族の屈辱をもたらした朝鮮王朝に対する反感があります。また、第2次世界大戦以降の南北分断・内戦と冷戦時代の対立のなかで、北朝鮮を敵視してきた南側の韓国では、北朝鮮の国名に「朝鮮」が入っているため、「朝鮮語」という名称を嫌う傾向もあります。

一方、「朝鮮語」という呼称を支持する人々は、朝鮮半島の長年にわたる歴史や文化を尊重すべきであると主張しています。北朝鮮や「朝鮮籍」の在日コリアンの存在を抜きにして「韓国語」と呼ぶのは一方的すぎて適切ではないという意見もあります。また、冒頭でも述べたように日本においては、主に「朝鮮半島」で話される「朝鮮民族」の言語だから「朝鮮語」というもっともシンプルな理由が第一かもしれません。

韓国語の名称問題は、日本だけでなく、韓国、北朝鮮、そして世界中の韓国語話者にとって重要な問題です。互いの立場を尊重し、歴史的・政治的な背景を理解したうえで、建設的な議論を続けていくことが重要でしょう。今後、この問題を解決するためには、韓国と北朝鮮の和解、ひいては朝鮮半島の統一が不可欠かもしれません。

ハングルとはどのような文字か

ハングルを言語名として混同する人もかなりいるようですが、ハングルとは正しくは、韓国語を表記するために作られた文字の名前です。たいていの文字は、いつ、誰が、どうやってその文字を作ったかが知られていません。しかし、ハングルはこれらの情報がすべて本に記録され伝わっている世界でもとても珍しい文字です。

ハングルは15世紀半ば，朝鮮王朝の第4代国王である世宗(セジョン)（1万ウォン札に描かれている人物）によって創製されました。当時，朝鮮でも文書を書くには漢文が使われていましたが，漢字は難解で，多くの人が読み書きすることができませんでした。そこで，世宗大王は，韓国語で誰もが簡単に読み書きできる文字を作ろうと考えたのです。

　最初1443年に「訓民正音(くんみんせいおん)」という名前で作られたハングルは，以降3年間の調整を経て，1446年に『訓民正音』という同一名の書籍の発刊とともに公布されます。この「訓民正音」という名前が創製当時の正式な名称で，現在の「ハングル」という呼び名は，20世紀に入ってから使われるようになったものです。ちなみに，1997年にUNESCO（国際連合教育科学文化機関）の「世界の記憶（Memory of the World）」として選定されたのは，この書籍のほうです。

　このハングルという文字は韓国語を表すのにはぴったりではありますが，公布当初から広く普及したわけではありません。両班(ヤンバン)というその当時の朝鮮の支配階級においては漢字のほうが権威のある文字とみなされていたため，ハングルは蔑視されることが多かったのです。19世紀になると，ようやくハングルの価値が見直されるようになり，そこから徐々に韓国語の主な表記手段として使われることになります。それから20世紀の初めにハングルという名前で呼ばれるようになりました。

　現在，ハングルは韓国語の唯一の公式表記法として，韓国と北朝鮮で使用されています。ただ，創製日と公布日が異なることによって現在韓国と北朝鮮では別々の「ハングルの日」が制定されています。韓国では1446年の公布日を記念して毎年10月9日（太陽暦

1　韓国語とは何か

に換算）を，北朝鮮では1443年の創製日を記念して1月15日を「ハングルの日（北：朝鮮グルの日）」として定めているのです。

　文字のタイプとしてハングルは表音文字，そのなかでも音素文字といえます。音素には母音と子音があり，それぞれが字母を持ち，それらを組み合わせて音を表すことで言葉を表記するのです。ただ，ハングルはローマ字のように子音字と母音字を一つひとつ並べる（ㅇㅣㄹㅂㅗㄴ）のではなく，両方を漢字のように一音節ずつまとめて書く（일본）ため音節文字としての特徴も持っています。また，一部分では音素のレベルよりさらに細かく，弁別的素性を反映させた素性文字としての特徴も持っており，多方面で優れた文字であるといえるでしょう。

2　韓国語の過去を探る

歴史・比較言語学の視座

　言語は変化します。言語変化が反映するのは地域や時代による言葉の違いです。この変化にはかなり規則性があるとされます。

　表11-1にみられるように，古英語の *stān* が現代英語においてstone/stown/ と変わったその母音の変化は，この単語だけでなく，同じ母音 /ā/ を持つ古英語のすべての単語で起こっています。つまり，言語変化は決して単語ごとにバラバラに現れるのではなく，そこには規則性があることに気づいていただけることでしょう。

　表11-2からは，英語とドイツ語という2つの違った言語のあいだで，だいたい同じ意味を表す単語の音形が部分的に異なり，しかもその異なり方に一定の規則性があることがわかります。これはこの2つの言語がもともとゲルマン語という同じひとつの言語か

第11章　韓国語という鏡

表 11-1　古英語から現代英語への発音変化

古英語	āc	bāt	fā	gāt	hāl	hām	hālig	stān	rāpe	rād
現代英語	oak	boat	foe	goat	Whole	home	holy	stone	rope	road

出所：松本（2006：6）

表 11-2　英語とドイツ語とのあいだの単語の対応例

英語	bone	goat	holy	home	oak	oath	whole
ドイツ語	Bein	Geiss	Heilig	Heim	Eiche	Eid	Heil

出所：松本（2006：8）

ら分岐した「同系語」であることを立証しているのです。このような手法で言語の変化や原因，言語間の系統関係について研究するのが歴史言語学と比較言語学です。

　現代言語学の始まりは言語学者のフェルディナン・ド・ソシュールとされますが，それ以前の言語学は，これら歴史言語学と比較言語学が主流でした。歴史言語学は，各言語の歴史的な変化の様子とその要因を，比較言語学は諸言語間の親縁関係や同系性を明らかにすることを目指しています。このように両者とも言語の変化と関係を探究するという面において密接に関連する分野です。そのため，歴史・比較言語学という呼び名で一括りにされることもあります。

　歴史・比較言語学は 18 世紀末，インドに派遣されたウィリアム・ジョーンズ卿がサンスクリット語とギリシャ語やラテン語とのあいだに共通点があることに気づき，インド・ヨーロッパ語族の共通祖語の存在を提唱して本格的に研究されるようになりました。これを契機に，インド・ヨーロッパ語族の研究がさらに盛んにおこなわれ，音韻対応の規則や形態の比較など，歴史・比較言語学の基礎となる方法論が確立していきました。その後，歴史・比較言語学の研究はさらに拡がり，世界中のさまざまな言語が対象となりました。

2　韓国語の過去を探る

そこへ登場した仮説のひとつが「ウラル・アルタイ語族」説です。

「ウラル・アルタイ語族」説

　日本語や韓国語の起源を論じる際によく登場するのが、「ウラル・アルタイ語族」説または「アルタイ語族」説です。ウラル・アルタイ語族説は、かつて考えられていた言語の系統的分類のひとつであり、18世紀ヨーロッパでハンガリー語、フィンランド語、トルコ語などの共通点に着目し、提唱されたものです。

　当時のヨーロッパでは、共通の言語を持つ民族は共通の起源を持つという考え方が一般的だったため、同じヨーロッパに住んでいてもインド・ヨーロッパ語とは違うタイプの言語を話すハンガリー人やフィンランド人などは、自分たちとは異なる民族として認識されました。いわゆる「ツラン民族」です。その後、19世紀にはモンゴル語やツングース語もこの語族に含められ、ウラル・アルタイ語族という概念が主張されたわけです。

　ウラル・アルタイ語族とされる言語に共通する言語的な特徴としては、SOV型語順（主語（S）＋目的語（O）＋動詞（V））、膠着語、人称代名詞の類似、母音調和などが挙げられました。しかし、これらの特徴はインド・ヨーロッパ語族を基準として異なる点を並べているだけで、ほかの語族の言語にもよくみられるものであり、ウラル・アルタイ語族だけの固有の特徴とはいえません。さらに、ウラル語族内の共通語彙を除けば言語間の共通する基礎語彙がほとんどなく、音声変化の規則も複雑で一定していないなど、同系性を示す証拠も多くありません。また、ウラル語族と違って、現在もアルタイ語族の認定については見解が分かれるため、ウラル・アルタイ語族という説はなおさら支持されず、いまはウラル語族とアルタイ諸

語を別個に扱うのが一般的です。

　もちろん，ウラル・アルタイ語族説は否定されたとはいえ，ウラル語族とアルタイ諸語の関係はまだ完全には解明されているわけではありません。1990年代にはウラル語族とアルタイ諸語の関係性が「ユーラシア大語族」や「トランスユーラシア語族」の観点から再び注目されるようになり，今後の研究によって，これらの言語間の系統関係がより詳しく明らかにされるかもしれません。

韓国語の起源

　ウラル・アルタイ語族説は韓国語の起源を探る研究にも影響を与え，韓国語はウラル・アルタイ語族またはアルタイ語族に属するという説が以前から議論されてきました。これを「北方起源説」と呼びます。また，韓国語は南アジアのドラビダ語族やオーストロネシア語族に属するのではないかという「南方起源説」もあり，さらには両者の混合説もあります。しかし，どれも日本語の起源に関する議論と同じで，さまざまな仮説が提唱されてはいますが，決定的な結論は出ていません。

　一方，日本語と韓国語は類似している部分が多く，その関係については昔から金沢庄三郎の「日韓両国語同系論」のような，両言語は同系であるという仮説が広く知られています。しかし，残念ながら両言語の同系性を証明する言語学的な証拠は，いまだにみつかっていません。

　比較言語学では2つの言語が同系であるかどうかを判別するためには，両言語のあいだの音韻対応の法則をみつけ，そこから共通の祖語を再構しなければなりません。そのためには，できるだけ昔の形態を再現してから両言語を比較する必要があります。しかし，

韓国語の場合，ハングル創製以前のものは漢字で表記された断片的な資料しか現存しないのです。つまり，そもそも比較研究をおこなうための古代の資料が十分ではないのが実情です。

それでも，古い歴史書や碑文などに残されている資料を用いて韓国語の歴史をたどろうとする研究は，これまでかなり進められてきました。その結果からさまざまな仮説が立てられはしましたが，そのなかでも韓国語は「原始夫餘・韓語〉原始韓語〉新羅語〉高麗語〉朝鮮語〉現代韓国語」の過程を経て継承されてきたものだという李基文(イ ギムン)の説がもっとも有名です。

3 現代韓国語の特徴 (1)

表記上の特徴

現代の韓国人の文字生活を考えるのにあたってもっとも重要な特徴は「ハングル専用」(ハングルのみで記述すること) と「分かち書き」で，この2つは緊密に関係しています。

前述したとおり，ハングルは韓国語を表記するために作られた文字です。韓国人にとってこのハングルは単なる文字ではなく，文化的な誇りとアイデンティティの象徴でもあり，日常生活に深く根ざした存在です。そのため，韓国政府はハングル専用政策をとっているわけです。

ハングル専用政策は，1945年の日本からの独立後，民族意識の高まりとともに，本格化しました。1948年，韓国政府樹立の際にハングル専用が法律で定められ，公文書はハングルで書くことが義務づけられました。しかし，実際は政府でも民間でも漢字混用が長らく続き，実質的なハングル専用の定着は90年代の民主化以降の

ことになります。特に，劇的な変化としては新聞紙面のハングル専用が挙げられます。88年に民主化運動の多大な成果の一環としてハングル専用の『ハンギョレ新聞』が創刊された後，90年代に入って『中央日報』をはじめ多くの日刊紙が漢字混用から舵を切り，いまではほとんどハングルだけで書かれています。ちなみに，漢字やローマ字を併記したいときは，括弧のなかに書き入れます。

　ハングルは表音文字であるため，文字の音価がわかれば読むこと自体はそれほど難しくありません。ただ，その意味はわかりません。そのため，ハングル専用で書いてある文は意味の理解に困る場合があります。そこで大事になってくるのが，分かち書きです。たとえば，「엄마나물주세요.」という韓国語の文は，どこで分かち書きするかによって意味がずいぶん変わります。まず，「엄마 나 물 주세요」のように「엄마（ママ）」と「나（私）」「물（水）」のあいだにスペースを入れると，「ママ，私にお水ちょうだい」という意味になります。しかし，「엄마 나물 주세요」のように「엄마」と「나물（ナムル）」のあいだを分かち書きすると，「ママ，ナムルちょうだい」という意味になります。

　日本語の場合は，漢字もひらがなもカタカナも同時に使っているため，自然に単語の境目がわかります。そのため，分かち書きをしなくても意味を混同することはあまりありません。そのため，一般に分かち書きはしません。ただ，日本語でも分かち書きが必要な場合があります。これは子どもの絵本をみればわかります。日本でも子どもの絵本はひらがなのみで書かれたものが多く，ひらがなはハングルと同じく表音文字であるため，やはり分かち書きをしなければ読みづらいし，意味の混同が起こりえます。そのため，子ども用の絵本ではちゃんと分かち書きをしているわけです。

3　現代韓国語の特徴（1）

音韻論的特徴

　日本語と韓国語は非常によく似ているといわれますが，音韻体系（音の体系）には大きな違いがあり，韓国語を習い始めたばかりの人にとって大きな壁となります。

　韓国語の音韻体系は，日本語のようにモーラ（音節の拍）の概念はなく，子音と母音の組み合わさった音節構造を基本として構成されています。さらに，開音節（母音で終わる音節）がほとんどである日本語と異なり，韓国語には開音節だけではなく閉音節（子音で終わる音節）も多数存在します。ただ，語頭に複雑な子音群が許容されないことは両言語とも同じです。英語の「strike」のように語頭に複数の子音が来る単語は，現代語にはありません。

　現代韓国語の単母音は 7 ～ 10 個で（学者によって解釈が異なる），5 個の日本語より多いです。また，もともと母音には長短の区別があり，語の意味弁別に使われていましたが，失われつつあり，いまはほとんど意識されなくなりました。日本語のようなピッチアクセント（たとえば，「雨」と「飴」のような単語の区別）は東南方言や東北方言にのみ残されており，ほかの地域，特にソウルではまったくみられません。

　両言語の音韻体系においてもっとも異なる点は，子音です。韓国語の子音体系には日本語のような清音・濁音の区別がありません。そのため，冗談ではありますが，韓国人の観光客が「銀閣寺」に行きたくてタクシーに乗ったのに，なかなか「ぎん」という発音ができなくて，「金閣寺」に連れて行かれたという笑い話をよく聞きます。その一方，韓国語には平音・激音・濃音の区別があります。

　平音は基本となる子音で，これに激しい息を加えたのが激音です。また，平音の閉鎖時に声帯に緊張をともなって発音されると濃音に

なります。ハングルでは，たとえば平音の /t/ は「ㄷ」と表記し，激音の /tʰ/ は「ㅌ」のように平音に線を一本書き加え，濃音の /ʔt/ は「ㄸ」のように同じ字を２つ並べることで表します。これらの区別は日本語にはないものであるため，日本語母語話者には「달 /tal/（月）」「탈 /tʰal/（仮面）」「딸 /ʔtal/（娘）」の区別はなかなか難しいでしょう。

語彙論的特徴

韓国語の語彙体系は大きく分けて「固有語」「漢字語」「外来語」の３つの階層から成り立っています。外来語の場合，韓国では特に英語からの借用語が多いのですが，北朝鮮ではロシア語からの借用語も多くみられるのが特徴的です。このように固有語のうえに漢字語や英語などの借用語の２つの上層を持つという意味において，韓国語は日本語に似た語彙体系を持っているといえます。

韓国語の語彙における漢字語の比重は，非常に大きいです。たとえば，韓国の国立国語院の『標準国語大辞典』の見出し語を基準にすれば，漢字語は全体の約 57％を占めています。さらに，「固有語＋漢字語」や「外来語＋漢字語」のような混合語も含むと，その割合は約 70％まで上がります。また，最近の計量的研究によると，文語や専門用語だけでなく口語や日常語においても漢語の使用頻度が非常に高いことがわかっています。これは，漢字語は文語や専門用語の分野でしか多く使われないという一般的な考え方に対する反証で，韓国語の語彙体系において漢字語がどれほど重要な位置を占めているのかを示しているものだといえます。

日本語使用者からみて韓国語の漢字語の特徴として挙げられるのは，読み方です。韓国語の漢字の読み方には訓読みはなく，音読み

3　現代韓国語の特徴（1）

しかありません。しかも，その音読みもだいたいひとつしかないということは，漢字のよくわかる日本語使用者にはうれしいものです。そのため，韓国語学習においてこの漢字語の習得は，特に語彙力を伸ばすためには欠かせないものになります。

ほかにも，韓国語の語彙論的特徴としては親族名称と類別詞の発達が挙げられます。親族名称は，特に父系のものが非常に発達しています。たとえば，母の男性兄弟は「외삼촌」という呼称しかない一方，未婚ならば「삼촌（未婚の叔父）」，既婚ならば父の兄か弟かによって「큰아버지（伯父）／작은아버지（叔父）」と呼称が分かれます。また，「큰아버지」と「작은아버지」は漢字語として「백부（伯父）」と「숙부（叔父）」と呼んだりもします。さらに，親族名称を，親しみを込めた一般的な呼称として使うこともあります。たとえば，本当のお兄さんではないのに女性ファンが自分の推しの人を「오빠」と呼ぶことは，オックスフォード英語辞典に「oppa」という見出し語が収録されるくらい有名です。

類別詞は名詞に続く助数詞のようなもので，数や種類をより具体的に表すために用いられます。たとえば，日本語では「鉛筆」という名詞に「本」という類別詞を付けて「3本の鉛筆」のように表現します。これは名詞を数える際，使われるものでもありますが，その名詞をカテゴライズする役割も果たします。つまり，細くて長い物は「本」を使って数えるし，逆に「本」が使われているから，箸は細くて長い物の範疇に属していることがわかるわけです。韓国語は日本語と同じように，類別詞が発達しており，場合によっては「그릇（器）」のような一般名詞も類別詞としてよく使われます。たとえば，蒸し暑い夏場，汗をかいたあとの冷麺は本当においしいのですが，冷麺一人前を頼むときはこの「그릇（器）」を使って「냉

면 한 그릇 주세요（冷麺一器（1杯）ください）」と言うわけです。

4　現代韓国語の特徴（2）

形態論的特徴

　形態論的な面では，韓国語は日本語と類似している部分が多いとされます。まず，類型的に両言語とも膠着語に属します。つまり，接辞が発達しており，語幹と接辞の境目がはっきりしています。語順で主語か目的語かが決まる英語などと違って，韓国語は名詞に格助詞をつけて文の成分を表します。（もちろん，日本語の取り立て助詞〔例：も，さえ，ばかり〕のように，韓国語にも意味を付け加えるだけの助詞もあります。）また，動詞の語尾の変化，すなわち活用を通じて文法機能を表すことも，膠着語ならではの特徴です。

　韓国語では，音声象徴（オノマトペ）を表すために，母音調和や，平音と激音と濃音の区別を用いることがあります。これは特に，感情や色彩などの感覚語の発達へとつながります。たとえば，何かが光っている様子を表す際，陽母音（ㅏ，ㅑ，ㅗ，ㅛ）と陰母音（ㅓ，ㅕ，ㅜ，ㅠ）の交代で，「반짝반짝（pan-ccak-pan-ccak）」は「번쩍번쩍（pen-ccek-pen-ccek）より軽くて明るいイメージを表すことができます。日本語で清音と濁音の交代で「キラキラ」と「ギラギラ」のニュアンスの差を作り出すことと同様といえるでしょう。ちなみに，韓国語では「감감 / 깜깜 / 캄캄（kam-kam/kkam-kkam/kham-kham）」のように同じ「黒々」のイメージであっても子音の交代（ㄱ / ㄲ / ㅋ）で強くて荒いニュアンスを表すことができます。

　畳語の発達も，日本語と韓国語の共通の特徴といえます。畳語とは，単語またはその一部をなす形態素などの単位を繰り返して作

られた単語を指しますが，畳語を形成することを造語法として重畳法または重複法ともいいます。世界の言語では，幼児語や俗語的な表現として使われる畳語が広くみられますが，韓国語や日本語にはより一般的な造語法としてこの重畳法が使われ，たくさんの畳語が存在します。たとえば，一軒の家ではなく複数の家を表すために，日本語で「家々」という畳語が使われるのと同じように，韓国語でも「집（家）」を繰り返して「집집（家々）」と言えば複数の家を表すことができます。ほかにも意味を強調したり（「빨리빨리（はやくはやく）」），品詞を変えたり（「구석구석（隅々）」）するときも，韓国語では重畳法が使われることがあります。

統語論的特徴

韓国語の統語論的な特徴について，英語とも合わせて日韓両言語を比較してみると，興味深い点が多くあります。まず，韓国語の基本語順は，日本語と同じ SOV 型です。つまり，「主語＋目的語＋述語」の語順です。日本語使用者からみてもっとも親しみを感じる韓国語の特徴は，この SOV 型の語順と漢字語の使用ではないかと思います。もちろん，これは日韓両言語だけの特徴ではありません。松本（2006）によると，SOV 型語順は世界の言語のなかでもっとも多いパターンで，約 49.3％とのことです。その次に多いパターンは英語や中国語のような SVO 型言語で，約 35.0％です。

英語のような SVO 型言語では述語を基準とした単語の位置関係が大事です。述語の前に来るか後ろに来るかによって主語か目的語かということが決まるためです。しかし，韓国語や日本語のような SOV 型言語は，述語が文末に来るため，位置関係で役割が決まるわけではありません。韓国語では，主語か目的語かは助詞で区別し

ます。そのため、語順も比較的自由です。

　修飾関係の語順も、日本語と韓国語は同じ一貫したAN (Adjective + Noun) 型です。つまり、「修飾語＋被修飾語」の語順です。英語は「a special thing」のように修飾語が被修飾語の前に置かれる場合もあるし、「something to eat」のようにその反対の場合もあって一貫していません。しかし、韓国語は「특별한 것（特別なもの）」「먹을 것（食べるもの）」のように、一貫して修飾する語が修飾される語の前に来ます。

　形容詞の性質も英語と日本語・韓国語では異なります。英語の形容詞は単独で述語にはなれず、述語として使われる際は必ずbe動詞が要ります。これは名詞と同じです。そのため、英語は体言型形容詞を持っているといえます。しかし、日本語や韓国語においては「꽃이 아름답다／花が美しい」のように、形容詞が単独で述語の役割を担うことができます。つまり、用言型形容詞を持っているといえます。

語用論的特徴

　人間の言葉の表現様相をみると、伝えたい情報内容をはっきり文に明示する言語と、そうではない言語があります。前者の英語やドイツ語と異なり、後者の日本語や韓国語は特定の情報や意図を明示せず、聞き手や読み手に推測させるような表現を用います。つまり、両言語は「ハイコンテクストな言語」といえます。

　常識的に人間が冷麺であるはずがないため、「난 냉면（私は冷麺）」という発話は論理的におかしいはずです。これを文字どおり「私＝冷麺」という意味で受け取っては、意思疎通が困難に陥ってしまいます。韓国語話者ならこれが「何が食べたいか」という質問

> **コラム11　社長様はいま，席を外していらっしゃいます**　英語や中国語など他の言語にも丁寧な言い方はありますが，韓国語には文法形式にまで及ぶ敬語システムが確立されています。これらは大まかにいえば，動作主を持ち上げる尊敬語，動作主を低めて間接的にその動作の及ぶ相手を高める謙譲語，聞き手に対する敬意を表す丁寧語に分類できます。
>
> 　たとえば「할아버지께서 방에서 주무시고 저는 할머니를 도와 드렸습니다（祖父は部屋でお休みになっていらっしゃり，私は祖母を手伝って差し上げました）」のような文では，動作主の祖父を持ち上げるための尊敬の主格助詞「께서（─が）」と動詞の「주무시다（お休みになる）」が，聞き手に対する丁寧語として語尾の「- 습니다（─です／ます）」が，祖母を手伝う話者自身を下げるための謙譲語としての「저（私）」と「드리다（差し上げる）」が使われているわけです。これは日本語でもほとんど同じですが，敬語のシステムが機能する基

に対する答えであることを，その場の状況に応じて理解するのです。このような文は，一般的に日常会話で用いられますが，韓国語では会話の流れや文脈から意味を理解することが期待されます。

　ハイコンテクスト性は，さまざまな韓国語の特徴とつながっています。まず，文の成分の省略を例として挙げることができます。日本語もそうですが，韓国語でも会話の流れや文脈によって主語や目的語といった文の必須成分が省略されます。英語なら"I love you"と誰が誰を愛しているのか，主語と目的語を用いてはっきりと表さなければなりませんが，韓国語なら「사랑해（愛しているよ）」と述語だけで十分です。その場で誰が誰に対して言っているのかがわかるため，わざわざ主語と目的語を表す必要がないためです。

　また，文脈によって，一人称複数代名詞（우리）に聞き手が含ま

準が異なります。

　日本語ではウチとソトの区別があり，ソトの人を持ち上げたり，ウチ側の人のことを下げたりします。そのため，ふだんは自分の会社の社長のことを持ち上げて表現しても，取引先からの電話に対しては「いま社長は席を外しております」といいます。また，普通は自分の親のことを「お父さん」や「お母さん」と呼びますが，ほかの人に対して自分の親のことを言うときは「父」や「母」というわけです。

　一方，韓国語ではこのような区別はなく，話し手を基準とし，それより上の地位や年齢の人かどうかがポイントとなります。そのため，取引先の人との電話でも，「사장님께서는 지금 자리를 비우셨습니다（社長様はいま，席を外していらっしゃいます）」のように答えなければなりません。また，自分の親のことも聞き手が誰かによらず「부모님（父母様）」となるし，先生は「선생님（先生様）」，社長は「사장님（社長様）」となるわけです。

れる場合と排除される場合があることも，韓国語のハイコンテクスト性とつながっています。「우리 좀 뭐 먹자（私たちちょっとなにか食べよう）」の場合は聞き手を含んでいますが，「우리 먼저 갈게（私たち先に行くよ）」の場合は聞き手が排除されています。一人称複数代名詞は同じで，これに特別コード化された言語的要素は何も追加されていないのに文脈に応じた解釈が異なるわけです。

　最後に，ハイコンテクスト性は敬語の発達とも関連しているといえます。敬語が発達しているのは日本語も同じですが，韓国語では話者を基準とした地位と年齢による「絶対敬語システム」が使われます。同一人物のことに対しても，聞き手との関係でウチとソトを区別して言い方を変える日本語の「相対敬語システム」とは異なります。

4　現代韓国語の特徴（2）

参考文献

浅羽祐樹・朴鍾厚『韓国語セカイを生きる 韓国語セカイで生きる――AI時代に「ことば」ではたらく12人』朝日出版社，2024年

池上嘉彦（1981）『「する」と「なる」の言語学――言語と文化のタイポロジーへの試論』大修館書店，1981年

池上嘉彦（1983）『詩学と文化記号論』筑摩書房，1983年

伊藤英人「韓倭関係語探源」古代文字資料館『KOTONOHA』248，2023年

加藤重広『言語学講義』ちくま新書，2019年

金鍾徳／中村麻結訳『韓国語を教えるための韓国語の発音システム』ひつじ書房，2021年

趙義成『これからはじめる韓国語入門』NHK出版，2022年

中島仁『これならわかる韓国語文法――入門から上級まで』NHK出版，2021年

南基心・高永根／五十嵐孔一監訳『標準韓国語文法論』ひつじ書房，2021年

松本克己『世界言語への視座――歴史言語学と言語類型論』三省堂，2006年

松本克己『世界言語のなかの日本語――日本語系統論の新たな地平』三省堂，2007年

油谷幸利『日韓対照言語学入門』白帝社，2005年

Hall, Edward T. (1976) *Beyond Culture*, Doubleday.

Robbeets, Martine, Japanese, Korean and the Transeurasian languages. In Hickey, Raymond, ed., *The Cambridge handbook of areal linguistics* (Cambridge Handbooks in Language and Linguistics.) Cambridge University, 2017.

＊韓国語文献

ムン・グミョン「韓国語の語彙教育のための漢字語学習の方案」『二重言語学』23，2003年

イ・ギムン『新訂版 国語史概説』太學社，2006年

チョン・ホソン「『標準国語大辞典』収録情報の統計的分析」『新国語生活』10 (1)，2000年

第12章 〈尹東柱〉という磁場

朝鮮語文学への潜り戸として

辻野 裕紀

⇒中華人民共和国吉林省延辺朝鮮族自治州の龍井市にある尹東柱の生家。
出所：Wikimedia Commons

1 「詩の国」としての韓国

　日本における近年の朝鮮語文学ブーム（≒ K-BOOK ブーム）には瞠目すべきものがあります。同時代の朝鮮語の文学作品が日本語に陸続と翻訳されており，大型書店に行けばそうした書物に容易に接することができます。

　ところで，朝鮮語文学というと，「小説」というイメージを持っている人が多いかもしれません。実際に翻訳されているジャンルもいまのところ小説が相対的に多いように思います。しかし，韓国は「詩の国」だとよくいわれます。やや大仰にいえば，〈韓国とつながる〉ことは〈韓国の詩とつながる〉ことでもあります。詩は「韓国人」の感性そのものだからです。韓国では詩は身近な存在で，書店には必ず詩集のコーナーがあり，詩集専門の書肆もあります。駅のホームドアに書かれた詩を眺めながら地下鉄が来るのを待ったり，詩集を耽読したりする姿は，世代を問わず韓国の日常的な光景です。なかには自ら詩作に淫する人も少なくありません。

　では，なぜ韓国では詩が愛されるのでしょうか。それにはいろいろな理由が考えられますが，韓国の近現代史を顧慮すれば，そのひとつとして，困難な時代が長らく続いてきたという点を挙げることができるでしょう。人々が困じ果てた状況のなかには，いつも詩が胚胎しました。たとえば，植民地時代には，李相和や尹東柱などが筆を執り，軍事独裁政権の時代には，金洙暎や金芝河などの参与文学（アンガージュマン文学）の詩人たちが注目されました。言論統制がもっとも峻厳だった1980年代は「詩の時代」と呼ばれており，朴労解のような労働者詩人や金龍澤，高在鍾といった農民詩人の

第12章　〈尹東柱〉という磁場

作品もよく読まれました。時代背景も詩の種類も多様で、粗笨(そほん)に括(くく)ることはできませんが、韓国の歴史において、詩が常に人々の内面を代弁し、武器にも癒やしにもなってきたのは確たる事実だと思います（辻野 2022）。

本章では、そうしたあまたの詩人のうち、「韓国人にもっとも愛されている詩人」としばしばいわれる尹東柱を俎上に載せ、「なぜ尹東柱を読むのか」、「尹東柱に触れることによって何がみえてくるのか」という問題について論じていきます。

2 「東アジア」の詩人・尹東柱

中国朝鮮族と尹東柱

まずいうまでもなく、尹東柱（1917-1945）は朝鮮語文学の代表的な詩人です。韓国映画『동주（邦題：空と風と星の詩人～尹東柱の生涯～）』（李濬益監督、2016 年、日本公開は 2017 年）によって、日本においても「韓国の有名な詩人」としてその認知度がより高まったように思います。しかし、彼は中華民国間島省和龍県明東村、つまり現在の中国の延辺朝鮮族自治州の出身であり、小倉（2013）が指摘しているように、尹東柱が「韓国人」であったことは一度もありません。尹東柱はもしも生き存(なが)らえていれば、「朝鮮族の詩人」として範疇化されていたかもしれない書き手であって、ゆえによく目睹(もくと)する「韓国の国民的詩人」「韓国の民族詩人」といった、国家・民族と彼を連結させようとするある種のナショナリスティックな表現には身構える必要があると筆者は考えます。

尹東柱の母方言も現在の朝鮮族の言語と類似しています。たとえば、彼が 1941 年に延禧(ヨンヒ)専門学校（現在の延世(ヨンセ)大学校）の卒業記念

として上木(じょうぼく)しようとしていた自選詩集『空と風と星と詩』の掉尾(ちょうび)を飾る「星をかぞえる夜」という詩の原題は「별 헤는 밤」で，この'헤다'という動詞は標準語の'세다'《数える》にあたる，主に北朝鮮の咸鏡(ハムギョン)道で用いられる方言形です。また，세다よりも헤다のほうが歴史的にはより古い単語であり，헤다は中期朝鮮語の헤다という動詞に遡及します。現代語の헤아리다《推し量る》に含まれる헤-も中期語の헤다と同根です。このようにみていくと，尹東柱との出会いは，韓国のみならず，中国朝鮮族や朝鮮語の方言，言語史への関心をも誘起(ゆうき)しうるということがわかります。そして，これは本章全体を貫く「なぜ尹東柱を読むのか」という問いのひとつの答えとなるものです。筆者は朝鮮語教師として「朝鮮語＝現代ソウル方言」という図式に対し，曰くいいがたい違和感をかねて持っており，尹東柱の詩に触れることで古語も含む朝鮮語の多様性についての認識を得ることは，言語教育的な見地からも有意義だと愚考します。

　尹東柱は，旧満洲，平壌(ピョンヤン)，京城（現ソウル），東京，京都，福岡と，27年という短い生涯のなかで，東アジアを絶えず移動し続けた人でした。言語についても，朝鮮語を母語としつつ，日本語にも通暁(つうぎょう)していて，残されていた蔵書からは，高沖陽造や三木清，林達夫，三好達治，ポール・ヴァレリー，ディルタイなどを日本語で読んでいたことが知られています（多胡 2017）。つまり，尹東柱は，「韓国の国民的詩人」「韓国の民族詩人」というよりは，「東アジアを移動し，東アジアを生きた詩人」と定位すべき人物であって，こうした「東アジア」という視角は百(もも)たび強調されねばなりません。

東アジア史を瞰視(せんし)する

 いま「東アジア」ということばを出しましたが，尹東柱の人生を紐解くことは，東アジアの近代史を直視することでもあります。尹東柱が生きた時代，とりわけ 1930 年代末から 1940 年代前半は，朝鮮総督府の「朝鮮語抹殺政策」により，朝鮮語が危機に曝された時期でした。象徴的なのは 1938 年の第 3 次朝鮮教育令で，これは内鮮一体の皇民化政策の一環として，内地と朝鮮の学校制度を同じくするという内容のものです。それまで「普通学校」と呼ばれていた朝鮮人の学校も，日本人の学校と同様に「小学校」と呼ばれるようになるわけですが，それにともなって，それまで必修だった朝鮮語科目が随意科目となり，爾来(じらい)，事実上，朝鮮語科目が学校教育の場から消えていくことになります。1939 年には創氏改名が公布，翌 1940 年から実施，また『朝鮮日報』や『東亜日報』といった朝鮮語の新聞が総督府の圧力によって廃刊に追い込まれます。1941 年には国民学校令によって，国語＝日本語は，修身，国史，地理と一緒に「国民科」という科目に編入され，日本語という言語科目も政治的な色をより濃くしていきます。さらに，1942 年から 43 年にかけては朝鮮語学会の会員たちが治安維持法違反で検挙・投獄される朝鮮語学会事件が起きます。こうした剣呑(けんのん)なる時代のなかで，尹東柱は先述のように，卒業記念として朝鮮語詩集『空と風と星と詩』を出版しようとしますが，時局柄，叶いませんでした。そして，興味深いことにこの詩集はもともと『病院』という書名で上梓する予定だったそうです。要するに，「すべてが死にゆく時代の病理」という意味合いをそこに籠(こ)めたのだろうと推察されます。実際に「病院」という詩も収められています。このように，尹東柱の人生を垣間みることは，大日本帝国の夜郎自大を含めた東アジア

の近代史を知ることに直結します。朝鮮語文学は朝鮮半島の歴史や社会に接近するための好個(こうこ)の素材ですが，尹東柱の場合は作品を読まなくとも，彼の人生を知ること自体が自ずと東アジア史を触知(しょくち)することにつながるわけです。これは「尹東柱に触れることによって何がみえてくるのか」という問いに対する解のひとつです。

3　磁場としての〈尹東柱〉

ふたつの謎

筆者が九州大学で朝鮮語を教えるようになって，今年（2024年）で13年目になりますが，福岡で朝鮮語教育に従事していると，尹東柱についてどうしても関心を持たざるをえません。より正確にいうと，尹東柱について学ぶこと，語り継いでいくことに，当為性や使命感のようなものを強く感じてしまうのです。なぜならば，福岡は尹東柱が殞命(いんめい)した地だからにほかなりません。彼は立教大学や同志社大学にも学び，東京や京都にも縁(えにし)ある青年でしたが，福岡は詩人が非業の死を遂げた地であるという点において，その土地の持つ重みは大きく異なります。

同志社大学在学中の1943年7月に独立運動の嫌疑で特高警察に検挙され，翌年には京都地方裁判所で治安維持法違反の罪により懲役2年が確定，その後，福岡刑務所の北3舎（思想犯用の監獄）に収監されます。福岡刑務所というのは，「日本の刑務所のなかで朝鮮半島からもっとも近い距離にある刑務所」で，当時「朝鮮人の囚人をもっともたくさん収監していた」そうです（宋 2009）。そして，45年2月16日に27歳という若さで獄死することとなりますが，尹東柱の死をめぐっては，いまなお残された重要な謎がふ

たつあります。ひとつはその死因，もうひとつは尹東柱がいまわの際に「なにやらわからぬことを大声で叫んだ」という証言があり，その内容が何だったのかという問題です。

　死因については，いま「謎」と記したことからも分明なとおり，一般には「不明」とするのが穏当だと思料されますが，韓国においては「生体実験説」が現在も広く流布しています。その根拠としては，76年に『ナラサラン』（朝鮮語文）という雑誌に掲載された尹永春（父・尹永錫の従弟）の文章「明東村から福岡まで」が引用されることが多く，彼は尹東柱の父親の尹永錫と一緒に尹東柱の遺骨を引き取りに福岡まで行き，福岡刑務所の内部を実際に目にした経験がある人物です。また，鴻農映二という日本人研究者も，「九大生体解剖事件」などに言及しつつ，証拠はないとしながらも，尹東柱が食塩水注射を受けていた可能性を指摘しています。たしかに当時の九州帝国大学医学部と福岡刑務所との関わりは深く，両者の接点は，次の3点において常態化していたようです。まず，「刑務所内の医務室は内科診療が主なので，外科治療や刑務所内の医師では手に負えないような病気の患者が出た場合，九大に往診を依頼していたこと」，次に「刑務所内で死亡者が出て，遺族による遺体の引き取りがない場合，遺体は九大医学部に渡され，解剖に付されていたこと」，さらには「研究目的のために九大医学部から福岡刑務所を訪ね，服役者を対象に，調査研究を行なうことがあったこと」（たとえば，精神科医が服役者の「拘禁性反応」を調べるなど）です（多胡1997, 2017）。

　また，尹東柱が落命時に何を叫んだかという問題も講究に価します。その叫びを聞いた日本人看守は朝鮮語を解せなかったため，その中身は「永遠に謎である」とするほかありません。しかし，こ

のエピソードは，言語論的にとても重要で，要するに，ことばは人と人とをつなぐものでもあるけれども，人と人とを引き裂くものでもあるということを如実に示しています。人間は，ことばが異なるがゆえに，ことばが理解できないがゆえに，いとも簡単に，無残にも引き裂かれてしまう——私たちは，尹東柱の詩によって，尹東柱とつながり，尹東柱の最期のことばによって，尹東柱と引き裂かれています。

2019年2月には，NHK教育テレビで「こころの時代〜宗教・人生〜 詩人 尹東柱を読み継ぐ人びと」という番組が放送されましたが，印象的だったのがそのエンディングでした。「尹東柱が最期に何を叫んだのか」という問いについて，さまざまな人々が想像で答えていくというかたちになっており，たとえば，「オモニ＝お母さん」だったのではないか，「助けて」だったのではないか，同じく収監されていた従兄の宋夢奎(ソンモンギュ)への何らかの呼びかけだったのではないか，そもそもことばですらなかったのではないかなど，各人がそれぞれの憶測を述べるのですが，そこにはおのおのの「尹東柱観」のようなものが鮮明に刻印されている気がしました。かかる謎は，尹東柱と我々を切断するものである一方，我々の思考や想像力を逞しくさせ，そこに〈対話〉が生まれます。そして，本章の題目を「〈尹東柱〉という磁場」とした所以(ゆえん)はこうしたところに存します。実際に，尹東柱という存在や彼の人生，詩は，後世の人々を磁石のように引き付け，〈対話〉の場を生み出してきています。換言するならば，尹東柱を媒介として人々が自然とつながって，議論を繰り広げる。たとえば，福岡には「福岡・尹東柱の詩を読む会」という市民の会があり，毎月詩の読書会を開催，毎年2月には福岡刑務所跡地の隣の百道西公園(ももち)というところで追悼式も執りおこなっ

第12章 〈尹東柱〉という磁場

ていますが，こうした市民の熱心な集まりもその一例だといえます。ここでも毎回〈対話の磁場〉が展開されています。

翻訳をめぐる問題

尹東柱の詩は，翻訳という観点に照らしても，種々のディスカッションの場を生成しています。たとえば，「서시《序詩》」（元来は無題の詩で尹東柱の没後にかく称されるようになった）における伊吹郷訳の「生きとし生ける問題」は有名な話です。모든 죽어가는것을 사랑해야지——これを伊吹郷は「生きとし生けるものをいとおしまねば」と，生死を反転させるようなかたちで訳出しました。『空と風と星と詩』の日本語訳には，金時鐘訳や上野潤訳，上野都訳などもありますが，1984年に出刊された伊吹訳がおそらくもっともよく知られていて，1995年に建立された同志社大学の詩碑にもそれが反映されています。そして，この「모든 죽어가는것을 사랑해야지」を「生きとし生けるものをいとおしまねば」と修訳したことに対して，『朝鮮日報』で批判が提起されました。さらに，朝鮮文学者の大村益夫も次のように述べて，伊吹訳を難じました（大村 1997：108）。

> 「序詩」を書いた1941年11月20日といえば，太平洋戦争が始まる直前で，日本軍国主義のために多くの朝鮮人が死んでゆき，人ばかりでなく，ことばも，民族服も，生活風習も，名前も，民族文化のすべてが「死にゆく」時代だった。そうした「死にゆくもの」を「愛さねば」と叫んだ彼は，死に追いやるものに対しては激しい憎しみがあったはずである。それを「生きとし生けるものをいとおしまねば」では，死にゆくもの

も，死に追いやるものも，一様に愛してしまうことになるのではなかろうか。

　翻って，詩人の茨木のり子は伊吹訳を高く評価し，同じく詩人の荒川洋治も同訳を擁護しました。
　筆者は「모든 죽어가는것을 사랑해야지」を「mortalなるすべての存在への慈愛の言明」と読み解くことも可能であると考える反面，大村の指摘もわからないではない。詮ずるに，釈解については，それを紡いだ尹東柱のみ存知するものであるという立場に立ちます。
　何よりも肝要なのは，かくして尹東柱の詩の翻訳をめぐって〈対話〉が発生しているということです。なかには「歪曲」などといったワーディングでの痛罵など，伊吹訳に対する度を越した論難もありますが，そういった過激な批判は措くとしても，「모든 죽어가는것을 사랑해야지」という短いフレーズにこれほどまでの論議が渦巻いている。これもまた尹東柱がひとつの磁場だからではないでしょうか。詩集のタイトル『하늘과 바람과 별과 시』についても，하늘を「空」とするか「天」とするかという争論があります。「天」とするにしても，それがキリスト教的・一神教的な世界観が反映された「天」なのか，儒教的な「天の理」という意味合いとしての「天」なのかという，訳語の根拠も人によって意見が分かれるでしょう。
　詩の翻訳や解釈に「正答」はありません。ゆえに〈対話〉が生起する。ロシアの哲学者・文芸学者ミハイル・バフチンは，ドストエフスキーの分析のなかで，「対話が終わるとき，すべてが終わるのである。だからこそ，対話は本質的に終わりようがないし，終わっ

てはならないのである」と喝破しました。対話とは，非完結的な，それ自体が目的となるような営為であって，アグリーメントに到達するための手段では決してないのです。そして，対話を継続するために重要なことは「わかってしまってはいけない」ということかもしれません。

　尹東柱とその周辺には，「わからなさ」が揺曳(ようえい)しています。ポーランドの詩人ヴィスワヴァ・シンボルスカの「詩の好きな人もいる」という詩には，「わからないということが命綱」という表現が出てきますが，これは詩という言語芸術の本質を衝いた，肯綮(こうけい)に中(あ)った一節でもあると同時に，尹東柱について考えるうえでも思考の鍵鑰(けんやく)となります。この「わからなさ」によって〈対話の磁場〉が自ずと生成され，人々を結びつなげる。そこには日本も韓国も朝鮮もありません。

　ちなみに，「わからなさ」という点について附言すると，わからなすぎても人は興味を失います。思想家の内田樹は「理解を望みながら，理解に達することができないという宙づり状態をできるだけ延長すること」を「私たちは望んでいる」と叙述しており（内田 2005)，これが興味を把持し続けるための秘訣でもありますが，語弊を恐れず朝鮮語教師の立場からいえば，尹東柱の詩の「わからなさ」は「ちょうどいい」。「わかりやすさ」,「わかりにくさ」というのはあくまでも相対的なものですが，たとえば，尹東柱と同時代の朝鮮近代詩であっても，李箱(イサン)のようなモダニズム詩は〈はなし〉性よりも〈ことば〉性があまりに前景化し，〈はなし〉性が崩壊したりしています（野間 2022)。そのため，非常に難解な印象を与える。しかし，尹東柱の場合はそうではなく，この「ちょうどいいわかりにくさ」がさらなる関心を醸成していくという点において，尹東柱

3　磁場としての〈尹東柱〉

のテクストは朝鮮語文学の階梯(かいてい)としても最適です。本書は,「韓国学入門」の本ですが,こういった書物において筆者が尹東柱を対象とした事由はそうしたところにもあります。

〈抵抗詩人〉というドグマ

ところで,先ほどから「尹東柱は磁場である」といういい方をしていますが,そこで桎梏(しっこく)となるのは尹東柱に対する固定的な見方です。前述のとおり,1940年前後は「朝鮮語抹殺政策」が加速化する時期であり,とりわけ1940年代は,朝鮮語文学史上の「暗黒期」と称呼されています。しかし,尹東柱が母語である朝鮮語でひそかに詩を書き続けたことによって,「暗黒期」が「空白期」にはならなかった。尹東柱は「母語で書くことにこだわった書き手」です。それゆえ,文芸評論家の白鉄(ペクチョル)は,尹東柱を「暗黒期の空の星」と評しています。当時は,張赫宙(チャンヒョクチュ)や金史良(キムサリャン),金龍済(キムヨンジェ)や金鍾漢(キムジョンハン)などのように,日本語で(も)創作する作家や詩人がいましたが,尹東柱は朝鮮語での執筆を貫徹し,そこに命を賭した。この意味において,尹東柱は,「民族詩人」であり,「抵抗詩人」であったと判じてもよいでしょう。

しかしながら,そうした理路による尹東柱の神格化は一種のドグマであり,尹東柱を単に「民族詩人」や「抵抗詩人」としてのみ位置づけるのは,詩人に対する評価の不当な矮小化だともいえます。この問題については,別の拙論でも論及したことがありますが,本稿でも再度強調しておきたいと思います。実際に詩を味読するとよくわかりますが,尹東柱の詩は「抵抗」という熟語から連想されるような激越さとは対極にある純麗なものです。その抒情性を重視し,彼を「民族的抒情詩人」と呼ぶ論者もいます(宇治郷 2002)。一方

で，尹東柱は，キリスト教詩人ともいわれます。ですが，このような，頻見される「〇〇詩人」という語り方は時に陥穽になりえます。「民族詩人か，キリスト教詩人か」という二項対立的な問いのもとに，尹東柱をドグマチックに切り分けようとするとき，我々はその真面目を捉え損ねてしまうからです。このことは，〈書いた人＝écrivain〉とメトニミカル（換喩的）に同一視される〈書かれたもの＝écriture〉についても同断です。彼の詩を二分割思考のフレームに押し込めようとすることは詩人への侮辱にほかならず，片言隻句に「民族主義的」ないし「キリスト教的」な色彩を専一的に汲み取ろうとするような読みの呪縛から我々は自らを解放せねばなりません。フランスの哲学者ロラン・バルトは夙に「作品の説明が，常に，作品を生みだした者の側に求められる」ような読み方に対して異議申し立てをしました。そして，これは尹東柱の作品を読み開く際にも当てはまります。解釈が読み手のフリーハンドに委ねられるような読み方がもっとされるべきであり，一意的な解釈の強要はある種の暴力です。拘縮した感性で尹東柱の詩に接することは，それが持つ豊かさを遮蔽することにもつながると断じて過たないでしょう。一般に，詩の豊饒性は，その不確定性，一般抽象性の高さに在るといえますが，この点において，尹東柱の詩を，朝鮮語の授業で語学の純粋な教材として切開したり，市民の集まりで自由闊達に寸感を述べ合ったりすることには，大いなる意義があります。また，歴史的文脈の意味付与が困難な童詩も数多くものしていることからわかるとおり，一口に尹東柱の詩といっても多様です。尹東柱の詩は総じて他者に開かれ，自由な解釈を許容する多孔的なものだといえます。

とはいえ，彼の詩群を，新批評＝ニュークリティシズムのように，

> **コラム12 K-BOOKブーム**　2010年代後半から日本において朝鮮語文学がよく読まれるようになりました。「K-BOOKブーム」と呼ばれる現象です。
>
> 　第1回日本翻訳大賞（2015年）を受賞したパク・ミンギュの『カステラ』（ヒョン・ジェフン＋斎藤真理子訳，クレイン），マン・ブッカー国際賞（2016年）を受賞したハン・ガンの『菜食主義者』，そしてチョ・ナムジュの『82年生まれ，キム・ジヨン』――なかんずく，『82年生まれ，キム・ジヨン』を皮切りに，「韓国フェミニズム文学」と束ねられる作品が日本語圏の人々の耳目を集めているのは周知のとおりです。家父長制的価値観やミソジニー（女性嫌悪）の瀰漫が惹起する女性の「生きづらさ」は日韓共通の宿痾であり，フェミニズム文学が共感をもって日本の一定の女性たちに迎え入れられたのは当然の帰結ともいえます。それ以外にも，日韓両国は，格差問題や少子高齢化，若年層の貧困など，共通した難点を抱えていますが，朝鮮語文学にはそうした社会的状況を写照した小説が数多くあります。

社会的，歴史的文脈から完全に切り離して読むこともまた不可能でしょう。詩には社会がまぶされ，歴史が溶け込んでいて，これは「なぜ朝鮮語文学を読むのか」という，よりジェネラルな問題にも接続します。尹東柱がおかれたコンテクストに対して「集学的」に接近しつつ，彼の詩趣を自由に感受すること――こうした二重の構えが尹東柱の読解には要請されます。いうまでもなく，歴史を踏まえることと，開かれた複数の解釈を許容することは矛盾しません。

　畢竟，翻訳や解釈の問題はひとつの「立場表明」でもあります。そこには各人の「尹東柱観」が顕現し，それは自由の疆域に属するものです。このことはもっと認識されて然るべきでしょう。

第12章　〈尹東柱〉という磁場

文学に触れることは，当該言語圏の歴史や社会を知るのにもっとも有効な方途のひとつです。「分断文学」の代表とされるチェ・イヌンの『広場』，1960年代から70年代の急速な経済発展とその弊害を描出したチョ・セヒの『こびとが打ち上げた小さなボール』，光州事件を俎上に載せたハン・ガンの『少年が来る』，「セウォル号以後文学」と称されるキム・エランの『外は夏』やファン・ジョンウンの『ディディの傘』など，私たちは小説をとおして韓国の現代史や社会のありようを間接的に目撃することができます。

　もちろん，K-BOOK は小説だけではありません。とりわけ，最近は翻訳される作品が多様化しており，小説のみならず，詩やエッセイ，自己啓発書，学習マンガまで，さまざまなジャンルの書籍が日本語に訳され，多くの読者を獲得しています。

　ハン・ガンの 2024 年ノーベル文学賞受賞により，こうした流れはさらに加速するでしょう。

〈いのちの詩人〉としての尹東柱

　最後に，「なぜ尹東柱を読むのか」という問いへの答えとして，尹東柱は〈いのち〉を考えさせてくれるからという点を付け加えておきたいと思います。尹東柱は〈いのちの詩人〉と表現されることも多いのですが，それは非業の死を遂げたという彼自身の実存や，「序詩」をはじめとした作品に「死ぬ」，「生きる」といった単語が現出し，mortal／immortal といった視座から語りうるといった解釈論的な平面だけでなく，いまだにこうして尹東柱をめぐる議論が熱心に上下されているというところにもあります。いささかナイーブないい方ですが，尹東柱について思考が傾けられ，その詩を読み継ぐ人々がいる限りにおいて，尹東柱は生き続けている。この

ような詩人は，少なくとも日本語圏における朝鮮語詩人としては，尹東柱を措いてほかにいないのではないでしょうか。〈エクリチュールは人間の実存より大きい〉という表現を筆者はよく使いますが，尹東柱のテクストを前に，学生たちや市民のみなさんと語り合うとき，そんなことを強く感じます。

〈いのち〉を独自の思想から精緻に論じた小倉（2012）では，尹東柱論も展開されていますが，同書においては，記憶とは個人のものではなく「共記憶」であり，肉体の生命が終わったあとも，「共記憶としての，〈ことかげ〉のたたかいとしての，〈たましひ〉のやどりとしての，〈いのち〉が永生する」，「そしてそのことをもっとも鮮烈なすがたて実証したひとりが，尹東柱だった」と叙されています。驥尾(きび)に付して筆者なりに敷衍すると，尹東柱が共記憶として保たれている限りにおいて，我々は尹東柱と何度でも出会い直すことができる。さらには，そういう営みの反復が尹東柱に新たなる〈いのち〉を宿し，〈わたし〉と尹東柱との関係をまた刷新していけるのだといってよいと思います。有機体としての尹東柱はすでに不在でも，尹東柱の生を思念し，その詩を翫読(がんどく)することで，読み手と作品のあわいに尹東柱の〈いのち〉が間主観的に立ち現れてくる——尹東柱はこうした意味でも強力な磁力を放っています。これも「尹東柱に触れることによってみえてくるもの」のひとつです。

4 〈わからなさ〉を引き連れて

ここまで，「韓国人にもっとも愛されている詩人」ともいわれる尹東柱を取り上げ，劈頭(へきとう)に提示した「なぜ尹東柱を読むのか」，「尹東柱に触れることによって何がみえてくるのか」という論件への私

見を開陳してきました。しかし，私見という言辞からも見取れるように，本章で説示した内容はどこまでも筆者の個人的な見解にすぎません。翻訳や解釈に絶対的な正解がないのと同じように，かかる問いに対する正答もありません。大事なことは，ただ詩を楽しむという自己享楽性を超えて——それはそれでいいとも思うのですが——尹東柱を読むという営為を，おのおのが思考の次数を上げて，メタ的な視点から把捉してみようとする態度です。〈考える〉という行為は，対話と同様，自己目的性を帯びていて，解を導出することに必ずしも意味があるわけではありません。また，ひとたび結された答えもオープンエンドであり，流動していくこともあるでしょう。〈わからなさ〉を引き連れて，時にそれがもたらす苦痛にも耐えつつ考え続ける——それこそが「文学的」な構えです。

　本章が尹東柱の詩の世界，さらには巨大なる朝鮮語文学の蘊奥へのささやかな潜り戸となることを衷心より庶幾します。

参 考 文 献

荒川洋治『渡世』筑摩書房，1997 年

茨木のり子『ハングルへの旅』朝日文庫，1989 年

宇治郷毅『詩人尹東柱への旅——私の韓国・朝鮮研究ノート』緑蔭書房，2002 年

内田樹『先生はえらい』ちくまプリマー新書，2005 年

大村益夫「尹東柱をめぐる四つのこと」尹東柱詩碑建立委員会編『星うたう詩人——尹東柱の詩と研究』三五館，1997 年

大村益夫「朝鮮文学の翻訳——尹東柱「序詩」の翻訳を中心に」徐勝・小倉紀蔵編『言葉のなかの日韓関係——教育・翻訳通訳・生活』明石書店，2013 年

小倉紀蔵『〈いのち〉は死なない』春秋社，2012 年

小倉紀蔵「あわいとしての朝鮮語」徐勝・小倉紀蔵編『言葉のなかの日韓関

係──教育・翻訳通訳・生活』明石書店，2013 年
小倉紀蔵『京都思想逍遥』ちくま新書，2019 年
金智英「尹東柱詩の翻訳問題再検討──茨木のり子による伊吹郷訳評価を通して」『境界を越えて──比較文明学の現在』17，2017 年
シンボルスカ，ヴィスワヴァ／沼野充義訳・解説『終わりと始まり』未知谷，1997 年
宋友恵／愛沢革訳『空と風と星の詩人 尹東柱評伝』藤原書店，2009 年
多胡吉郎「尹東柱・没後五〇年目の取材報告──日本での足跡を中心に」尹東柱詩碑建立委員会編『星うたう詩人──尹東柱の詩と研究』三五館，1997 年
多胡吉郎『生命の詩人・尹東柱──『空と風と星と詩』誕生の秘蹟』影書房，2017 年
辻野裕紀「ことばを喪失するということ，ことばを記録するということ──映画『マルモイ ことばあつめ』によせて」『言語文化論究』46，2021 年
辻野裕紀「詩人尹東柱と福岡」『言語文化論究』47，2021 年
辻野裕紀「〈翻訳〉についての若干の覚え書き」『韓国朝鮮文化研究』22，2023 年
辻野裕紀「尹東柱の詩とチャン・リュル映画──〈チャン・リュル福岡三部作〉を対象に」『言語文化論究』51，2023 年
辻野裕紀「〈終わりの地〉から〈始まりの地〉へ」『詩と思想』2024 年 8 月号，土曜美術社出版販売，2024 年
野間秀樹『K-POP 原論』ハザ（Haza），2022 年
春木育美「第Ⅳ部 文化」新城道彦・浅羽祐樹・金香男・春木育美『知りたくなる韓国』有斐閣，2019 年
バフチン，ミハイル／望月哲男・鈴木淳一訳『ドストエフスキーの詩学』ちくま学芸文庫，1995 年
バルト，ロラン／花輪光訳『物語の構造分析』みすず書房，1979 年
尹東柱／金時鐘編訳『尹東柱詩集 空と風と星と詩』岩波文庫，2012 年
尹東柱／尹一柱編／伊吹郷訳『尹東柱全詩集 空と風と星と詩〔第 2 版〕』影書房，2010 年

＊朝鮮語文献

鴻農映二「윤동주, 그 죽음의 수수께끼」『현대문학』1980 년 10 월호，현대문학사，1980 년

辻野裕紀，2022 年「日本人が知らない現代韓国に根づく『ある文化』駅のホームからプレゼントまで──驚きの背景」東洋経済オンライン　https://toyokeizai.net/articles/-/625588

第13章　韓国人にとって日本とはどういう存在なのか

小倉　紀蔵

⇒ 2024年 MLB ソウルシリーズ，ロサンゼル・ドジャース対サンディエゴ・パドレスの試合を前に写真撮影に応じる大谷翔平選手の韓国人ファン。
出所：AFP ＝時事

1 「日本問題」はほぼ解決した

韓国にとって日本は「重たい」国

　日本人が韓国のことを考えるのと，韓国人が日本のことを考えるのでは，どちらがより「重たい」のか。

　そういう問いがあるとしたら，当然，前者より後者のほうが重たいと答えるのが正しいと思います。1910年から45年まで，朝鮮は日本の併合植民地として支配されてしまったわけですし，いまでも韓国ではその時代を「日帝強占期」（帝国主義の日本によって強制的に占領された時期）と呼んで，忘却できない歴史の屈辱と認識しているからです。ある暴力行為に対して，一般に加害者よりも被害者のほうがより強く記憶し，その記憶をくりかえし蘇らすたびにさらに痛みが増幅するといわれます。加害者が忘れてしまったとしても，被害者は決して忘れない。また加害者が忘却したり軽々しい態度をとるのをみたり知ったりすれば，被害者の心の傷はさらに大きくなるともいわれます。

　そう考えると，韓国人にとって日本という存在は，過去に自分たちを暴力的に支配した相手というだけでなく，その行為に対する事後の態度をめぐっても，常に「痛み」や「怨念」や「苦しみ」や「憎悪」や「軽蔑」などといった感情とともに立ち現れる厄介な存在だということが，理解できると思います。

　このことは，社会全体の当為でもあります。つまり，たとえ個人的には日本に「怨念」や「憎悪」などという感情を持っていない韓国人でも，そのことを韓国社会の公的な空間で堂々と表明することは，かつては不適切な（当為に反する）行為として，糾弾されたり

批判されたりしました。

　これに対して日本では,「自国が過去に韓国に対しておこなったことに対して深く反省しなくてはならない」という当為は弱く, そのため歴史に対して, 韓国人が望まないような態度をとる日本人が当然, 少なくありません。当為ではないのですから, 歴史認識が多様であるのは当たり前のことなのです。

　この非対称性が, 韓国人にとっては常に, 苛立ちや怒りや軽蔑の源泉となります。現在ではすでに, 併合植民地時代に生きていた韓国人は少なくなっていますので, 自分の直接的な経験から戦前の日本を認識できる人は多くはありません。1945年の解放の時点で3歳以上の年齢だった人が併合植民地時代のことを記憶していると仮定するなら, それは2024年の時点で82歳以上の人ということになります。現在の韓国人のほとんどは, 学校・家庭・親族・メディア・宗教組織・政府などによって作られた日本認識を摂取して, 幼年期・青少年期・青年期・壮年期・老年期を生きてきた人々なのです。そしてその「作られた日本認識」のなかに, 日本を肯定的にとらえる軸は絶無とはいえないにせよ, 多くはありませんでした。数少ない肯定的な認識には,「日本人は勤勉」「規律正しい」「集団になると強い」「清潔」などというものがありますが, これらは韓国が近代化しなくてはならない時期に作られたイメージですので, 実態を表現しているというよりは政治的な認識だといってよいでしょう。

日本認識は単純ではない

　しかし, 韓国における否定的な日本認識・日本イメージは, 実は, そんなに単純なものではありませんでした。日本の嫌韓派の人たち

1　「日本問題」はほぼ解決した

は「韓国は反日」と端的に規定しますが，そんなに単純なわけではありません。

　まず，「日本国」と「日本人」の区別があります。「日本国」に対する認識は歴史的なものになる傾向が強く，現在の「日本国」に対しても，過去の歴史が反映された国家をイメージします。したがって，戦後のリベラルな憲法を持った民主的で開明的な日本という認識は少なく，自分たちを支配した強権的で守旧的で暴力的な国家というイメージが常に介在しています。これに対して，「日本人」に関しては過去の豊臣秀吉や伊藤博文などという「侵略者」のイメージもありますが，同時代のスポーツ選手や芸能人や芸術家などの情報も韓国には大量に入っているので，かなり中和されたイメージを持っています。このように，「日本国」と「日本人」のイメージがかなり分離している，というのが特徴のひとつといえます。

　次に，「個人としての日本人」と「日本人全体」の区別があります。韓国人がよく言うのは，「一人ひとりの日本人とはつき合ってみると話も通じるし，好きな人もいる。しかし日本人全体となると，話は通じなさそうだし，よいイメージはなかなか持てない」ということです。さきほど「日本国」と対比した「日本人」のイメージについて述べましたが，これも一人ひとりの日本人のことであって，「日本人全体」となると，韓国人に対して圧迫的でストレスを与える存在というイメージが強くなります。

　さらに，「個人としての日本人」のなかで，「よい日本人」と「よくない日本人」の区別があります。「よい日本人」というのは「良心的日本人」とも呼ばれ，日本が過去におこなった行為に対して反省し，韓国に対して謝罪の気持ちを持って向き合おうとする人のことをいいます。主に左翼やリベラルの日本人がこれに相当しますが，

これとは反対に保守や右翼の日本人は悪いイメージを持たれ、日韓関係にとっては望ましくない「よくない日本人」とされます。このように「どのような歴史認識を持っているかが、よい日本人かよくない日本人かを区別する基準」という傾向が韓国では著しく強いといえます。

このように、「日本」という概念は韓国人にとって多様な表象として立ち現れるものなので、一筋縄にはいかないのです。

韓国が日本より上位に立った（とされる）6つの分野

伝統的にいうなら、前述したように、韓国にとって「日本問題＝日本克服問題」は複雑で重たく、憂鬱な圧力を国民に与えるものでありつづけた、といってよいでしょう。

しかし21世紀に入って、劇的な変化が起きました。韓国の民主主義や経済や文化などが飛躍的に高度化したことにともなって、国際的な立場が急上昇し、それとともに自国の能力に対して韓国人が大きな自信を持つようになりました。同時に、かつては日本に対して劣等感と優越感が入り混じった複雑で、ときに激烈な感情を抱いていた韓国人は、いまや自信・優位意識・冷静さをもって日本に対することができるようになったのです。

大袈裟な表現をするなら、韓国にとって「日本克服問題」はいまや、ほぼ解決したといってよい――これが韓国大衆の一般的な「イメージ」です。

重たくて大きな「日本克服問題」を、韓国は、文明的に、道徳的に、政治的に、軍事的に、文化的に、経済的に乗り越えた、つまり韓国は日本を「克服」したという認識が一般的に共有されてきました。

一つひとつみていきましょう。

1点目は文明です。これはあらかじめ克服されてある，といってもよいし，そもそも「問題」ですらなかった，といってもよいと思います。なぜなら，「古代日本の文明・文化はすべて韓国が教えた」「日本のよい文明・よい文化のすべては韓国から渡った」というのが，日韓の文明的・文化的な関係性の根本である，とほとんどの韓国人は考えているからです。「文明・文化は上流から下流に流れる」という孟子以来の儒教的文明主義が，この認識の背景にあります。『孟子』「滕文公上」の「吾夏【か】を用って夷を変【か】（＝化）する者を聞けるも，未だ夷に変せらるる者を聞かざるなり」（中国の文明をもって野蛮な夷狄を変化させたことは自分も聞いているが，野蛮な夷狄の風俗によって変化させられたということはいまだ聞いたことがない）という言葉が，その文明主義の中心にあるのです。

2点目は道徳です。「文明」はそもそも，儒教文明圏においては道徳的な概念でした。これを「〈文明＝道徳〉パラダイム」といいます。したがって，韓国はあらかじめ，日本よりも道徳的に上位にあったわけです。しかも韓国は16世紀に豊臣秀吉に侵略され，20世紀には大日本帝国に併合されてしまいました。日本は韓国に対して悪辣で暴力的で不道徳な行為をしたわけです。この史実から，「韓国は道徳性という意味で完全に日本よりも上位に立っている」と認識されます。日本の道徳性は歴史上常に，低劣なレベルだったというわけです。

3点目は政治です。韓国は朝鮮王朝の時代に儒教的な王朝システムを完成させました。これは〈文明＝道徳〉パラダイムにとって唯一の政治体制であると認識されていました。しかし日本は同時期に封建制度を実施していたわけです。中央集権でなく，人材登用のた

めの科挙もなく，儒教的な教養の持ち主が政治をおこなわず，武士という野蛮な身分の者が武力で統治するという未開で遅れたシステムであるというのが，前近代の日本の封建制度に対する韓国人の見方です。1980年代に韓国は自国民が血を流して独裁的な政権を打倒し，独力で民主化を達成しました。翻って日本は自力で民主化ができず，敗戦後に米国によって民主化されたと韓国人は考えます。したがって，「民主主義という側面においても，韓国は日本より上位にある」というのが韓国での一般的な認識です。朴槿恵大統領を退陣させた「ろうそく革命」（2016～17年）で韓国の民主主義の（日本に対する）上位性は決定的となりました。日本は民主主義を知らず，実現できない政治後進国だとされるのです。

　4点目は軍事です。日本には憲法9条があり，戦争を放棄しています。自衛隊はあるし，軍事的能力は高いわけですが，日本人の「戦う意思」は弱く，実際の戦争に強いとはいえません。米国の言いなりになっているだけだというのが，韓国人の認識です。たとえば韓国が竹島（韓国名・独島）を実効支配しても，日本はなんの対抗措置もとれないというのが，「日本は弱い」という証左だとイメージされています。

　5点目は文化です。「わが国の文化はすでに日本を抜いた」というのが21世紀の韓国人の一般的な認識です。たとえば呉世勲ソウル市長は，「大韓民国はすでに世界が認める文化強国」であるといいましたが，これが韓国人の持つごく普通の考えです。Kカルチャーすなわち韓国文化はいまや全世界を席捲しており，停滞した日本文化をはるかに凌駕しているし，日本が韓国に勝てるものはいまや漫画とアニメしかない，それも今後の寿命は短い（はずだ）。このような認識が一般化しています。

6点目は経済です。長いあいだ,経済こそは韓国が日本に対して上位に立つことができなかったストレスフルな分野でした。しかし情報化の成功によって韓国経済は先進化し,停滞する日本に対して優位性を獲得しました。2010年代半ばからは平均賃金において日本よりも上位に位置し,一人あたりGDP（国内総生産）などの統計においても韓国は日本を凌駕したとされます。いまや「日本は貧しくて遅れており,韓国は豊かで先進的である」という認識が急速に浸透しています。

もっとも幸福な韓国人

このようにみてみると,韓国が日本よりも上位になるために克服しなくてはならない分野は,いまや「歴史」「社会」「学術」だけだともいえます。

歴史に関しては,日本の過去の「悪行」「蛮行」に対する「清算」が進まないことが,韓国人にとってのストレスとなっています。これが解決しないかぎり,韓国人にとっての「日本問題」は決して解決しないのです。

社会に関しては,合計特殊出生率,自殺率,貧富の格差,社会保障の実現度などの数値が日本よりよくありません。しかしこれは程度の問題であって,日本もほぼ同様な問題を抱えているともいえます。ジェンダー問題では日本より韓国のほうが上だという認識もあります。

学術に関しては,「世界大学ランキングではすでに上位を確保した。韓国の大学の順位はこれからもどんどん上がる。日本に負けているのはノーベル賞の受賞者数だけだが,これは時間の問題である。早晩,日本は脱落し韓国が躍進する」という楽観的な認識がありま

す。

　結論として，次のようなことがいえるのではないでしょうか。つまり，21世紀の韓国人こそ，近代以降，「対日ストレスの克服」という意味ではもっとも幸福な人々であるということです。ですから，心おきなく「NO JAPAN」を叫ぶことができるわけです。かつて「日本はない」（田麗玉 1994）と叫ばなくてはならなかったストレスフルで実存的な対決姿勢（「滅日」）とは異なり，ストレスから解放された（と自認する），ある意味で弛緩した幸福な意識であるともいえます。もう日本のことは真剣に重々しく考えなくてよい，気楽に日本旅行に行って，ラーメンを食べることができ，日本酒を飲めればそれでいい，ほかにはあまり意味がない，ということです。つまり，「克日」は完了した，あとは「用日」（日本を活用する）を適切にすればよい，ともいえるでしょう。

　20世紀までの重苦しい状況とは変わって，21世紀には実に多くの側面で「日本問題は解決した」というのはデータで証明されています。このことにより，「もう日本はたいして意味のある存在ではない」という認識が拡がっているわけです。その認識が正しいかどうかは別として，日本は韓国にとってもはや，ある意味で「ふつうの国」になってきている，ということはいえるでしょう。

2　韓国の「日本認識」における問題点

日本認識の「死角」

　しかし実はこの「日本問題は解決した」という認識には，いくつかの死角があるということは，指摘しておく必要があるでしょう。
　たとえば儒教の普遍主義的な「文明」認識に関しては，本質主義，

流出主義という難点があります。また「道徳」に関しては、「非儒教的な行為は不道徳的」と認識するバイアスに問題点があります。

政治に関しては、韓国の民主化のラディカルさ、スピードの速さは実に驚嘆すべきもので、日本は大いに学ばねばなりません。しかしこのラディカルさ、スピードの速さと背中合わせで蔑ろにされているのは、厳密な意味での法の支配と法治主義の実践であるといってよいと思います。さらに、韓国政治においては原理主義的抵抗や二項対立的な対決がその特徴として目立っていますが、逆に自治の概念が弱いという特徴もあります。

軍事に関しては、本書の安全保障の章（第6章、第8章）を読んでもらえれば韓国の日本認識の問題点は理解できると思います。ここではひとつだけ、「もし日本が憲法9条を改正したら、韓国はどう対応するのか」ということだけ指摘しておきます。

文化に関していうなら、21世紀の韓国は「文化強国」であることは明白です。日々すばらしいコンテンツを生み出してKカルチャーが世界中を席巻していることも事実です。しかし、「文化」の範疇は多様です。たとえば商業主義とは無縁の市民文化や地方文化、伝統文化に関しては韓国より日本のほうが多様性を持っているので、そういう側面に韓国はもっと目を向けたほうがよいでしょう。

最後に経済においては、GDPなどフローの面で韓国の能力と成果が多大であるのは事実なのですが、ストックの側面において韓国はこれからますます蓄積していく必要があると思います。

このように、「日本問題は解決していない」という側面がまだまだたくさんあることは事実なのです。ここではそのすべてを説明する紙幅はありませんので、3点だけ指摘しておきたいと思います。

韓国側の問題①——本質主義，流出主義

　韓国人は，「日本のよい文明・よい文化のすべては韓国から渡った」と考える傾向が非常に強いといえます。もちろん，「すべて」という部分が，歴史的な事実とは異なっているわけです。しかしこれは「文明」「文化」を考えるうえで重要な認識を提示しているのです。

　韓国から日本に高度な文明が数多く渡ってきたのはもちろん事実なのですが，それが「文明以前の未開な日本」を全面的に「文明化」したと考えるのは間違いです。このような認識を持つということは，文明・文化の本質主義や流出主義（一(いつ)なる本体からすべてが流出するという考え）に陥ってしまう可能性が高いのです。このような認識を持っている韓国人が文明・文化というとき，その内容は，漢字・儒教・仏教などという中国文明である場合が多いということも重要です。

　これは明らかに中国中心主義的な世界観です。つまり，「東アジアにおいて文明の中心は中国であり，すべての文明は中国から始まった」という誤った考えに，わたしたちが慣れてしまうことに通じます。

　この考えは「文明－野蛮」の二項対立的な世界観およびパターナリスティックな文明帝国主義に結びつくものです。

　伝統的な韓国にも若干ですが，「日本から学ぶべきだ」と考えた知識人がいました。

　たとえば朝鮮時代の李星湖は豊臣秀吉の朝鮮侵略時の戦法を教訓にして「日本の軍事技術に学ぶべきだ」といいましたし，丁茶山は「日本には科挙がないので自由に学問研究ができるから，いつのまにかわが国より日本の学術のほうが上を行ってしまった」と嘆いて

います。また，北学派の士大夫たちは朝鮮通信使からの情報をもとに，「日本の経済発展や商品の質の高さは驚くべきものだ，わが国も学ばなくてはならない」と主張しました。だが，これらは政界の傍流である南人（李星湖・丁茶山）や異端（北学派）の知識人たちの認識なのであって，執権党派であった本流の老論からは，こういう認識は出てくるわけもありませんでした（北学派の中心メンバーは老論派でしたが主流派ではありません）。

両国が互いに学ぶことができればよかったのですが，朝鮮王朝の主流派には「日本に学ぶ」という発想は一切ありませんでしたし，19世紀初めまで朝鮮通信使を受け入れて韓国の高い文化に憧れた日本側も，やがて19世紀後半には韓国を「遅れた国」と認識するようになってしまいました。

韓国側の問題②──島国への視線

日本人の多くが，大陸的な普遍主義の文明認識に違和感を持つ理由のひとつは，日本が「群島（archipelago）」だからです。つまり，大陸に属していない島国だからです。

実は朝鮮半島の南部や済州島も，東南アジアからアリューシャン列島に至る長大な群島を構成する部分なのですが，韓国人の文明的パースペクティブには，自分たちの一部が群島であるという認識はほとんどないのです。「自分たちは普遍的な大陸文明に属している」というのが韓国人の伝統的な文明意識でした。この中国中心の大陸文明からみると，群島なんかには文明や高度な文化はないのだし，すべてが野蛮にみえるのです。「極東に閉じこもっている島国・日本にはもともとみるべき文化はなく，歯を黒く塗り，体には刺青をほどこし，魚や亀と暮らしていた者たちである。彼らの食べ物や衣

服，宮廷で使っているものはわが国から伝わったものにすぎない」。これは朝鮮の独立運動家，愛国啓蒙思想家である朴殷植(パクウンシク)のことばですが，韓国の儒教的知識人の文明観を端的に表現しています。島というものへの根源的な蔑視が，その底流にあります。

 ただ，群島には文明はなかったのかというとそんなことはなく，中国の大陸文明とは異なる（断絶していたという意味ではありません）群島文明があったはずです。日本でいえばたとえば縄文文明は，典型的な群島文明です。狩猟採集を基本とし，独特の建築文化や高度な芸術を持つ文明でした。しかし，そういう土着的な（indigenous）文化に価値を見出さない，というのが儒教文明の普遍主義ですので，「日本群島にも文明はある」といっても通じないのです。

韓国側の問題③──親族制度という文明意識

 中国・韓国は近年まで伝統的に，儒教的な親族制度を堅持していました。中国では共産主義革命によってこれを破壊しようとしましたし，韓国でも 21 世紀に入って民法が次々と改正されて儒教的家父長制から脱しています。

 しかし，伝統的に堅持してきた親族制度に対する文明的な誇りの意識は，極めて強いものです。併合植民地時代に日本はこの伝統的な制度を破壊して日本式に改変しようとしました。創氏改名というのは，単に韓国の人々の名前を変えるということではなく，文明的な誇りとされてきた親族制度を根本から変えるという極めて乱暴な政策でした。

 そしてこの儒教的親族制度の視座からみると，日本が極めて非文明的にみえるのです。このことに関してはコラム 13 でより詳しく説明しています。

2 韓国の「日本認識」における問題点

文化の多様性に関するリテラシーというのは，語るのは容易ですが，実践するのは難しいのです。立場を逆にして考えてみれば，理解できるだろうと思います。

3　日本側の問題点

これまでみてきたように，韓国の日本認識には問題点が多いのは事実なのですが，その裏側には日本の韓国認識の問題点が横たわっています。結局，相互に問題があるのです。

それでは日本側の問題点にはどういうものがあるでしょうか。ここではすべてを説明する紙幅がありませんので，特に重要と思われるものをいくつか挙げてみます。

日本側の問題①――日本特殊論

そもそも日本の文明・文化意識を考えると，そこには根深い「特殊論」「固有論」という病弊があります。つまり，「日本は文明的・文化的に中国大陸とは完全に異質であり，日本独自の文化があって，それは非常に独創的である」という固定観念のようなものがあります。

このような「日本特殊論」は，平安時代における中国文明からの離陸（断絶ではありません）を重視する文化論の絶大な影響のもと，江戸時代の本居宣長などの国学者たちが打ち出したパースペクティブ以後，営々と培われてきたものです。朝鮮王朝時代に儒教的な普遍主義を強固に身につけ，「特殊」というものにあまり価値を見出さなかった韓国とは，大きく違うのです。韓国が文化特殊主義に目覚めたのは，併合植民地期に日本と出会って以後のことです。この

時期に，「朝鮮」という固有名詞ははじめて「文化」「思想」「学」などという一般名詞と結合され，文一平や崔南善(ムンイルピョン)(チェナムソン)などの知識人がさかんに論じました。

そのことはひとまずおいておいて，この文化特殊主義が行きすぎてしまうと，たとえば日本と韓国の文明的・文化的な類似点がみえにくくなってしまいます。そしてそのことは結局，日本と韓国の差異に対するきちんとした理解もできなくしてしまうのです。いたずらに日本の特殊性を強調して韓国との共通性に目を向けなければ，韓国との違いを認識する通路も遮断されてしまうからです。

日本側の問題②──歴史への無知

「日本特殊論」のすべてが間違いではありませんし，それなりに正しいものや，意義があるものもあるのですが，これが強調されすぎると，日本と中国・韓国との関係がまったくみえなくなってしまうわけです。

縄文文明のあと，弥生文明が栄え，その後，古墳時代，飛鳥時代，奈良時代と続いてくる流れのなかで，中国と朝鮮半島の文明が日本群島に与えた影響ははかりしれないものがあります。もしこの文明のインパクトがなければ，日本は太平洋上の群島文明の担い手としてのみ存在しつづけたことでしょう。日本が大陸文明を吸収して統一国家を作っていく過程で朝鮮半島が文明的に果たした役割は，いくら強調しても強調しすぎることはないのです。それは漢字や儒教・仏教や律令体制だけではなく，つまり中国文明だけでなく，朝鮮半島を源泉とするさまざまな文明・文化や技術にまで及びます。

日本では平安時代にいわゆる「国風文化」の時代が訪れましたが，近年の研究では，これは「文化の国粋化」ではないという見解が支

配的です。つまり中国・朝鮮半島との文化的遮断によって起きたのではなく，むしろ両地域との活発な交流によって生じた文化変容だったという論点が説得力を持っています。特に新羅との関係が日本の「国風文化」に大きな影響を与えたという論点も議論されています。

そのほか，古代の日本仏教の源泉のひとつに，中国経由ではなく韓国経由のルートがあったことはあきらかです。その美的な崇高性によって多くの日本人のあこがれと誇りの対象となっている仏像たち，たとえば法隆寺・百済観音，中宮寺・半跏思惟像，広隆寺・半跏思惟像などは，韓国からの渡来人がいなければ作りあげられなかった造形だといってよいでしょう。

また794年に桓武天皇（その生母は百済王の子孫）がいまの京都に都を作ることができたのは，朝鮮半島からの渡来人が持っていた治水の技術を使うことができたからです。

さらに，万葉仮名や漢文の訓読法などという極めて重要な知の技法は，新羅からの渡来人がもたらした知識に立脚しているといわれています。ただし，韓国ではその後，この技法がほぼ消滅してしまいました。

そのほか，韓国の陶工による陶磁器製作の技術と美意識が日本の芸術に与えた影響など，枚挙にいとまがありません。

これらのことを日本人は正確に認識しなくてはならないと思います。

韓国を軽視する日本人が多い背景には，古代から中世にかけて日本が発展していくうえで果たした朝鮮半島の多大な役割に関して，意外に無知・無関心な人が多いことが挙げられます。近代以前の日韓（日朝）関係において，文化の交流関係はほぼ一方的に「朝鮮半

島から日本へ」という流れでした。つまり「韓国が日本に学ぶ」という方向性は，近代に入る前は極めて少数の事例しかなかったのです。

日本側の問題③──暴力はどちらの側にあったか

近代に入るや，日本は群島文明の特色を活かして中国文明のパラダイムを相対化し，西洋文明をいち早く取り入れてハイブリッド化させました。もともと日本は普遍主義の伝統が弱かったので，普遍的文明（中国文明）を容易に相対化できたのです。

近代ハイブリッド日本は，ついに1910年，韓国を併合してしまいました。

その前後からあとは，日本を通して韓国は西洋文明および近代文明，そして日本文明を採り入れるようになりました。この文化移入には，「日本による併合植民地統治」という構造的暴力がともなっていました。つまり，韓国は自ら進んで西洋文明・近代文明・日本文明を採り入れたという側面もありますが，強制的・抑圧的・暴力的な力に支配されてそれらを摂取せざるをえなかったという側面もあるのです。特に日本語の強要，国家神道の強要，日本的イエ制度の強要などは，韓国人に多大な苦痛を与えるものでした。

日本人は，韓国に対する暴力的な文化強制という過去の統治に対して，真剣に反省しなくてはならないと思います。「文明」が「未開」を変化させなくてはならないというパターナリスティックな文化帝国主義を，日本は遂行しました。もし同じことを日本人が他者によって強要されたらどうだったか，という想像力を，日本人はなんとしても持たなくてはならないでしょう。

4 日韓双方の問題点

「日本対韓国」なのか——**日本と韓国を区別しすぎる問題**

日韓の文化的関係性を考えるうえで、もうひとつ重要な論点があります。

日本と朝鮮半島をあまりにも区別し、線引きして理解するのは間違いだという点です。

そもそも古代の朝鮮半島に高句麗・百済・新羅・伽耶といった国があったとき、「日本対朝鮮半島」という二項対立の区分は存在しませんでした。朝鮮半島と関東以西の日本はひとつの「地域」を構成していたのです。その「地域」のなかであるいは倭国が朝鮮半島南部に拠点を作ったり、あるいは新羅が唐と連合して660年に百済を滅ぼし、倭国と百済遺民が663年に新羅・唐と闘って敗れました。

朝鮮半島が一枚岩の政治的統合体であったわけではなく、西日本と一体化した「地域」を構成していたわけです。そして百済・高句麗の滅亡と新羅の「統一」以降、日本はこの地域から離脱していったのです。したがって、「日本と朝鮮半島」という区分の仕方はこの時代、つまり大陸の文明が日本に大量に流入してきた時代の実態とは合わないのです。

併合植民地時期には、「日本と朝鮮半島」ではない認識の枠組みはありました。

たとえば文一平は、「朝鮮＝新羅／日本＝百済／満州＝高句麗」という認識のもとに、いまは新羅が衰え、百済が盛んになっている時代だといいました。これなどは、朝鮮半島（新羅・百済・高句麗）

と日本を二項対立的にとらえる見方と根本的に異なる枠組みだといえます。

　また同じ時期に日本の鮎貝房之進は、「新羅は大和民族が中心の国だったので、生命を尊重しなかった。だからすばらしかった。しかしその後、新羅は中国化（文明化）してしまい、生命尊重主義になったのでダメになった」などと語っています。日鮮同祖論者による荒唐無稽なたわごとだといってよいわけですが、これもまた朝鮮半島と日本を二分的にとらえない見方です。現在ではこういう考えは完全に否定され、邪悪なイデオロギーとされていますが、近代的国家観から解放されていることは確かなことです。

文明・文化の岐路に対する認識

　朝鮮半島は新羅の「統一」以後、普遍主義の度合いを強くします。新羅(シルラ)は政治体制においては骨品制度という独自なものを保っていましたが、文明的には、中国に多くの留学生を送るなど、普遍的な文明に急接近します。高麗(コリョ)は仏教的な普遍主義、朝鮮は儒教的な普遍主義です。日本よりもずっと正統的な中華文明の担い手として、その文化のレベルを高めていきます。日本の江戸時代においても、正統的な儒教理念の受容度のレベルは、朝鮮のほうが比べものにならないほど高かったのです。

　先ほど述べたように日本では平安時代に「国風文化」が起こりましたが、このような日本文化の様相に関して、普遍主義の韓国は基本的に無関心でした。日本は特殊主義の方向性を室町時代以後ますます尖鋭化させ、大陸文明と群島文明をハイブリッドさせた独自な文明を作りあげていきました。

　しかし結局、日本の「群島文明性」が国風文化から近代化へとど

> **コラム13　日韓の親族制度の違い**　江戸時代に朝鮮通信使として日本を実地体験した朝鮮知識人がもっとも驚いたのは、日本は男女の倫理が乱れており、近親相姦や同性愛が堂々とおこなわれているという事実でした。それらを徹底的に禁忌とし、儒教的な宗族制度を守っていた朝鮮知識人からみれば、日本のそのような習俗は禽獣（きんじゅう）的であり、文明も文化もなく、乱倫そのものだったのです。
>
> 最近もある研究会で韓国の学者が「日本の家族制度は生物学的、韓国のそれは文化的」だと発言しました。つまり「日本の家族制度は文化ではない」ということです。これは典型的な、中国文明中心主義の序列的文化意識といってよいと思います。日本群島の家族制度は、儒教のそれとはまったく異なる文化であった、ということを根拠に「野蛮」「未開」だと認識するのが、このような自文化（自文明）中心主義のパースペクティブです。常に文明・文化を上下の序列で測定し、そこに道徳意識が強く介在するのが、このパースペクティブの特徴です。「中国文明にのっとった家族制度こそ、近親相姦や同性愛を禁止

のように結びついていったのか、という歴史に関して、韓国側に理解はなかったのです。「日本群島文明」に対する客観的な認識に至ることはありませんでした。前述した北学派が若干関心を示した程度です。

これとは逆に、大陸から海で隔てられている日本でも、中国と接している朝鮮半島が、いかに困難な普遍主義の道を歩まなければならなかったのか、という問題に対する文明論的な理解は非常に浅かったといえます。

互いに相手の国の文明・文化に対する深い理解が足りなかったのは、実に残念なことでした。

する父系の正統的な血統主義であって,これこそが道徳的である」という認識です。

　群島である日本の親族制度は父系ではなく母系の性格が濃く,(議論の余地のある概念ではありますが)双系親族に近いので,父系の単系親族である韓国文化からみると,乱倫にみえるのです。日本ではいとこの結婚も自由ですし(これは儒教的禁忌観からみると近親相姦にあたります),まったく関係ないイエの男性を養子にして跡取りにすることも自由です。

　江戸時代には男同士の性的関係を「恋」と表現するなど,性に関する文化も,日本はおおっぴらで鷹揚でした。厳格な禁忌意識を守る儒教社会とはまったく異なっていたのです。

　韓国からみれば,「こんな乱れた風俗は文化ではない! 道徳ではない!」と認識してしまうのもよく理解できるのです。そこで踏みとどまって,「いや,これもまた文化なのかもしれない」と考えることは困難でしょう。それでも今後は,相互理解が必要です。

日韓関係は「文化」「文明」を考える重要な枠組み

　これまで述べてきたように,日韓関係というのは単なる隣国関係ではなく,「文明」や「文化」という問題を考えるうえでの重要な枠組みのひとつなのです。こうした認識が必要だと,筆者は考えています。つまり,巷の「日韓マウンティング論争」(日韓のどちらが上なのか)を頭から全否定する必要はありませんが(そこには重要性が秘められている場合も多くあります),それをメタのレベルから眺め直して学問的に考察してみる必要があるのです。

　つまり重要なのは,日本と韓国は今後,互いの文明・文化を深いレベルでよく理解していくという作業を地道に継続していかなくてはならない,ということです。

きっかけは大衆文化や観光や食べ物でもよいのです。

「どちらの文化が上か」という文化帝国主義的な発想を相対化し，それぞれの文化がそれぞれの地域の生命ネットワーク全体にとって持つ意味の深さを，追体験する必要があります。

政治・外交や経済の関係も重要ですが，日韓の人々が相手の文化を，自文化中心主義から脱してどれだけ理解できるかということが，この地域の未来を切り拓くうえで，より重要なのではないでしょうか。

参 考 文 献

小倉紀蔵『群島の文明と大陸の文明』PHP新書，2020年
小倉紀蔵『韓国の行動原理』PHP新書，2021年
小浜正子・落合恵美子編『東アジアは「儒教社会」か？――アジア家族の変容』京都大学学術出版会，2022年
木村茂光『「国風文化」の時代』吉川弘文館，2024年
田麗玉／金学文訳『悲しい日本人』（原題は『日本はない』）たま出版，1994年

あとがき

　「韓国とつながる」とはどういうことでしょうか。

　私は正直,「つながる」や「絆」といった「べたっとした」ことばが苦手で,特に「韓国」や「わが社」といった集合体を対象にする場合,少なからず戸惑いを感じます。そもそも,「誰が」という主語=主体(サブジェクト)=主題も,「日本」や「日本人」という集合体が暗黙裡に想定されているかもしれません。逆に,必要なときに必要なサポートやケアが得られず,「個人の問題」とされると,社会やコミュニティのなかで孤立し,「全部,私のせいだ」と苛(さいな)むことになります。「私」と「みんな」,人の間で適度な距離をいかにとるかが,いま,そこここで,切実に問われているのではないでしょうか。

　もちろん,ユーラシア大陸の東西で力によって現状を一方的に変更する勢力が現に存在するなかで,「日韓関係の正常化」や日米韓の安保連携といった集合的な取り組みは欠かせません。インド太平洋とヨーロッパ・北大西洋の平和と繁栄は密接につながっています。国家主権や領土保全が確保されてこそ,個人の自由や人権,社会の多様性が保障される側面はたしかにあります。

　一方,私が好きなのは NewJeans のハニなのに,「K-POP ファン」とざっくりまとめられると違和感がありますし,そもそも「推し」は他人に押しつけたり,押しつけられたりするものではありません。好き嫌いや損得計算,何を大切にしているのかは,それぞれ異なります。それが「私」たち,「私たち」の条件です。そのなかで,いかに共にいるのか,いかに何事かを成すのかはすぐれて知的な営為であり,技法や態度が試されています。

私は韓国文学，特に小説をよく読みます。なぜ，こんなにも魅せられるのかと自問自答してみました。
　それは，人間は誰しもそれぞれに固有のかたちで傷や痛みを抱えながら生きていますが，「それ」と名づけることすら難しい出来事は「私」に由来しているというよりも，社会のなかで生じているということを描いているからです。だからこそ，畢竟（ひっきょう），その快復＝修復は社会のなかでしかありえず，歴史はつねにすでに再評価／再審されるのです。こうした「移行期正義（transitional justice）」「修復的正義（restorative justice）」は韓国憲政史のライトモティーフであり，ダイナミズムそのものです。「私」は決して孤り取り残されているのではない一方で，「みんな」に圧倒されているわけでもありません。
　文学，映画，ドラマ，いずれもフィクションであり，史実そのものではありませんが，登場人物それぞれの目に映るありさま，対峙する世界を丁寧になぞり，想像することで，「いま・ここ」とは別のかたちで歴史を創造していけるのだ，とリアルに感じます。
　「不可解に映る韓国政治，魅力的な韓国カルチャー，なにを思い浮かべるかで韓国との距離感は異なるかもしれない」と本書のオビには記されています。
　各自がそのつど，間合いをはかり，状況に応じて変えていけばいいのではないでしょうか。コロナ禍で強調された「社会的距離（social distancing）」は現在進行形で，「そのとき，その場，その状況」に応じたふるまい方が求められているのは，いまもまったく同じでしょう。
　私は大切なことを考えるとき，韓国語や英語でも言い表してみようとします。名づけるということは，物事を本来あるべきところに

位置づけるということです。本書のタイトルは試行錯誤のすえに，한국과 가까이하기／How does Japan redefine what Korea means? としてみました。こうすると，「つながる」の複合的なありさまを踏まえて，主体的な関わり方を自ら定義し直していくことができそうです。

　こうした「三角測量」は，外国語に限らず，さまざまな場面で試みることができるのではないでしょうか。固有名を持った具体的な誰か——歴史上の人物やフィクションの登場人物も含めて——を思い浮かべて，その人には，「私」の選択や趣向は，この世界は，どのように映るのかを想像してみてください。そして，そうした「私」たちのあいだで，対話が始まり，簡単にはわからないからこそ，ときに対立しつつも，葛藤を続けていくことを願っています。その際，本書でみたように，朝鮮半島に生きる人々の生きざまや物語も「この世界」にすでに入っていることに気づくと，「私たちの世界」はより豊潤になるのではないでしょうか。

　本書のもとになった連続研究会は，立命館大学東アジア平和協力研究センターが韓国国際交流財団から支援を受けて主催し，当時，同センターの副センター長だった編者がその企画・運営にあたりました。また，本書の編集は，同志社大学在外研究員制度によって招聘研究委員として在籍している統一研究院（韓国・ソウル）においておこないました。関係各機関に深くお礼申し上げます。

2024 年 10 月 31 日

統一研究院にて
浅羽　祐樹

あとがき

ブックガイド

- 浅羽祐樹『比較のなかの韓国政治』(有斐閣, 2024 年)
  ゲームのルールに応じて, それぞれ戦略的にプレーしているという前提に立ち,「不可解」な韓国政治を読み解く見方を提示。比較し, 対照することで, 日本の「国のかたち」も想起させられる。
- イ・ジンスン／伊東順子訳『韓国の今を映す, 12 人の輝く瞬間』(CUON, 2024 年)
  さまざまな「当たり前」が根本から問われた 2010 年代, 12 人の韓国人それぞれの「葛藤」――ことばにならない呻き声を含めて――を受けとってしまった。隣人, 同時代人として, どう応答するか。
- 林志弦／澤田克己訳『犠牲者意識ナショナリズム――国境を超える「記憶」の戦争』(東洋経済新報社, 2022 年)
  南京よりも広島, ガザよりもアウシュビッツの「記憶」だけを再領有し「犠牲者」のポジションに立とうとする動きがこんにち, そこここで展開している。「日韓歴史認識問題」ではみえてこない諸相がある。
- 小倉和夫／昇亜美子・白鳥潤一郎・河㙒珍編『駐韓国大使日誌 1997 ～ 2000――日韓パートナーシップ宣言とその時代』(岩波書店, 2024 年)
  2025 年は日韓国交正常化 60 周年。この間, 浮き沈みがあったが, 里程標といわれるパートナーシップ宣言 (1998 年) 発出時の駐韓日本大使が残した日誌と, 丁寧な聞き取りを通じて再現された「現代史」。
- 斎藤真理子『韓国文学の中心にあるもの』(イースト・プレス, 2022 年)
  韓国文学の日本語翻訳の第一人者が, 小説に刻まれた韓国現代史の痕跡や人々の傷や哀しみの諸相を描き出す。韓国文学を読むということは韓国現代史を追体験, 想像することである。
- 崔盛旭『韓国映画から見る, 激動の韓国近現代史――歴史のダイナミ

ズム，その光と影』(書肆侃侃房，2024年)
44本の作品（動画配信サービスでアクセスしやすい）から補助線を引くことで「光と影」の立体像を浮き彫りにするアプローチ。文学やドラマとともに，表象と歴史のあいだの「ダイナミズム」を考えたい。

- 崔誠姫『女性たちの韓国近現代史──開国から「キム・ジヨン」まで』（慶應義塾大学出版会，2024年）
NHK連続テレビ小説『虎に翼』の朝鮮文化考証の担当者による「女性たちの物語（her story）」。「男だけの歴史（history/his story）」はつねにすでに再審＝再構成される。

- 平田由紀江・森類臣・山中千恵『韓国ドラマの想像力──社会学と文化研究からのアプローチ』（人文書院，2024年）
ドラマや映画は現実そのものではないが，どのように表象＝再現（リプリゼント）されるのかには，その社会・歴史・人々の歩みや情感が映し出される。想像力を通じて社会的現実が創造されるのだ。

- BAE JUNSUB『韓国型福祉レジームの形成過程分析──国民年金・医療保険・介護保険・保育政策を中心として』（明石書店，2024年）
骨太な専門書だが，韓国における「福祉のかたち（レジーム）」の全体像を知るには最適の一冊。諸制度がどのタイミングで形成されるか（ポリティクス・イン・タイム）によって，その後の過程や帰結が規定される。

- 三浦まり・金美珍編『韓国社会運動のダイナミズム──参加と連帯がつくる変革』（大月書店，2024年）
大統領や国会だけでなく，市民（ろうそく集会）や社会運動（#MeToo）によって韓国は変わってきた。「民主共和国」（憲法第1条第1項）とは，王の不在だけでなく，「公的事項」の自己決定を意味している。

〔浅羽祐樹〕

キーワード索引

■ アルファベット

#MeToo運動　27, 35, 53, 192, 207-209, 211
C4ISRシステム　183, 185
K文学　6, 256
K-POP　3, 80, 98, 126, 150, 221, 223, 237, 272
M字カーブ　27, 28, 52, 63, 208
MBTI　10, 229
MZ世代／若者　17, 23, 24, 26, 38, 42, 44, 47-50, 53-56, 61, 64, 76, 87, 99, 204, 223, 229, 268
NO JAPAN運動　146, 165, 281
SNS　32, 43, 202

■ あ 行

アジア通貨危機　22, 61, 69, 70, 80, 90, 99, 153, 174, 211, 222
インド太平洋　1, 2, 9, 142, 143, 147, 156, 158-161, 174, 182, 188
鬱憤　54, 55, 97, 98
愛国歌(エグッカ)　201

■ か 行

階級／階層　18, 32, 38-40, 45, 54, 63, 73, 78, 86-88, 90, 96, 204-206, 210, 239
外国人／移民　67, 74-78, 81, 86, 91, 92
格差　8, 18, 22, 27, 28, 38-41, 44, 45, 47, 51, 52, 56, 61, 63, 68, 75, 84-88, 90, 91, 93, 94, 96, 99, 176, 204-206, 268, 280
学歴　18, 27, 39, 50, 54-56, 63, 73, 78, 222
家計　84, 86, 87, 93, 96, 97
価値観／規範　3, 4, 10, 15, 18, 22, 28, 34, 50, 55, 58, 59, 61-63, 65-72, 75, 76, 219, 222, 223, 234, 268
家父長制ボイコット　68, 78
韓国映画　39, 74, 75, 192-205, 207, 209, 212, 219, 226, 227, 229, 232, 233, 257
韓国SGI（創価学会）　215
韓国型3軸体系　184
韓国条項　139, 140
韓国ドラマ　80, 227, 228, 231-234
記憶／喪失　6, 165, 272, 274, 275, 287
北朝鮮　1, 7, 20, 21, 23, 48, 102-123, 126-131, 136, 141, 144, 149, 150, 161, 164, 166, 169-174, 176, 177, 179-182, 184, 188, 193, 196, 197, 206, 212, 236-240, 247, 258
休戦協定　127-129, 134, 138, 172, 173, 176, 193
競争　15, 22, 23, 40, 47, 50, 55, 61-63, 68, 69, 71, 73, 82, 142, 143, 147, 148, 152,

154-156, 174, 211
行列字　221
近代　58, 63, 72, 77, 78, 174, 177, 180, 186, 188, 221, 230, 231, 275, 279, 289, 291
クオータ制　52, 91
グローバル中枢国家　160
ケアワーク　27, 28, 51, 58, 69, 71, 78, 93, 94, 208
経験　17, 24, 26, 32, 67, 80, 85, 90, 110, 170, 208, 227, 275, 294
経済安全保障　9, 146-153, 156, 160, 161, 165, 166, 167
改新教（ケシンギョ）　223
憲法　15, 21, 34, 35, 88, 92, 103, 112, 143, 169, 174, 203, 276, 279
憲法裁判所　16, 27, 34, 48, 195
光州事件　194, 199, 200
公正　22, 23, 54, 55, 186, 202
抗日　281
合理的理解　1, 4, 5, 12
高齢化　58, 69, 71, 73, 86, 218
声／抗議／発言（voice）　6, 11, 21, 28, 31, 35, 53, 56, 66, 70, 137, 138, 165, 180, 196, 198, 202, 204, 208, 210, 224, 261, 267
国民年金　22, 24, 35, 41, 69, 70, 78, 87, 89-91, 94
国立国語院　247
戸主制　59, 60, 67, 72
呼称・名称　4, 64, 181, 220-222, 237, 248, 252, 253, 285
個人　5, 7, 22, 27, 28, 60-64, 68, 70, 71, 75, 78, 94, 97, 163, 195, 222, 230, 271, 274, 276
孤立　7, 51, 56, 67, 75, 79, 98, 99

■ さ 行

在外同胞　236, 238, 257
差別　4, 27, 28, 50, 51, 54, 60, 67, 68, 76, 77, 223
サムスン　14, 85
3・1運動　224
参与文学（アンガージュマン文学）　256
ジェンダー　3, 24, 25, 43-46, 50-53, 62, 63, 67, 69, 71, 72, 76-78, 223, 280
4月革命　202
自主国防　169, 170, 175, 177, 179, 181, 188
自文化中心主義　292, 294
社会保障　24, 35, 41, 63, 70, 71, 78, 84, 88-90, 92, 93, 99
社会問題化　5, 7, 28, 51, 69, 90, 96, 203, 204, 209, 223
住居／不動産　16-18, 39, 41, 47, 56, 68, 85, 94, 96, 97, 187, 205, 206, 217, 225, 229, 230
儒教　10, 59, 60, 62, 63, 68, 207, 215-222, 227, 231, 234, 279, 281-283, 285, 287, 291-294
出産スト　53, 66
首都圏　16-18, 38, 39, 46, 47,

49, 50, 86, 169
少子化　19, 24, 29, 30, 35, 47, 56, 63, 67, 69, 73, 76-78, 99, 180
少子高齢化　8, 24, 46, 67, 69-71, 78, 183, 187, 268
植民地／植民地支配　12, 129, 163, 169, 171, 194, 221, 224, 230-234, 238, 256, 274, 275, 285, 286, 289, 290
女性家族部　44, 57, 72
進学／入試／受験　17, 23, 27, 40, 47, 51, 73, 186, 210, 217, 218
人生／生き方／ライフ　8, 10, 22, 23, 28, 41, 50, 51, 58, 59, 61, 64, 68, 71-75, 87, 93, 95, 97, 183, 201, 208, 211, 233, 234, 244, 260, 262, 269-272
進歩　8, 14, 19-21, 23, 25, 26, 29-31, 33, 38, 42-44, 55, 67, 72, 86, 88, 90, 92, 93, 108-110, 117, 119-121, 123, 170, 175, 181, 224
正義　22, 43, 45
「正常」家族イデオロギー　28, 72, 77
セウォル号　195, 269
セクシュアリティ　28, 66, 72, 77, 227, 292, 293
世俗　216, 227, 228
先進／先端　49, 67, 69, 84, 118, 148, 151, 174, 180, 182, 183, 279, 280
戦略司令部　184

戦略的明確さ　9, 146, 161
相互依存の武器化　147-149, 161, 162, 167
曹渓宗（そうけいしゅう）　217
宗親会　220
族譜　220
『空と風と星と詩』　258, 259, 263, 264, 272
ソルラル　214, 216

■　た　行

大韓民国臨時政府　171
大法院　14, 30, 34, 161-163
太陽政策　20, 124, 174
対立／葛藤　5, 11, 15, 20-22, 25, 29, 30, 35, 38, 40, 42, 43, 45, 53, 56, 60, 64, 72, 106, 108, 112, 117, 127, 131, 148, 156, 165-167, 172, 196, 223, 227, 267, 282, 290, 291
対話　8, 11, 12, 31, 33, 45, 46, 103, 110, 111, 119-122, 174, 262-264, 271
他者　1, 3, 4, 12, 45, 50, 267
他者の視点取得　1, 4
多様性／多様化　22, 31, 46, 50, 56, 59, 66, 72, 75, 78, 151, 153, 156, 162, 258, 267, 282, 286
チェサ（祭祀）　219
済州（チェジュ）4・3事件　171
地政学　143, 147, 150, 152, 153, 156, 157, 167, 173
地雑大　18, 50
親日派（チニルパ）　194
地方消滅　29, 46-50

キーワード索引

中国朝鮮族　76, 236, 255, 257, 258
チュソク　214, 216
朝鮮議事録　137-140, 144
朝鮮語学会事件　259
朝鮮国連軍　9, 21, 128-135, 138, 144, 145, 168, 172, 176, 197
朝鮮国連軍後方司令部　9, 129, 135, 136, 144
朝鮮戦争　66, 70, 89, 127, 128, 131-135, 137, 144, 149, 172, 175-177, 187, 193, 196, 201, 238
朝鮮半島有事　125, 126, 129-131, 137, 138, 140, 141, 143, 144, 169
天主教(チョンジュギョ)　223
つながる　1, 7, 9, 10, 33, 59, 60, 70, 74, 75, 77, 97, 99, 125, 142, 144, 161, 170, 183, 188, 200, 202, 220, 256, 262
伝統　19, 61-63, 73, 78, 216, 219, 223, 228, 230, 233, 277, 282, 285, 289
統一　9, 21, 102-106, 108-112, 115-119, 123, 124, 132, 169, 171, 173, 174, 217, 238, 290, 291
東学(トンハク)　231

■ な 行

内在的論理／内在的アプローチ　113, 122, 123
南南葛藤　108
南北首脳会談　102, 116, 119-121, 124
日米韓　1, 125, 141-144, 161, 166
日韓GSOMIA（軍事情報包括保護協定）　166
日韓請求権協定　163

■ は 行

『82年生まれ，キム・ジヨン』　27, 35, 50, 56, 192, 207-209, 222, 233, 268
86世代　17, 23, 38, 42, 45, 46, 56
『パラサイト　半地下の家族』　39, 74, 75, 205, 206
恨(ハン)　208, 232, 234
反共　21, 171, 172, 194, 196, 224
ハングル専用　244, 245
比較　2, 10, 35, 40, 56, 80-82, 84, 123, 220, 222, 240, 241, 243, 250, 251, 272
東アジア　6, 21, 124, 174, 188, 214, 218, 223, 225, 234, 257, 258, 260
非婚　19, 28, 30, 35, 52, 58, 62, 64, 66, 67, 73, 78
孝(ヒョ)　59, 219, 220, 222
玄武(ヒョンム)-5　9, 187
貧困　41, 69, 74, 75, 84, 86, 87, 90-92, 96, 99, 205
風水　228, 229
フェミニズム　27, 35, 43, 44, 53, 54, 222, 233, 268
不平等　19, 44, 45, 50-53, 55, 56, 60, 64, 66, 69, 72, 73,

76, 77, 187, 222
文化芸術界ブラックリスト　195, 203
分極化　8, 29-31, 34, 35, 37-39, 42, 44-46, 55, 56, 85-87
兵役　24, 27, 51, 77, 126, 182, 183, 186, 187, 203
米韓FTA　152, 153, 155
米韓相互防衛条約　128, 173
米韓同盟　20, 21, 111, 128, 150, 153, 170, 176, 177, 180, 181
ペット家族　59
防衛産業　178-180, 184, 188
包摂／排除　15, 70, 72, 73, 75, 77, 158, 160, 161, 195, 228, 230, 253
暴力　27, 53, 54, 76, 183, 187, 200, 203, 207, 210, 211, 274, 276, 278, 280, 289
保守　8, 14, 19-21, 23, 25, 26, 29-31, 33, 38, 42-44, 67, 72, 86, 88, 91-94, 108, 117, 120, 170, 181, 224

■ ま 行

マウンティング論争　293
ミソジニー（女性嫌悪）　26, 43, 268
民主化　15, 16, 20, 24, 42, 66, 77, 174, 175, 180, 194, 196, 199, 200, 224, 245, 279, 282
民族　6, 22, 23, 77, 111, 170, 171, 232, 236, 238, 242, 244, 257, 258, 263, 266, 267, 291
ムダン　229-231, 234
メガチャーチ　213, 225

■ や 行

両班（ヤンバン）　206, 234, 239
栗谷事業（ユルゴク）　177-181, 184
汝矣島純福音協会（ヨイド）　225
用日　281

■ ら 行

離散家族　116, 201
リスク　41, 46, 61, 62, 65, 68, 71, 130, 131, 148, 149, 152, 153, 157, 158
歴史認識　6, 155, 163, 167, 237, 275, 277
労働　22, 40, 46, 52, 54, 55, 63, 71, 85, 87, 88, 90, 91, 93, 94, 96, 98, 99, 130, 153, 172, 194, 201, 204, 256
6月民主抗争　200

■ わ 行

分かち書き　244, 245
わからない　10, 26, 32, 33, 261, 262, 265, 270, 271, 276

韓国の人名・地名索引

■ あ 行

李箱（イ・サン）　265
李承晩（イスンマン）　15, 173, 202
李韓烈（イハニョル）　200
李明博（イミョンバク）　2, 91, 92, 109, 111, 116, 120, 121, 153, 181, 184, 195, 232
仁川（インチョン）　16, 17, 46, 47, 169, 172

■ か 行

江南（カンナム）　14, 16, 18, 26
金日成（キムイルソン）　173, 174, 197
金正日（キムジョンイル）　119, 120
金正恩（キムジョンウン）　23, 111, 120, 124
金大中（キムデジュン）　16, 20, 42, 90, 104, 108, 110, 116, 118, 119, 174, 196, 197, 203
金泳三（キムヨンサム）　16, 20, 89, 108, 196
京畿（キョンギ）　16, 17, 46, 47, 169, 177
光州（クァンジュ）　16, 168, 194, 199, 200, 203, 269
光化門（クァンファムン）　198, 199

■ さ 行

世宗（セジョン）　47, 48, 239
ソウル　7, 8, 14, 16-18, 26, 32, 39, 46-48, 50, 53, 74, 86, 89, 97, 116, 117, 123, 124, 136, 141, 168, 169, 172, 198, 200, 202, 210, 214, 218, 225, 229, 244, 246, 258, 279

■ た 行

檀君（タングン）　214
済州（チェジュ）　171, 284
朝鮮（チョソン）　6, 59, 177, 198, 217, 218, 221, 223, 229-231, 238, 239, 244, 278, 283, 284, 286, 287, 291, 292
趙鏞基（チョヨンギ）　225, 226
全斗煥（チョンドゥファン）　15, 20, 89, 198, 199, 210, 211, 218
青瓦台（チョンワデ）　34, 173, 206
大崎洞（テジドン）　210
独島（トクト）　2, 4, 186, 279

■ な 行

盧泰愚（ノテウ）　16, 20, 88, 89, 108, 196
盧武鉉（ノムヒョン）　20, 42, 47, 90, 91, 108-110, 116, 118, 120, 181, 202, 203

■ は 行

朴槿恵（パククネ）　34, 42, 53, 92, 110, 116, 120, 181, 184, 195, 200, 201, 203, 279
朴鐘哲（パクジョンチョル）　200
朴正煕（パクチョンヒ）　15, 89, 177, 178, 198, 201, 206, 221
ハン・ガン　268, 269
漢江（ハンガン）　16, 210
平昌（ピョンチャン）　23, 228
平壌（ピョンヤン）　168, 172, 224, 258
釜山（プサン）　16, 168, 172

仏国寺 (ブルグク サ) 218
弘大 (ホン デ) 6

■ ま 行

文在寅 (ムンジェイン) 18, 23, 29, 42, 54, 55, 93, 110, 111, 116, 121, 124, 158, 160, 181, 184, 200, 202

■ や 行

柳寛順 (ユ グァンスン) 224

尹錫悦 (ユンソンニョル) 1, 9, 18, 23, 25, 26, 30, 34, 42-44, 49, 55, 67, 70, 94, 98, 111, 112, 121, 124, 125, 129, 130, 135, 158-161, 166, 181, 184
尹東柱 (ユンドンジュ) 6, 255-272

執筆者紹介

浅羽祐樹	同志社大学グローバル地域文化学部教授	はじめに・第 1 章
春木育美	聖学院大学政治経済学部教授	第 2 章
金 香男	フェリス女学院大学国際交流学部教授	第 3 章
金 明中	ニッセイ基礎研究所上席研究員	第 4 章
中戸祐夫	立命館大学国際関係学部教授	第 5 章
石田智範	防衛研究所戦史研究センター主任研究官	第 6 章
金ゼンマ	明治大学国際日本学部教授	第 7 章
山口 亮	東京国際大学国際戦略研究所准教授	第 8 章
成川 彩	韓国在住文化系ライター	第 9 章
古田富建	帝塚山学院大学リベラルアーツ学部教授	第 10 章
朴 鍾厚	同志社大学グローバル地域文化学部准教授	第 11 章
辻野裕紀	九州大学大学院言語文化研究院准教授	第 12 章
小倉紀蔵	京都大学大学院人間・環境学研究科教授	第 13 章

編者紹介 　浅羽 祐樹（あさば ゆうき）
　　　　　　1976 年生まれ。
　　　　　　2006 年，ソウル大学校社会科学大学政治学科博士課程修了。
　　　　　　　Ph.D.（政治学）。
　　　現　在，同志社大学グローバル地域文化学部教授
　　　　　　専門は，韓国政治・比較政治学・司法政治論
　　　　　　主な著作に，『韓国語セカイを生きる 韓国語セカイで生きる──AI 時代に「ことば」ではたらく 12 人』（共編著，朝日出版社，2024 年），『はじめて向きあう韓国』（編著，法律文化社，2024 年），『比較のなかの韓国政治』（有斐閣，2024 年）ほか。

韓国とつながる
How Does Japan Redefine What Korea Means?

2024 年 12 月 20 日 初版第 1 刷発行

編　者	浅羽祐樹
発行者	江草貞治
発行所	株式会社有斐閣
	〒101-0051 東京都千代田区神田神保町 2-17
	https://www.yuhikaku.co.jp/
デザイン	高野美緒子
印　刷	萩原印刷株式会社
製　本	牧製本印刷株式会社
装丁印刷	株式会社亨有堂印刷所

落丁・乱丁本はお取替えいたします。定価はカバーに表示してあります。
©2024, Yuki Asaba.
Printed in Japan. ISBN 978-4-641-14955-7

本書のコピー，スキャン，デジタル化等の無断複製は著作権法上での例外を除き禁じられています。本書を代行業者等の第三者に依頼してスキャンやデジタル化することは，たとえ個人や家庭内の利用でも著作権法違反です。

[JCOPY] 本書の無断複写(コピー)は，著作権法上での例外を除き，禁じられています。複写される場合は，そのつど事前に，(一社)出版者著作権管理機構(電話 03-5244-5088, FAX 03-5244-5089, e-mail:info@jcopy.or.jp)の許諾を得てください。